Disney · PIXAR

니모를 찾아서 3D

Disney·PIXAR

니모를 찾아서 3D

초판 1쇄 인쇄 2013년 1월 10일
초판 1쇄 발행 2013년 1월 11일

번역 · 해설 | 이일범
펴낸이 | 조치영
디자인 | 남다희
기획 | 스크린영어사 기획 1팀
인쇄 | 보광문화사
펴낸곳 | 스크린영어사

서울특별시 관악구 대학동 1514번지
TEL (02) 887-8416
FAX (02) 887-8591
http://www.screenplay.co.kr

등록일자 1997년 7월 9일
등록번호 제16-1495

ISBN 978-89-6415-015-3 18740
ISBN 978-89-87915-11-1 18740 (세트)

Disney · PIXAR

니모를 찾아서 3D

스크린영어사

Screen English Publishing co.

〈니모를 찾아서〉를 시작하며

이제까지 무수한 걸작 극영화와 애니메이션을 다루어 왔지만 〈라이온 킹〉과 함께 다시 역자를 흥분시키고 감동을 준 작품이 〈니모를 찾아서〉 이다. 할리우드와 아카데미를 석권했던 어느 극 영화에 못지않게 교육철학과 인생철학이 녹아 있는 걸작품이기 때문이다. 이 작품에도 모든 세대가 공감할 수 있는 줄거리와 주제가 모두 응축되어 있다.

디즈니사와 픽사의 애니메이션 〈니모를 찾아서〉가 다시 3D로 변환하고 맑고 깨끗한 AVX화면의 감격을 스크린영어사가 놓칠 리가 없다. 특히 상어추격 장면, 해파리의 등장, 튀어나올듯한 상어의 공포, 영화 초반에 나오는 바닷물결을 보면서 감탄하지 않을 관객이 누가 있을까?

여타의 애니메이션과 달리 인물들의 대사 속도가 아주 빨라서, 특히 듣기 연습에는 최상의 작품이다. 이런 걸작 애니메이션을 디즈니사의 배려로 독자들 앞에 소개하게 되어 감사한 마음이 앞선다.

요즘에 와서 아침에 일어나면 메일을 열어 스크린 영어 독자들이 보내는 질문이나 부탁의 메시지를 확인하는 것이 습관이 되었다. 초등학교 학생들부터 자녀를 둔 어머니들, 그리고 중, 고교 학생들은 물론 대학생들이나 취업 준비생들, 나아가 직장의 요직에 있는 분들까지 메시지의 내용도 각양각색이다. 한 작품 내의 특수한 표현이나 어휘, 구문에 관한 질문은 물론 입시나 취업 등에서 목적을 달성하기 위한 영어 학습법, 심지어 회사에서의 국외 영업이나 프레젠테이션 시에 대처할 수 있는 영어 실력 배양법이나 기교 등을 묻는 것들이 대부분이다. 그만큼 스크린 영어의 학습 폭이 다양해지고 넓어졌다는 것으로 생각한다. 스크린 영어와 맺은 지난 20여 년의 세월과 인연을 맺었던 독자들과의 교감이 주마등처럼 흘러간다.

누차 강조하는 말이지만 우리나라와 같은 학습 여건에서 영어 공부는 스스로 하는 것이 최선의 길이다. 특히 소위 영어회화, 즉, 듣고 말하는 영어 실력은 누가 잘 가르치고 많은 돈을 들인다고 해서, 그에 비례해서 효과가 나타나는 것은 절대 아니다. 최상의 길은 최소의 시간과 돈, 그리고 합당한 노력을 투자하여 최대의 효과를 얻는 것이다. 그래서 다시 강조하는 말이 스크린 영어를 활용하라는 것이다. 스크린 영어가 한 단계 도약할 수 있는 계기가 되기 때문이다.

최근에는 일부 학교나 학원들까지 스크린 영어를 이용한 영어 학습의 중요성을 인식하여 현장에서 이용하는 것을 보면 마음이 든든해진다. 스크린 영어를 이용하여 학습을 끌고 갈 수 있는 수준 높은 교사들이 점점 늘어가고 있다. 영어 정복으로 가는 목적지에 어떤 방법보다도 더 빠르고 효과적인 스크린 영어에 매달려라. 이 여정의 중요한 지점에서 〈니모를 찾아서〉가 여러분을 반갑게 기다리고 있다는 점을 기억해 주기 바란다.

이 일 범

yib702@hanmail.net

Contents

머리말 • 4

1. Nemo's Unhappy Birth
니모의 불행한 탄생 • 10
Movie Talk 영어의 특징 • 36

2. Marlin and Nemo get separated
말린과 니모가 헤어지다 • 42

3. Marlin Meets His Friend Dory
말린, 친구 도리를 만나다 • 72
Movie Talk 3D로 다시 태어나는 푸른 감동의 나라! • 98

4. A Journey to Find Nemo
니모를 찾기 위한 여정 • 104

5. New Friends in the Dentist's Tank
치과 수족관의 새로운 친구들 • 134

6. A Ride on the East Australian Current
동호주 해류를 타다 • 168

7. Sea Turtles' Friendship
바다 거북이들의 우정 • 198

8. Finally They Reach Sydney
마침내 시드니에 도착하다 • 230

9. Nemo Escapes
니모의 대탈출 • 266

10. Marlin Finds Nemo
말린, 니모를 찾다 • 296

Movie Talk 이성과 감성을 꿈틀대게 하는 가족 영화 • 322

MAIN CHARACTERS

MARLIN 말린
비관적, 보수적, 과잉보호하는 흰동가리. 아내와 가족을 잃은 후, 외아들 니모를 과보호한다. 바다를 두려워하지만, 아들이 스쿠버 잠수부에게 잡혀가자 용감하게 아들을 찾기 위한 모험을 떠난다.

NEMO 니모
호기심 많고 감수성 강한 새끼 물고기. 엄마 없이 힘없는 지느러미를 갖고 태어났음에도 모험을 갈구한다. 그 때문에 치과 의사에게 잡혀가고… 험난한 운명 속에서 부자간의 정을 경험한다.

DORY 도리
낙천적인 불루 탱 암컷. 얘기하는 것을 좋아하지만, 기억력이 짧다. 아들을 찾아 헤매는 말린을 위해 그와 함께 바닷속 여행에 도전한다. 그녀의 긍정적인 사고가 매번 위기를 극복하는 원동력이 된다.

GILL 길
무어리쉬 아이돌로 수족관의 일원 중 지도자격 물고기. 강렬한 개성의 소유자로 니모가 붙잡혀 오자 탈출하고자 하는 욕망이 다시 불붙어, 수족관 일당과 함께 탈출 계획을 세운다.

CRUSH 크러쉬
바다 조류를 타고 여행하는 것을 좋아하는 150살 먹은 바다거북. 자식들과 함께 거친 물결을 타면서, 말린과 달리 느긋하고 자유롭게 자식들을 키운다.

BRUCE 브루스
종류에 상관없이 친구가 되기를 원하는 백상아리. 앵커, 첨과 함께 어울리며 이 무리를 이끄는 유쾌한 지도자이다. 물고기를 먹는 것을 괴로워해서 결국엔 채식주의로 돌아서게 된다.

Disney · PIXAR

니모를 찾아서 3D

I promise,

I will never let anything happen to you... Nemo.

Chapter 1

니모의 불행한 탄생

Nemo's Unhappy Birth

시간 00:00:32 ~ 00:09:16

EXT. UNDERWATER. DEEP OCEAN. DAY

A vast empty blue void. Music is playing. Anything could be out there.

MARLIN : Wow.

CORAL : Mmm.

MARLIN : Wow.

CORAL : Mm-hmm.

MARLIN : Wow.

CORAL : Yes, Marlin. No, I see it. It's beautiful.

A pair of clownfish looks out of their tranquil anemone home on the Great Barrier Reef. It rests on the cliff face of the Drop-off, where the shallow water falls steeply to the deep. Light dances over everything as it sways with the rhythm of the undercurrent.

MARLIN : So, Coral, when you said you wanted an ocean view... you didn't think you were gonna get the whole ocean, did ya? Huh? (swims out; breaths deep) Oh, yeah. A fish can breathe out here! (puts on airs) Did your man deliver, or did he deliver?

외부. 수면 아래. 심해. 낮
광활한 빈 푸른 공간. 음악이 연주된다. 거기에는 어떤 것이든 존재하는 것 같다.

말 린 : 와우!
코 랄 : 음.
말 린 : 멋져!
코 랄 : 음-흠.
말 린 : 정말 멋져!
코 랄 : 알아, 말린. 눈부시게 아름다워.

한 쌍의 클라운 피시가 호주의 대보초에 있는 그들의 고요한 말미잘 집 밖을 내다본다. 그 집은 급경사면의 절벽 앞면에 놓여 있다. 거기에서는 얕은 물이 심연으로 가파르게 떨어진다. 빛이 하층의 물 흐름의 리듬을 따라 흔들리면서 모든 것 위에서 춤을 춘다.

말 린 : 코랄, 바다가 보이는 집을 원한 당신한테 바다에 싸인 집을 얻어줄 줄은 몰랐지? (헤엄쳐 나온다; 심호흡을 한다) 임대 평수가 넓어서 숨통이 트여. (젠체한다) 당신 남편 장하지?

■ **void**
(우주의) 공간, 무, 허공
a large empty space

■ **clownfish**
(어류) 흰동가리, 광대어

■ **tranquil**
고요한, 평온한, 평화로운
quiet and peaceful

■ **anemone**
말미잘
sea anemone

■ **drop off**
급경사면, 절벽
a fall or reduction in the amount, level or number of something; distance down from a high point to a lower point

■ **undercurrent**
저류, 하층의 흐름

■ **put on airs**
잘난 체하다, 으스대다, 젠체하다

Coral, his wife, rolls her eyes and smiles.

CORAL : My man delivered.

MARLIN : And it wasn't so easy.

CORAL : Because a lot of other clownfish had their eyes on this place.

MARLIN : You better believe they did... every single one of them.

CORAL : Mm-hmm. You did good. And the neighborhood is awesome.

Coral steers Marlin's focus back to the coral reef, where their neighbors, an array of multi-colored marine life, happily go about their business amidst the exotic foliage that blankets the reef. Coral seems concerned.

MARLIN : So, you do like it, don't you?

CORAL : No, no, no. I do, I do. I really do like it. (leads him out to the edge) But, Marlin, I know that the Drop-off is desirable... with the great schools and the amazing view and all... but do we really need so much space?

MARLIN : Coral, honey, these are our kids we're talking about. They deserve the best. Look, look, look. (enters anemone) They'll wake up, poke their little heads out... and they see a whale passing right by their bedroom window!

CORAL : Shhh. You're gonna wake the kids.

MARLIN : Oh, right, right.

Marlin follows her down to a small grotto in the rock below. They peek in at... Fish eggs were lying on the rock.

CORAL : Aw, look. They're dreaming.

그의 아내인 코랄이 눈을 굴리며 미소한다.

코 랄 : 장하고말고!
말 린 : 무척 어렵게 얻었어.
코 랄 : 수많은 흰동가리가 여길 탐냈기 때문이지.
말 린 : 아무렴! 열이면 열 다 탐냈지.
코 랄 : 음. 당신 정말 잘했어. 이웃도 다 좋아.

코랄은 말린의 초점을 산호초로 돌린다. 거기에는 그들의 이웃들이 다색의 바다 삶을 열거하면서 산호초를 뒤덮고 있는 색다른 열대의 군 옆 가운데에서 각자의 일을 하며 돌아다닌다. 코랄은 근심스러운 표정이다.

말 린 : 그러니까, 맘에 드는 거지?
코 랄 : 말이라고 해? 내 맘에 쏙 들어. (그를 가장자리로 이끈다) 그렇지만 말린, 낭떠러지 학군엔 명문 학교와 멋진 경치가 많아. 정말 우리 집이 너무 안 넓어?
말 린 : 코랄, 우리 2세를 위해서야. 최고로 해 줄 거야. 봐, (말미잘로 들어간다) 잠에서 깨어나 창 밖을 보면 고래가 지나가는 것도 보게 해줄 테야. 바로 침실 창문으로 말이야.
코 랄 : 쉬, 애들 깨우겠어.
말 린 : 참, 그렇지!

말린은 그녀를 따라 아래쪽 바위 속에 있는 작은 동굴로 내려간다. 몰래 엿보며… 물고기 알들의 침상이 바위 안에 자리 잡고 있다.

코 랄 : 저 모습들 좀 봐. 꿈을 꾸고 있어.

- **coral**
  산호
- **reef**
  초, 모래톱, 암초
  a long line of rocks or sand near the surface of the sea
- **array**
  정렬, 포진, 열거
  a set of numbers, signs or values arranged in rows and columns
- **blanket**
  (담요처럼) 전면을 뒤덮다
  to cover something completely with a thick layer
- **grotto**
  작은 동굴, 돌집
  a small cave especially one that has been made artificially, for example in a garden

You better believe they did.
'~하는 것이 낫다, 더 좋다'의 뜻을 갖는 had better 는 구어체에서 had를 생략하고 better만으로 표시할 때가 많다. 의문문일 경우에는 Hadn't I better ask?(묻는 편이 좋지 않을까?)처럼 사용된다.

Zoom In

You better believe they did.
그들이 그랬다는 것을 믿어야 해.(아무렴)

Father and mother lovingly observe their babies from the entrance of the grotto.

CORAL : We still have to name them.

MARLIN : You want to name all of them, right now? All right, we'll name, uh, this half Marlin Junior... and then this half... Coral Junior. OK, we're done.

CORAL : (ignores him) I like Nemo.

MARLIN : Nemo? Well, we'll name one Nemo... but I'd like most of them to be Marlin Junior.

CORAL : Just think, that in a couple days... (excited) we're gonna be parents!

MARLIN : Yeah. (beat) What if they don't like me?

CORAL : (she's heard this before) Marlin.

MARLIN : (follows her) No, really.

CORAL : (goes inside) There's over 400 eggs. Odds are one of them is bound to like you.

INT. ANEMONE HOME. DAY

Coral settles on the anemone floor and turns to find Marlin staring at her through the tendrils. All love.

CORAL : What?

MARLIN : You remember how we met?

He chases Coral around the inside of the anemone threatening to kiss her.

CORAL : Well, I try not to.

They begin flirting playfully with each other.

MARLIN : Well, I remember. "Excuse me, miss... could you check and see if I have a hook in my lip?"

아빠와 엄마는 동굴의 입구에서 아기들을 사랑스럽게 관찰한다.

코 랄 : 이름을 지어 줘야 해.
말 린 : 이 많은 애 걸 지금 다? 좋아! 이쪽 반은 말린 2세, 나머진 코랄 2세야. 작명 끝!
코 랄 : (그를 무시한다) 난 니모가 좋아!
말 린 : 니모라구? 그럼 하나만 니모고, 나머진 다 말린 2세로 하지.
코 랄 : 상상해 봐, 며칠 지나면 (흥분하여) 우린 부모가 된다구!.
말 린 : 그래. (잠시) 애들이 날 싫어하면 어쩌지?
코 랄 : (전에도 이 말을 들었다) 말린.
말 린 : (그녀를 따른다) 혹시 모르잖아.
코 랄 : (안으로 들어간다) 4백 마리가 넘는데 그 중 하나쯤은 당신을 좋아할 거야.

내부. 말미잘 집. 낮
코랄은 말미잘 바닥에 자리 잡는다. 돌아서서 말린이 덩굴손을 통해서 자신을 보고 있는 것을 발견한다. 사랑으로 가득하다.

코 랄 : 왜?
말 린 : 우리 처음 만난 순간 기억나?

그는 말미잘 내부를 이리저리 코랄을 따라다니며 그녀에게 키스하려고 위협한다.

코 랄 : 기억 안 할래.

그들은 서로 장난스럽게 시시덕거리기 시작한다.

말 린 : 난 기억 나. "저, 나 입술에 낚싯바늘 피어싱했는데 어때요?"

■ **tendril**
(식물) 덩굴손(모양의 것)
a thin curling stem that grows from a climbing plant

■ **flirt**
장난 삼아 연애하다, 불장난하다, 시시덕거리다
to behave towards somebody as if you find them sexually attractive, without seriously wanting to have a relationship with them

■ **hook**
갈고리, 낚싯바늘, (구) 사람을 유혹하는 것, 끌어들이는 것
a curved piece of metal, plastic or wire for hanging things on, catching fish with, etc

One of them is bound to like you.
be bound to는 '꼭 ~ 하게 되어 있다, ~하게 마련이다, ~하려고 마음먹다'의 뜻이다. bound는 bind의 과거분사로 I'll be bound.는 구어로 '내가 책임지겠다, 틀림없다'의 뜻이 된다.

Zoom In

One of them is bound to like you.
그 중 하나쯤은 당신을 좋아할 거야.

MARLIN : Oh, you gotta look closer cause it's way in there.

CORAL : (laughing) No, No! Get away! Marlin! Get away! Get away!

MARLIN : (right behind her) There he is. Cutie's here.

EXT. ANEMONE HOME. DAY

Marlin pokes his head out of the anemone and is startled to see that the neighborhood is eerily empty.

MARLIN : Where did everybody go?

Marlin notices Coral. She is absolutely still. A BARRACUDA floats in the murk, staring them down. Marlin tries to whisper without moving.

MARLIN : (gasps) Coral, get inside the house, Coral.

He catches her glancing down at the eggs in the grotto.

MARLIN : No! No, Coral, don't. They'll be fine. Just get inside... You, right now.

Coral breaks for it. The barracuda lunges at her.

MARLIN : No!

Marlin collides with the barracuda - Its jaws snap - Marlin dodges - The barracuda's tail smacks him hard against the rock. Marlin falls limp into the anemone... Everything goes black. It's all quiet. Marlin comes to. How long has he been out?

MARLIN : (bolts) Ow! (gasps) Oh! Ooh! Ooh! (Roar echoes)

말 린 : "이게 움직이니까 좀 더 가까이서 봐야 해요."

코 랄 : (웃으며) 안 돼, 저리 가! 말린! 저리 가!

말 린 : (그녀 바로 뒤에서) 여보, 까꿍!

외부. 말미잘 집. 낮

말린이 말미잘 밖으로 고개를 내밀고는 이웃이 기분 나쁘게 텅 빈 것을 보고는 놀란다.

말 린 : 이웃들이 다 어디 간 거지?

말린은 코랄을 살핀다. 그녀는 완전히 잠잠하다. 창꼬치 한 마리가 그들을 내려다보며 암흑 속에서 떠다닌다. 말린은 움직이지 않고 속삭이려 애를 쓴다.

말 린 : (헐떡거린다) 여보, 집에 들어가.

그는 그녀가 동굴 안의 알들을 내려다보는 것을 목격한다.

말 린 : 안 돼, 코랄. 알은 무사할 테니까 얼른 들어가. 당장.

코랄은 그것을 향해 달려든다. 창꼬치는 그녀에게 돌진한다.

말 린 : 안 돼!

말린은 그 창꼬치와 충돌한다. – 그것의 양턱이 덥석 문다 – 그는 몸을 피한다 – 창꼬치의 꼬리가 그를 바위에다 세게 쳐 날린다. 말린은 축 늘어져 말미잘 속으로 떨어진다. 모든 것이 까맣게 된다. 사방이 고요하다. 말린은 의식이 돌아온다. 그가 얼마나 오랫동안 정신을 잃은 걸까?

말 린 : (튀어 나간다) 아! (헐떡거린다) 아! 아아… 아! (울부짖음이 울린다)

- **eerily**
  무시무시하게, 기분 나쁘게, 등골이 오싹하게
- **barracuda**
  (어류) 창꼬치류
  a large fierce fish with sharp teeth, that lives in warm seas
- **murk**
  암흑, 음울함
  darkness caused by smoke, fog, etc.
- **lunge**
  돌진하다, 찌르다, 차다
  to make a sudden powerful forward movement in order to attack somebody
- **smack**
  쳐 날리다, 찰싹 치다
  to hit somebody with your open hand, especially as a punishment
- **limp**
  축 늘어진, 기운 없는, 흐느적거리는

Coral breaks for it.
break for는 '~에게 돌진하다, (달아나기 위해) ~를 향해 내달리다, 시세가 폭락하다'(to suddenly run towards something when you are trying to escape)의 뜻으로 make a break for라고도 한다.

Zoom In

Coral breaks for it.
코랄은 그것을 향해 달려든다.

EXT. ANEMONE HOME. NIGHT

Marlin scans the darkness. Nothing. Looks down. The moonlit grotto remains silent. He moves cautiously towards it.

MARLIN : (shouts) Coral! (panting) Coral? Coral!

He looks in... It's empty. He calls out once more, hoping...

MARLIN : Coral? Coral? Coral?

No answer. He discovers that Coral and the eggs are gone. He swims aimlessly. All alone. Stunned. When he looks down and notices A SINGLE FISH EGG lying exposed on the sand, quivering on a ledge below the grotto. Marlin rushes to it.

MARLIN : Oh! (approaches the egg) Ohh. There, there, there. It's OK. Daddy's here. Daddy's got you.

Gently, he cradles the egg in his fins. He turns it over. The other side is scarred but intact.

MARLIN : I promise, I will never let anything happen to you... Nemo.

CLOSE ON EGG: The full moon from underneath the water's rippling surface.

INT. ANEMONE HOME. SIX YEARS LATER

A six years old Nemo sticks his head into frame.

외부. 말미잘 집. 밤
말린은 어둠을 살핀다. 아무것도 보이지 않는다. 아래를 본다. 달빛에 비친 동굴은 정적만이 흐른다. 그는 조심스럽게 그것을 향해 다가간다.

말 린 : (소리친다) 코랄! (헐떡인다) 코랄! 코랄!

안을 들여다보지만 텅 비었다. 그는 한 번 더 소리를 지른다. 희망을 품고서…

말 린 : 여보! 코랄! 코랄!

대답이 없다. 그는 코랄과 알들이 사라진 것을 알게 된다. 그는 정처 없이 헤엄을 친다. 완전히 혼자다. 어리벙벙한 상태다. 그가 아래쪽을 바라보자 한 개의 알이 있는 것을 발견한다. 그것은 모래 위에 드러난 채 동굴 아래 암석붕괴 위에 떨면서 누워 있다. 말린은 알에게 달려간다.

말 린 : 아! (알에 접근한다) 겁먹지 마, 괜찮아. 아빠가 있잖니. 아빠가 지켜줄게.

부드럽게 그는 자기 지느러미로 그 알을 양손으로 안듯이 든다. 그것을 돌리자 반대편이 상처가 남았지만 손상되지는 않았다.

말 린 : 나쁜 일 절대 안 생기게 지켜줄게, 니모.

알의 모습이 가까이 보인다. 수면 아래의 잔물결이 이는 표면으로부터의 보름달이 비친다.

내부. 말미잘 집. 6년 후
여섯 살이 된 니모가 화면 속으로 얼굴을 내민다.

- **ledge**
(암벽의 측면이나 특히 해안에 가까운 바닷속의) 암붕
a narrow flat piece of rock that sticks out from a cliff

- **cradle**
양손으로 안듯이 들다, 살짝 안다
to hold somebody/something gently in your arms or hands

- **intact**
손상되지 않은, (고스란히) 완전한
complete and not damaged

- **ripple**
잔물결이 일게 하다, 펄럭펄럭 넘기다

All alone.
all alone은 관용구로 '오로지 혼자서, 전적으로 혼자 힘으로'의 뜻이다. 여기서 all은 부사로 '완전히, 온통, 전적으로'의 뜻으로 강조의 의미를 갖는다. I'm all for your proposal.(나는 당신의 제안에 전적으로 찬성합니다)

Zoom In

All alone.
완전히 혼자다.

NEMO : First day of school! First day of school! Wake up, wake up! C'mon, first day of school!

He jumps on top of Marlin, asleep on the floor.

MARLIN : I don't want to go to school... five more minutes.

NEMO : Not you, Dad, me! Get up, get up.

Nemo is so excited he literally bounces off the walls.

MARLIN : Okay... Huh? I'm up... What is it? Alright, I'm up. It's time for school.

NEMO : It's time for school! Time for school! Time for school! Oh boy. Oh boy. Oh, boy! Whoa!

Nemo loses control, and tumbles out the anemone. A thud sound.

MARLIN : (surprised) Nemo!

EXT. ANEMONE HOME. MORNING

Marlin bursts out of the anemone to find Nemo stuck, face first, in a vase coral.

NEMO : (muffled) First day of school!

MARLIN : Nemo, don't move! Don't move! You'll never get out of there yourself. I'll do it.

In an anxious fervor, Marlin pops Nemo out of the vase, rushes him back inside, and frantically checks him all over.

니 모 : 학교 가는 날! 첫날이라구! 일어나요, 일어나! 첫 등교일이에요.

그는 바닥에서 자는 말린 위에 뛰어오른다.

말 린 : 학교 가기 싫어. 5분만 더 자고.
니 모 : 아빠 말고 나! 일어나세요!

니모는 매우 흥분해서 사실상 벽을 뛰어다닌다.

말 린 : 웬 호들갑이니? 일어났어. 됐냐? 일어났다구! 학교 가는 날이야.
니 모 : 학교 갈 시간이야! 학교 갈 시간이라구요! 학교 갈 시간이라니까요! 야호! 야호! 야… 우와!

니모는 자제심을 잃고 말미잘 밖으로 굴러 떨어진다. 쿵하는 소리.

말 린 : (놀라서) 니모!

외부. 말미잘 집. 아침
말린은 말미잘을 튀어나와 니모가 얼굴을 아래로 하여 항아리 산호에 처박힌 것을 발견한다.

니 모 : (덮어 씌워진 목소리로) 첫 등교일이야!
말 린 : (숨이 막힌다) 니모! 움직이지 마. 너 혼자선 거기서 못 나와. 내가 빼줄게.

걱정스러운 열정으로, 말린은 항아리 산호로부터 니모를 급히 당겨 빼내서는 미친 듯이 그를 살펴본다.

- **literally**
  사실상, 완전히, 글자 그대로
- **lose control**
  자제심을 잃다, 제어할 수 없게 되다
  failing to maintain balance
- **fervor**
  열정, 열렬
  very strong feelings about something
- **frantically**
  미친 듯이, 극도로 흥분하여

I'm up...
up은 부사로 '몸을 일으켜,(잠자리에서) 일어나'의 뜻으로 동사를 생략하고 단독으로 명령문으로 '일어나! 일어서!'로도 쓰인다. be의 보어로도 사용되어 '일어나'의 뜻이 된다. I'm always up early in the morning.(나는 언제나 아침 일찍 일어나 있다)

Zoom In

I'm up...
나 일어났어.

NEMO : Unh!

MARLIN : All right, where's the break?

INT. ANEMONE HOME

They enter the house.

MARLIN : You feel a break?

NEMO : (calm) No.

MARLIN : Sometimes you can't tell 'cause fluid is rushing to the area. Now, any rushing fluids?

NEMO : No.

MARLIN : Are you woozy?

NEMO : No.

MARLIN : How many stripes do I have?

NEMO : I'm fine.

MARLIN : Answer the stripe question.

NEMO : Three.

MARLIN : No! See? Something's wrong with you. I have one, two, three... That's all I have? (calms down) Oh, you're OK. How's the lucky fin?

NEMO : Lucky.

Nemo turns to reveal HIS RIGHT PECTORAL FIN! It is noticeably smaller than his other fin. Almost vestigial. Nemo must flap it twice as fast, like a hummingbird, to stay balanced.

MARLIN : Let's see.

Nemo awkwardly slaps his dad five with the withered fin.

MARLIN : Now are you sure you wanna go to school this year? 'Cause there's no problem if you don't. You can wait 5 or 6 years.

니 모 : 아!

말 린 : 됐다. 어디 다쳤니?

내부. 말미잘 집

그들은 집으로 들어온다.

말 린 : 몸에 금 갔어?

니 모 : (진정하여) 아니!

말 린 : 몸에 물이 쏟아져 들어오면 잘 몰라. 물 들어 오니?

니 모 : 아니.

말 린 : 어지러워?

니 모 : 아니.

말 린 : 내 몸에 줄 몇 개지?

니 모 : 괜찮다니까요!

말 린 : 몇 개냐고!

니 모 : 세 개!

말 린 : 틀렸어! 증세가 이상해. 하나, 둘, 셋? 맞냐? (진정한다) 아, 다행이야. 행운의 지느러미는 어때?

니 모 : 여기!

니모는 몸을 돌려 그의 오른쪽 가슴지느러미를 보여준다! 그것은 그의 나머지 지느러미보다 눈에 띄게 더 작다. 거의 흔적기관이다. 니모는 몸의 균형을 잡기 위해서 마치 벌새처럼 두 배나 빨리 그것을 퍼덕거려야 한다.

말 린 : 어디 보자.

니모는 그 쇠약해진 지느러미로 아빠를 탁 친다.

말 린 : 꼭 올해에 학교에 가야겠니? 안 가도 문제가 없어. 5, 6년 뒤에 가.

- **woozy**
  (술 때문에) 머리가 흐릿한, 멍한, 띵한
  feeling unsteady, confused and unable to think clearly
- **pectoral**
  가슴의, 흉부에 있는
- **vestigial**
  흔적의, 퇴화한, 흔적 기관의
  remaining as the last small part of something that used to exist
- **flap**
  펄럭이게 하다, 퍼덕거리다
  to move or to make something move up and down or from side to side, often making a noise
- **hummingbird**
  (미국산) 벌새
- **withered**
  시든, 말라빠진, 쇠약해진

Nemo awkwardly slaps his dad five.

slap a person five은 give a person five와 같은 표현으로 속어로 '~와 악수하다,(상대의 손을)탁 치다' 등의 뜻이다. 여기서 five는 구어로 '다섯 손가락'을 말하며 use one's fives는 '주먹다짐하다'가 된다.

Zoom In

Nemo awkwardly slaps his dad five.

니모는 어색하게 아빠와 탁 친다.

NEMO : Come on, Dad, it's time for school.

MARLIN : Ah-ah-ah! Forgot to brush.

NEMO : (protests) Ohh...

MARLIN : Do you want this anemone to sting you?

NEMO : (looks at it; beat) Yes.

MARLIN : Brush.

Nemo huffs. Gives a perfunctory graze against the tendrils.

NEMO : OK, I'm done.

MARLIN : Uh, you missed a spot.

NEMO : Where?

MARLIN : There. (tickles him) Ha ha! And right here. And here and here!

EXT. ANEMONE HOME. MORNING

Marlin pokes his head out, tentatively. Nemo does the same. This is a new home. It rests in the center of an isolated cul de sac deep inside the reef.

MARLIN : All right, we're excited. First day of school. Here we go. We're ready to learn, to get some knowledge. Now, what's the one thing we have to remember about the ocean?

NEMO : It's not safe.

MARLIN : That's my boy. So, first, we check to see that the coast is clear. We go out...

Marlin ventures out halfway then pulls right back into the anemone. Proceeds to repeat this routine ad nauseam.

니 모 : 어서요, 아빠. 이러다 늦겠어요.
말 린 : 아! 이빨은 닦았니?
니 모 : (항의한다) 아우…
말 린 : 벌칙으로 말미잘 가시에 찔리고 싶어?
니 모 : (그것을 바라본다; 잠시) 웅!
말 린 : 양치해!

그는 헐떡인다. 그 가시들에 대고 마지못해서 스치며 이를 닦는다.

니 모 : 좋아요, 양치 끝!
말 린 : 여긴 안 했잖아?
니 모 : 어디?
말 린 : 여기! (그를 간질인다) 하하! 여기랑 요기랑 조기랑!

외부. 말미잘 집. 아침
말린은 시험 삼아 밖으로 머리를 내민다. 니모도 똑같이 한다. 새로운 집이다. 그것은 그 산호초 깊숙한 안쪽에 고립된 막다른 길 가운데 놓여 있다.

말 린 : 그래, 기대된다. 오늘은 신 나는 등교일이야. 자, 간다. 공부할 준비 끝! 큰 바다에 대해 꼭 알아두어야 할 게 뭐라고?
니 모 : 안전하지 않아요.
말 린 : 장한 녀석! 먼저 연안을 경계 한 다음 나갔다가 들어와. 다시 나갔다가…

말린은 용기를 내어 반쯤 나갔다가는 바로 말미잘 속으로 들어온다. 그는 반복해서 이 일과를 지겹게 진행한다.

- **huff**
  벌컥 성내다, 헐떡이다, 가쁘게 숨 쉬다
  to say something or make a noise in a way that shows you are offended or annoyed
- **perfunctory**
  마지못해 하는, 아무렇게나 하는
  (of an action) done as a duty or habit, without real interest, attention or feeling
- **graze**
  스치기, 스쳐 벗겨지기
  to touch or rub against something in passing
- **tentatively**
  시험 삼아서, 주저하며, 임시로
- **cul de sac**
  막다른 길(골목), 막힘
- **ad nauseam**
  싫증이 나도록, 지겹도록

Here we go.
Here we go!는 상황에 따라 여러 뜻이 있지만 보통 '자 간다, 자 시작이다' 등의 의미로 잘 쓰인다. Here goes.와 같은 표현인데 종종 '여기 있다'의 뜻으로 Here you are, Here it is, Here we are, There you go. 등과 같은 표현이 되기도 한다.

Zoom In

Here we go.
자 간다.

MARLIN : ...and back in. And then we go out... and back in. And then one more time... out and back in. And sometimes, if you wanna do it four times...

NEMO : Dad...

MARLIN : All right, come on, boy.

Impatient, Nemo heads out. Marlin dotes over his son's progress as they swim through the coral.

NEMO : Dad, maybe while I'm at school, I'll see a shark.

MARLIN : I highly doubt that.

NEMO : Have you ever met a shark?

MARLIN : No, and I don't plan to.

NEMO : How old are sea turtles?

MARLIN : Sea turtles? I don't know.

NEMO : Sandy Plankton from next door... he said that sea turtles, said they live to be about 100 years old!

MARLIN : Well, you know what, if I ever meet a sea turtle, I'll ask him. After I'm done talking to the shark, OK?

Just then a shoal of fish swims across in front of them.

MARLIN : (grabs Nemo) Whoa, whoa, whoa! Hold on. Wait to cross.

He holds Nemo back from an intersection of streaming fish. A red crossing guard fish stops the traffic and allows them to cross over.

MARLIN : Hold my fin. Hold my fin. (swim for school again)

말 린 : 들어와. 한 번 더 나갔다가… 들어와. 가끔 네 번 하고 싶으면…
니 모 : 아빠!
말 린 : 알았어, 어서 가자!

조바심을 내며 니모는 나간다. 말린은 산호초를 통해 헤엄을 치면서 아들의 운행을 애지중지한다.

니 모 : 아빠, 학교에서 상어를 만날지도 몰라요.
말 린 : 그럴 일 없어.
니 모 : 상어 만난 적 있어요?
말 린 : 아니. 만날 계획 없어.
니 모 : 바다 거북인 몇 살이에요?
말 린 : 바다 거북? 몰라.
니 모 : 이웃집 플랑크톤이 그러는데 거북이는 100살까지 산대.
말 린 : 있지, 혹시 내가 바다 거북을 만나면 직접 물어볼게. 상어부터 만나고 나서, 알았지?

바로 그때 한 무리의 물고기가 그들 앞을 헤엄쳐 간다.

말 린 : (니모를 잡는다) 와, 와, 와! 멈춰. 사거리에선 일단 멈추었다가 가.

그는 끊임없이 달리는 물고기들의 교차로에서 니모를 뒤로 당긴다. 흰 바탕에 붉은색을 한 경비 물고기가 교통을 멈추고 그들이 건너가게 한다.

말 린 : 내 지느러미 잡아. 내 지느러미를 잡으라구. (다시 학교로 헤엄을 친다)

- **dote**
  맹목적으로 사랑하다, ~에 홀딱 빠지다
  to be lavish or excessive in one's attention, fondness, or affection
- **shoal**
  떼, 무리, 특히 고기 떼
  a large number of fish swimming together as a group
- **red crossing**
  (흰 바탕에 붉은 색을 한) 성 조지 십자장의

Hold on.
hold on은 원래 명령법으로 써서 전화 등을 '끊지 말고 기다려라'는 뜻으로 잘 쓰는 구어체이지만 역시 명령법으로 써서 '서라, 멈춰라'의 뜻으로도 잘 쓰인다. 물론 '계속하다, 매달리다, 버티다, 사수하다'는 뜻으로도 쓰인다.

Zoom In

Hold on.
멈춰!

NEMO : Dad, you're not gonna freak out... like you did at the petting zoo, are you?

MARLIN : Hey, that snail was about to charge.

They swim to a large patch of sand— the schoolyard. Chaos reigns as children of all species run around playing while their relaxed parents talk and laugh in small groups. Marlin nervously holds tight to Nemo.

MARLIN : Hmm. I wonder where we're supposed to go.

A big fish stops, opens her mouth and all her kids swim out.

KIDS IN MOUTH : Bye, Mom!

BIG MOUTH MOM : I'll pick you up after school.

Two bratty fish kids play keep-away with a hermit crab's shell.

FISH KIDS : Ha ha!

YOUNG HERMIT CRAB : Come on, you guys, stop it! Give it back!

Marlin tentatively weaves through the crowd.

MARLIN : Come on, we'll try over there.

And joins a group of laughing fathers. He still holds tight to Nemo.

MARLIN : Excuse me, is this where we meet his teacher?

They turn to find Marlin and Nemo.

BOB (SEAHORSE FATHER) : Well, look who's out of the anemone.

MARLIN : Yes. Shocking, I know.

니 모 : 아빠, 동물원에 소풍 갔을 때처럼 소란 피우기 없기에요.

말 린 : 이봐, 그 달팽이 얼마나 사나웠다고!

그들은 큰 모래밭으로 헤엄친다–학교 운동장이다. 모든 종류의 아이들이 뛰어 놀면서 돌아다니자 무질서가 판을 치는 가운데 그들의 느긋한 부모들은 몇 명씩 모여 떠들며 웃는다. 말린은 초조하게 니모를 꽉 잡는다.

말 린 : 음. 우리 제대로 가고 있는 거냐?

커다란 물고기가 멈추며 입을 열자 자신의 아이들 모두가 헤엄쳐 나온다.

입안의 아이들 : 안녕, 엄마!

엄 마 : 학교 끝나면 데리러 갈게.

두 마리의 꼬마 물고기들이 소라게의 껍질로 공 뺏기 놀이를 한다.

꼬마 물고기들 : 하하!

어린 소라게 : 얘들아, 그러지 마. 이리 줘!

말린은 주저하며 군중 속을 누비며 나아간다.

말 린 : 어서, 저쪽으로 가보자.

그리고는 웃고 있는 아버지들에게 합세한다. 그는 여전히 니모를 꽉 잡고 있다.

말 린 : 실례합니다, 여기서 담임과 만나나요?

그들은 몸을 돌려 말린과 니모를 발견한다.

봅(해마 부친) : 누구신가 했더니 말미잘에서 오신 분이시구먼.

말 린 : 그래, 놀랄 만도 하겠지.

■ **keep-away**
(어린이의) 공 뺏기 (놀이)

■ **hermit crab**
(동물) 소라게
(a sea creature with eight legs and, usually, a hard shell) that has no shell of its own and has to use the empty shells of other sea creatures

■ **weave**
(장애물 사이를) 누비듯이 나아가다, 왔다 갔다 하다
to move along by running and changing direction continuously to avoid things that are in your way

■ **seahorse**
(어류) 해마

Look who's out of the anemone.
'누구신가 했더니 말미잘에서 오신 분이시구먼'의 뜻이다. 구어체에서 'look + who 의문사절'의 형태로 잘 쓰이는데 Look who's here.(아니 이거 누구신가!) 관용적인 표현에 Look who's talking! (사돈 남 말 하시네) 등처럼 쓰인다.

Zoom In

Look who's out of the anemone.
누구신가 했더니 말미잘에서 오신 분이시구먼.

BOB : Marty, right?

MARLIN : Marlin.

They introduce themselves to Marlin.

BOB : Bob.

TED (FLAPJACK OCTOPUS FATHER) : Ted.

PHIL (BUTTERFLY FISH FATHER) : Phil. (realizes) Hey, you're a clownfish. You're funny, right? Hey, tell us a joke.

BOB, TED : Yeah. Yeah. Come on, give us a funny one.

MARLIN : Well, actually, that's a common misconception. Clownfish are no funnier than any other fish.

PHIL : Aw, come on, clownie.

TED : Yeah, do something funny.

BOB : Yeah!

MARLIN : All right, I... I know one joke. Um, there's a mollusk, see? And he walks up to a sea... Well, he doesn't walk up, he swims up. Well, actually, the mollusk isn't moving.

As Marlin butchers the joke, the three father's eager expressions slowly deflate.

MARLIN : He's in one place, and then the sea cucumber... Well, they... I'm mixed up. There was a mollusk and a sea cucumber. None of them were walking, so forget I said that...

BOB : Sheldon! Get out of Mr. Johanssen's yard now!

KIDS : (playing) Whoa!

봅 : 마티, 맞지?
말 린 : 말린.

각자 말린에게 자신을 소개한다.

봅 : 봅.
테드(플랩잭 문어 부친) : 테드.
필(버터플라이 물고기 부친) : 필. (알아차린다) 이봐, 넌 광대어잖아. 배꼽 잡는다는 광대어, 맞지? 우릴 웃겨봐.
봅, 테드 : 그래, 어서 해봐.
말 린 : 사실은 그거 잘못 알고 있는 거야. 우리가 더 웃길 걸로 알면 착각이야.
필 : 어서 해보라니까.
테 드 : 그래, 웃겨봐.
봅 : 그래!
말 린 : 좋아, 웃기는 거 하나 알아. 멍게가 하나 걸어왔어. 걸어온 게 아니라 헤엄쳐 왔어. 사실은 멍게는 안 움직여.

말린이 농담을 망쳐놓자 세 명의 아버지들의 열성적인 표정이 천천히 맥이 빠진다.

말 린 : 한 군데에 있어. 그때 어느 해삼 친구가… 내가 헷갈렸어. 멍게랑 해삼 친구가 있었어. 둘 다 걷지 않아. 그러니까 난…
봅 : 셸든, 조한슨 씨 뜰에서 나와!
아이들 : (놀면서) 와!

■ **flapjack**
핫케이크, 팬케이크

■ **octopus**
(동물; 어류) 문어, 낙지
a sea creature with a soft round body and eight long tentacles (= long thin parts like arms)

■ **butterfly fish**
(어류) 가슴 지느러미로 활공하는 죽지성 댓과의 바닷물고기

■ **mollusk**
(동물) 연체동물, 멍게

■ **butcher**
(비유) 망쳐놓다, 혹평하다
to spoil something by doing it very badly

■ **deflate**
공기가 빠지다, 자신을 잃다

None of them were walking.
none은 단독으로 쓰일 때 보통 복수취급을 한다. 그러나 none of~의 형태로 쓰이면 뒤에 오는 단어가 단수일 경우 단수 취급을 하고 복수이면 복수취급을 한다. None of the information is useful to me. (그 정보는 내게 하나도 쓸모가 없다)

Zoom In

None of them were walking.
둘 다 걷지 않아.

Nearby a seahorse kid (Sheldon), a flapjack octopus kid (Pearl) and butterfly fish kid (Tad) laugh as they jump up and down on the sand. They scream in surprise as Mr. Johannsen, a giant Flounder (with both eyes on one side of his body), bursts from under the sand.

MR. JOHANSSEN : All right, you kids! Ooh! Uhh, where'd you go? Where'd you go? Where'd you go?

NEMO : (whispers excitedly) Dad, dad... can I go play, too? Can I?

MARLIN : I would feel better if you'd go play on the sponge beds.

Marlin indicates to the sponge beds, where baby fish bounce with their mothers close by. Nemo looks at his dad. You've got to be kidding.

MARLIN : That's where I would play.

Tad, Pearl, and Sheldon crowd around Nemo.

PEARL : What's wrong with his fin?

TAD : He looks funny.

Not Tad, but Sheldon is smacked by his father.

SHELDON : Ow! Hey, what'd I do? What'd I do?

BOB : Be nice. It's his first time at school.

MARLIN : He was born with it, kids. We call it his lucky fin.

NEMO : Dad...

PEARL : See this tentacle? It's actually shorter than all my other tentacles... but you can't really tell. (twirls) Especially when I twirl them like this.

SHELDON : I'm H-2-O intolerant. (sneezes) Ah-choo!

TAD : I'm obnoxious.

근처에 해마 아이(셸든), 플랩잭 문어 아이(펄) 그리고 버터플라이 피시 아이(테드)가 모래 위를 껑충껑충 뛰면서 깔깔거린다. 그들은 큰 넙치(그의 몸 한쪽에 두 눈이 달린)인 조핸슨 씨가 모래 아래에서 튀어나오자 놀라서 비명을 지른다.

조핸슨 : 그만, 요 녀석들! 어딜 도망가?

니 모 : (흥분해서 속삭인다) 아빠, 나도 놀아도 돼?

말 린 : 폭신한 데서 놀면 더 안전하지 않겠니?

말린은 해면질의 포상을 가리킨다. 거기에는 새끼 물고기들이 가까이에 엄마들과 함께 펄쩍 뛰며 논다. 니모는 아빠를 쳐다본다. 농담하고 있는 거다.

말 린 : 나라면 저기서 놀겠어.

테드, 펄 그리고 셸든이 니모 주위로 모여든다.

펄 : 저 애 지느러미가 왜 그래?

테 드 : 희한하게 생겼어.

테드가 아니라 셸든이 자기 아버지에게 찰싹 매를 맞는다.

셸 든 : 내가 뭘? 내가 뭘요?

봅 : 착하게 굴어. 니모는 등교 첫 날이야.

말 린 : 저 앤 날 때부터 그랬어. 행운의 지느러미야.

니 모 : 아빠!

펄 : 이 촉수 보여? 나도 이 촉수는 다른 촉수보다 짧아. (흔든다) 근데 이렇게 막 흔들면 아무도 못 알아봐.

셸 든 : 난 물 알레르기가 있어. (재채기를 한다) 에취!

테 드 : 난 밉살스럽대.

- **flounder**
  (어류) 가자밋과와 넙칫과의 물고기류

- **smack**
  찰싹 치다, 채찍 등으로 소리 내다
  to hit somebody with your open hand, especially as a punishment

- **twirl**
  빙빙 돌리다, 휘두르다
  to make something turn quickly and lightly round and round

- **obnoxious**
  불쾌한, 싫은, 비위 상하는
  extremely unpleasant, especially in a way that offends people

Key Expressions

12 A lot of other clownfish had their eyes on this place.

수많은 흰동가리가 여기를 탐냈기 때문이지.

have an (one's) eye on (upon)은 '~에 눈을 떼지 않고 감시하다, ~에 눈독을 들이다, ~에 유의하다, ~을 탐내다'의 뜻이다. 유사한 표현으로 keep an eye on이 쓰이는데 이는 '(손상되거나 해를 입지 않도록) ~을 계속 지켜보다, 감시하다, 주목하다'의 뜻이다. have an eye on또는 have half an eye on이 '(특히 남들이 눈치채지 못하게)한쪽 눈으로 ~를 계속 지켜보다'의 뜻으로도 쓰인다.

12 You did good! 잘 했어!

good이 명사로 쓰일 경우 '친절, 소용, 이익, 행복, 장점, 선, 미덕' 등의 뜻이 있다. 종종 no, any, some 등과 같이 잘 쓰인다. 이것이 do와 같이 쓰여 do good이 되면 '착한 일을 하다, 친절을 베풀다, 효력이 있다, 도움이 되다'의 뜻이 있다. 따라서 위 표현은 '좋은 일 했어'의 뜻이다. 때에 따라 구어체에서 You done good.으로도 쓰이는데 You've done good!이 줄어든 표현이다. 한편 Done!은 '좋다, 알았다!'의 뜻이다.

14 What if they don't like me? 그들이 날 좋아하지 않으면 어쩌지?

What if~?에는 두 가지 뜻이 있다. 전자는 what will (would) happen if~ ?가 준 표현이고 후자는 what does it matter if~ ?가 준 표현이다. 예문은 What would happen if they don't like me?(그들이 날 좋아하지 않으면 어쩌지?)의 뜻이다.

14 Odds are one of them is bound to like you.

그중 하나쯤은 당신을 좋아할 거야.

the odds are… (that)는 the chances are… (that), it is very likely that~와 유사한 표현으로 '대저 ~라는 결과가 될 것이다'의 뜻이다. odds는 '가능성, 공산, 가망, 확률, 승산, 비율' 등의 뜻으로 no matter what the odds (are)는 '가능성이 어떻든'의 뜻이다.

20 Nemo is so excited he literally bounces off the walls.

니모는 너무 흥분해서 사실상 벽을 뛰어다닌다.

정도나 결과를 나타내는 so ~that 용법은 뒤에서 번역하여 '~할 만큼 ~하여', 나열된 어순으로 번역하여 '대단히 ~해서'의 뜻인데 구어체에서는 접속사 that을 생략할 때가 많다. 이는 so that구문에서도 that를 생략할 때가 많다.

26 Sea turtles, said they live to be about 100 years old.

바다거북은 100살까지 산대.

live to~에서 to부정사는 결과를 나타내어 '살아서 ~이 되다, ~까지 살다'의 뜻이다. 결과를 나타내는 부정사에는 이 이외에도 grow to~, never to~, awake to~, only to~ 등이 있다.

· He lived to see his grandchildren. 그는 오래 살아 손자들을 보았다.
· Few live to be one hundred years old. 100세까지 사는 사람은 적다.

MOVIE TALK

영어의 특징

〈니모를 찾아서〉는 고전 애니메이션 작품 중에서 인물의 말하는 속도가 빠른 작품이라 할 수 있다. 한두 등장인물이 아니라 거의 모든 인물의 대사가 다 그렇다.

바다 밑 물고기들의 생활상을 보여주는 독특한 내용이어서 생소한 어휘가 많다. 그렇다고 어류나 동물, 식물의 종류라든지 해저의 환경을 설명하는 대사들이 작품을 이해하는데 크게 문제가 될 정도로 내용과 이야깃거리에 영향을 주지는 않는다. 다행히 표현은 눈에 띄게 지나친 것이 없이 평범하다. 따라서 애니메이션을 통해 영어를 정복하고자 하는 학습자는 이런 점들을 잘 고려하여 잘 활용하면 뜻밖의 좋은 결과를 얻을 수 있다. 한번에 말하는 대사의 양도 특별히 길지

않고 단편적인 대사가 많다. 흔한 속어 표현도 지나침이 없으며 지나친 사투리나 비어들도 눈에 띄지 않는다.

영어 학습 자료로는 우선 보기가 즐거워 좋고 지겹지 않아서 좋다. 영어 애니메이션으로 영어를 학습하고자 하는 분들에게 극영화로 넘어가는 단계에서 좋은 경험이 될 작품이다. 듣기 연습에는 아주 훌륭한 작품이라고 말할 수 있다. 이런 정도의 속도에 익숙해야 진정 영어의 본바닥에 접근할 수 있다.

영어 난이도 The Degree of Difficulty		★★★☆☆
속도(Speed) ★★★★☆	**표현**(Expression)★★☆☆☆	**어휘**(Vocabulary)★★☆☆☆

Chapter 2

말린과 니모가 헤어지다

Marlin and Nemo get separated

시간 00:09:17 ~ 00:16:55

Distant singing stops the kids. They wheel around to see a manta ray (MR. RAY) sailing into the schoolyard.

MR. RAY : (sings) *OOOH. LET'S NAME THE ZONES, THE ZONES, THE ZONES*
LET'S NAME THE ZONES OF THE OPEN SEA

KIDS : Mr. Ray!

SHELDON : Come on, Nemo.

MARLIN : Whoa. You better stay with me.

Marlin holds Nemo back as the other kids rush over to Mr. Ray.

MR. RAY : (sings) *THERE'S EIPELAGIC, MESOPELAGIC, BATHYAL, ABYSSALPELAGIC*
ALL THE REST ARE TOO DEEP FOR YOU AND ME TO SEE

Mr. Ray lands right on top of the waiting children.

MR. RAY : (mock concern) Huh. I wonder where my class has gone?

The kids hidden under Mr. Ray shout.

멀리서 들리는 노래 소리가 아이들을 멈춰 세운다. 그들은 선회하며 쥐가오리 (레이 선생님) 한 마리가 학교 운동장으로 들어오는 것을 본다.

레이 선생님 : (노래한다) *오, 해수층 이름 짓기 놀이를 하자*
바다 구석구석 해수층 이름 짓기 하자

아이들 : 레이 선생님.

셸 던 : 가자, 니모.

말 린 : 아빠 곁에 있어.

말린은 다른 아이들이 레이 선생님에게 달려갈 때 니모를 붙잡는다.

레이 선생님 : (노래한다) *중심 해수층, 심해 해수층*
그 밑은 너무 깊어서 보기 어려워

레이 선생님은 기다리는 아이들 바로 위에 내려앉는다.

레이 선생님 : (거짓 관심으로) 우리 반 아이들이 어디 갔지?

레이 선생님 아래 숨어 있는 아이들이 소리를 지른다.

- **manta ray**
  (어류) 쥐가오리
- **zone**
  (생태)(같은 종류의 동식물이 생육하고 있는) 대, 지대, 구역
  an area or a region with a particular feature or use
- **mesopelagic**
  중심해의(200~1000m 깊이의)
- **bathyal**
  심해의
- **abyssalpelagic**
  심해의
- **mock**
  거짓의, 가짜의
  not sincere

KIDS : (muffled laughter; giggles) We're under here!

MR. RAY : (swims up) Oh, there you are. Climb aboard, explorers.

Mr. Ray lifts to allow the kids to board him.

MR. RAY : (sings) *OH, KNOWLEDGE EXPLORING*
IS, OH, SO LYRICAL
WHEN YOU THINK THOUGHTS THAT ARE EMPIRICAL

Nemo is the last one to get on. Marlin still holds his fin.

NEMO : Dad, you can go now.

MR. RAY : Well, hello. Who is this?

NEMO : I'm Nemo.

MR. RAY : Well, Nemo, all new explorers must answer a science question.

NEMO : OK.

MR. RAY : You live in what kind of home?

NEMO : An anemon-none. A nemenem-menome – nemenem – nenemone...

MR. RAY : Okay okay, don't hurt yourself. Welcome aboard, explorer.

MARLIN : (aside to Mr. Ray) Just so you know, he's got a little fin. I find if he's having trouble swimming... I let him take a break, 10, 15 minutes.

NEMO : (from the back) Dad, it's time for you to go now.

MR. RAY : Don't worry. We're gonna stay together as a group. (to kids) OK, class, optical orbits up front. And remember, we keep our supraesophogeal ganglion... to ourselves. That means you, Jimmy.

아이들 : (숨을 죽인 웃음; 킬킬 웃는다) 배 밑에 있어요!

레이 선생님 : (헤엄쳐 오른다) 그랬구나, 타려. 꼬마 탐험가들아.

레이 선생님은 몸을 들어 올려 아이들이 올라타게 한다.

레이 선생님 : (노래한다) *즐거운 탐구 학습 시간*
체험으로 배우는 신 나는 시간

니모가 마지막으로 올라타는데 말린은 아직도 그의 지느러미를 잡고 있다.

니 모 : 아빠, 그만 가.
레이 선생님 : 안녕. 넌 누구지?
니 모 : 니모예요.
레이 선생님 : 니모, 신입생은 과학 문제 풀어야 해.
니 모 : 좋아요.
레이 선생님 : 넌 어떤 집에 살지?
니 모 : 저는요, 멜랑… 말랑… 말미…
레이 선생님 : 그만, 입 삐뚤어질라. 다 환영한다.
말 린 : (레이 선생님 곁에서) 아시다시피, 우리 애는 지느러미가 작아요. 헤엄칠 때 힘들어하면 10분, 15분정도 잠시 쉬게 해 줘요.
니 모 : (등에서) 아빠, 그만 가래두요!
레이 선생님: 걱정 마세요. 모여서 다니니까요. (아이들에게) 자, 눈망울들을 초롱초롱 앞만 보고 뇌 활동은 수업에만 집중해라. 특히 지미.

- **lyrical**
  감상적인, 서정시 같은, 열렬한
  having an artistically beautiful or expressive quality
- **empirical**
  경험적인, 경험상의
  based on experiments or experience rather than ideas or theories
- **aside**
  (비밀 이야기를 하려고) 따로 떨어져, 몰래
- **orbit**
  (해부) 안구공, 안와
- **supraesophogeal**
  전 식도의
- **ganglion**
  (해부, 동물) 신경절, 건초류, 중추

I let him take a break.
break는 일이나 수업 등의 '잠깐 휴식, 휴게시간, 짧은 휴가'의 뜻으로 break time이라고도 한다. coffee break는 커피 마시는 휴식시간의 뜻이다. 비슷한 뜻에 take five또는 take ten이 쓰이는데, 의미는 To take a short rest or break.이고 5분이나 10분 정도 짬을 내서 쉰다는 데서 유래한다.

Zoom In

I let him take a break.
잠시 쉬게 해줘요.

JIMMY : Aw, man!

MR. RAY : (sings) *OHHHHHHH... A LIFE OF SCIENCE IS FILLED WITH WONDER*
WHEN FACTS OF THE SEA ARE OURS TO PLUNDER

As Mr. Ray sails out of the schoolyard, Marlin trails behind...

MARLIN : Bye, Nemo!

NEMO : Bye, Dad!

MARLIN : Bye, son! (anxiously watches them disappear) (under breath) Be safe.

The fathers gather around Marlin, who tries to feign an air of indifference.

BOB : Hey, you're doing pretty well for a first-timer.

MARLIN : Well, you can't hold on to them forever, can you?

PHIL : Yeah, I had a tough time when my oldest went out on the Drop-off.

MARLIN : They just gotta grow up sometime... (jumps up with surprise) The Drop-off? They're going to the Drop-off? Wha- what are you, insane? Why don't we just fry them up now and serve them with chips?

BOB : Hey, Marty, calm down.

MARLIN : Don't tell me to be calm, Pony Boy!

Marlin frantically swims off. The others just float there, stunned.

BOB : Pony Boy?

PHIL : You know for a clownfish, he really isn't that funny.

TED : (shakes head) Pity.

지 미 : 왜 저만 미워해요?

레이 선생님 : (노래한다) *과학생활은 경이로 가득 차 있지 바다의 사실들은 훔치면 다 우리 거야*

레이 선생님이 학교 운동장을 빠져나가자 말린이 뒤를 미행한다.

말 린 : 안녕, 니모!

니 모 : 안녕, 아빠!

말 린 : 안녕, 내 아들아! (그들이 사라지는 것을 근심스럽게 지켜본다) (작은 목소리로) 부디 무사해라.

아버지들이 말린 주위에 모여드는데 그는 무관심한 태도를 가장하려고 애를 쓴다.

봅 : 신입생 아빠치곤 퍽 잘했어.

말 린 : 애들을 영원히 데리고 있을 수 없지, 안 그래?

필 : 맞아. 낭떠러지에서 놀 땐 걱정 돼.

말 린 : 더 크려면 멀었어. (놀라서 튀어 오른다) 낭떠러지? 그 위험한 곳에 나가 놀게 놔뒀다고? 제정신이야? 차라리 기름 솥에서 놀라고 하지?

봅 : 마티, 진정해.

말 린 : 진정 좋아하시네. 조랑 해마.

말린은 미친 듯이 뒤따라간다. 다른 아버지들은 어안이 벙벙해서 거기에 그냥 떠 있다.

봅 : 조랑 해마?

필 : 저 광대어는 왜 하나도 안 웃기지?

테 드 : (고개를 흔든다) 참 안됐어.

- **plunder**
  약탈하다, 훔치다, 빼앗다
  to steal things from a place, especially using force during a time of war
- **trail**
  미행하다, 추적하다
  to follow somebody/something by looking for signs that show you where they have been
- **feign**
  ~인 체하다, 가장하다, 꾸미다
  to pretend that you have a particular feeling or that you are ill, tired, etc
- **fry**
  기름에 튀기다(볶다), 지지다

You can't hold on to them forever.
hold on은 '붙잡다, 매달리다'의 뜻이며 뒤에 to가 붙어 붙잡는 대상이 온다. hold on to는 hold onto라고도 표현하며 '~에 의지하다, 매달리다, ~을 꼭 잡고 있다'의 뜻으로 사람과 사물에 같이 쓰인다.

Zoom In

You can't hold on to them forever.
당신은 영원히 데리고 있을 수 없지.

EXT. CORAL REEF. MONTAGE. DAY

As Mr. Ray glides through the reef, Nemo and the class take in all the wondrous sights. It is an underwater paradise, teeming with life. An ongoing parade of color. All the while Mr. Ray is in full song.

MR. RAY : (sings) *OH. LET'S NAME THE SPECIES, THE SPECIES, THE SPECIES*
LET'S NAME THE SPECIES THAT LIVE IN THE SEA

NEMO : Whoa.

MR. RAY : (sings) *MOLLUSCA AND GASTROPODA, ARTHROPODA, ECHINODERMA, TUNICATE, CHORDATA,*
AND SOME FISH LIKE YOU AND ME (swims, very pleased)
Come on, sing with me. Oh...! (continues singing indistinctly)
Just the girls this time.
(sings again) *OH, SEAWEED IS COOL*
SEAWEED IS FUN
IT MAKES ITS FOOD FROM THE RAYS OF THE SUN

NEMO : (in awe of everything he sees) Cool.

EXT. DROP-OFF. MOMENTS LATER

Mr. Ray settles on a clear sandy patch. The cheering kids tumble off his back.

MR. RAY : OK, the Drop-off. All right, kids, feel free to explore... but stay close.

The kids begin swimming away in all directions. Suddenly Mr. Ray gasps.

MR. RAY : Stromalitic cyanobacteria! Gather.

All the kids gather around Mr. Ray as he scrutinizes a tiny floating particle.

외부. 산호초. 몽타주. 낮
레이 선생님이 산호초를 미끄러져 헤엄쳐 가자 니모와 반 학생들은 그 모든 경이로운 광경들을 접한다. 그것은 수중의 파라다이스로, 충만한 세상이다. 색채의 행렬이 펼쳐진다. 그동안 레이 선생님은 노래가 한창이다.

레이 선생님 : (노래한다) *물고기의 이름을 짓자*
바다 식구 이름을 짓자

니 모 : 와!

레이 선생님 : (노래한다) *해면동물, 강장동물, 히드로충류, 해파리*
화충류, 빗해파리류, 이끼벌레류
연체동물문, 복족류, 절지동물류
우릴 닮은 물고기 (매우 기뻐하며 헤엄 친다)
자, 따라 해봐. (분명하지 않게 계속 노래를 한다)
이번엔 여자애들만 해봐.
(다시 노래한다) *해초는 굉장해요. 해초는 재미있어요*
태양 빛으로 먹을 걸 만들어요

니 모 : (눈에 띄는 모든 것에 경외심을 갖으며) 멋져.

외부. 낭떠러지. 잠시 후
레이 선생님은 텅 빈 모래땅에 내려앉는다. 신 난 아이들은 그의 등에서 내린다.

레이 선생님 : 자, 다 왔다, 낭떠러지야. 자유롭게 탐구해. 멀리는 가지 말고.

아이들은 사방으로 헤엄쳐 가기 시작한다. 갑자기 레이 선생님이 헐떡인다.

레이 선생님 : 박테리아 화석이야. 다 모여봐.

아이들 모두가 레이 선생님 주위에 모여드는데 그는 떠다니는 작은 입자 하나를 면밀히 살핀다.

- **mollusca**
  연체동물문
- **gastropoda**
  (동물) 복족류
- **arthropoda**
  (동) 절지동물
- **echinoderma**
  (동물) 극피동물
- **tunicate**
  (동물) 피낭동물
- **chordata**
  (동물) 척색동물
- **stromalitic**
  녹조류 활동에 의해 생긴 박편상 석회암
- **cyanobacteria**
  시아노 박테리아(청록색 세균문의 세균)

In awe of everything he sees
awe는 '외경, 경외심'의 뜻으로 in awe of는 '~을 경외하여, 두려워하여'의 뜻이다. be(stand) in awe of (~을 두려워(경외)하다, be struck with awe(두려워 위압당하다), keep a person in awe(항상 ~을 두려워하게 하다) 등으로 잘 쓰인다.

Zoom In

In awe of everything he sees.
눈에 띄는 모든 것에 경외심을 가지며

MR. RAY : An entire ecosystem contained in one infinitesimal speck. There are as many protein pairs contained in this one bacteria as all the grains of sand in the entire ocean.

TAD : (nudges Pearl and Sheldon) Come on, let's go.

Bored with Mr. Ray's lesson, Tad, Pearl and Sheldon sneak away.

MR. RAY : Come on, sing with me!
(sings) *THERE'S PORIFERA, COELENTERATA*
HYDROZOA, SCYPHOZOA
ANTHOZOA, CTENOPHORA, BRYOZOAS, THREE

Nemo catches sight of Tad, Pearl and Sheldon sneaking away. Curious, he follows after them through the coral brush, out the other side...

NEMO : Hey, guys, wait up! Whoa.

...and stops at the edge of THE DROP-OFF. The reef falls sharply into the open waters of the deep: an empty ominous blue void. Anything could be out there. All four kids are riveted on the murky depths.

NEMO : (looks down over the Drop-off) Cool.

Tad pushes Pearl out, then pulls her right back. She screams and squirts a cloud of black ink.

TAD : (shout) Saved your life!

PEARL : Aw, you guys made me ink.

NEMO : What's that?

Nemo spots a dive boat, anchored at 100 feet out. It floats high above on the water's surface.

레이 선생님 : 작은 점 안에 생태계가 다 들어 있어. 전체 바다 모래의 알갱이에 박테리아가 포함된 단백질이 들어있어.

테 드 : (펄과 셸든을 은밀히 슬쩍 찌르며) 얘들아, 가자.

레이 선생님의 강의에 따분해져서 테드, 필 그리고 셸든은 몰래 빠져나온다.

레이 선생님 : 자, 다 함께 노래해.
(노래한다) *해면동물, 강장동물, 히드로충류 해파리, 화충류, 빗해파리류, 이끼벌레류*

니모는 테드, 펄 그리고 셸든이 살금살금 빠져나가는 것을 본다. 호기심에 가득 차 그는 산호초 덤불을 통해 그들을 따라 반대편으로 나간다.

니 모 : 이봐! 나도 같이 가. 와!

그리고는 낭떠러지 언저리에서 멈춘다. 산호초는 심연의 탁 트인 물 속으로 급작스럽게 떨어진다. 텅 빈 불길한 푸른 공간. 어떤 일도 거기에서는 있을 수 있을 것이다. 네 아이는 암흑의 심연에 시선이 집중된다.

니 모 : (낭떠러지 위로 내려다보며) 우와, 멋지다!

테드는 펄을 밀쳐냈다가 뒤로 다시 당긴다. 그녀는 비명을 지르며 검은 먹물을 한 덩어리 뿜어낸다.

테 드 : (소리치며) 내가 널 구했어!
펄 : 너 때문에 바지에 먹물 쌌잖아.
니 모 : 저게 뭐야?

니모는 100피트 떨어진 곳에 정박해 있는 잠수부용 배를 목격한다. 그것은 물 위에 높이 떠 있다.

- **ecosystem**
(생태) 생태계
all the plants and living creatures in a particular area considered in relation to their physical environment

- **infinitesimal**
미소한, 극미한, 극미량의
extremely small

- **nudge**
(주의를 끌기 위해 팔꿈치로) 슬쩍 찌르다, 주의를 환기시키다
to push somebody gently, especially with your elbow, in order to get their attention

- **rivet**
(주의, 시선 등을) 집중하다, 끌다
to hold somebody's interest or attention so completely that they cannot look away or think of anything else

- **squirt**
뿜어내다, 분출시키다
to force liquid, gas, etc. in a thin fast stream through a narrow opening; to be forced out of a narrow opening in this way

Bored with Mr. Ray's lesson.
bore는 타동사로 '지루하게 하다, 따분하게 하다'의 뜻으로 수동형이 되어 be bored with는 '~로 따분하다, 지겹다, 지루하다'의 뜻이다. 예문은 분사구문으로 as they are bored with Mr. Ray's lesson의 뜻이다.

Zoom In

Bored with Mr. Ray's lesson.
레이 선생님의 강의에 따분해져서.

TAD : I know what that is. Sandy Plankton saw one. He said it was called... a butt!

NEMO : Whoa.

PEARL : Wow. That's a pretty big butt.

Sheldon surprises them all by suddenly leaping out into the open water.

SHELDON : Oh, look at me. I'm gonna go touch the butt. (sneezes) Ah-choo! Whoa!

He is propelled further out into the deep. Sheldon screams. Races back to the edge. The others laugh.

SHELDON : Oh, yeah? Let's see you get closer.

PEARL : OK. (swims out farther than Sheldon) Beat that.

Tad takes the dare even farther. All three look back at Nemo.

TAD : Come on, Nemo. How far can you go?

NEMO : Uh, my dad says it's not safe.

MARLIN : Nemo! No!

NEMO : Dad?

Marlin comes charging out of the coral and pulls Nemo away from the edge.

MARLIN : You were about to swim into open water.

NEMO : No, I wasn't gonna go out... but Dad!

MARLIN : It's just a good thing I was here. If I hadn't shown up... I don't know...

PEARL : (approaches) Sir, he wasn't going to go.

테 드 : 난 뭔지 알아. 샌디 플랑크톤이 말해줬어. 저걸 뭐라고 불렀느냐면 엉덩이랬어.
니 모 : 와우!
펄 : 와, 엄청 큰 엉덩인 걸!

셸든은 갑자기 공해 속으로 뛰어들어감으로써 그들 모두를 놀라게 한다.

셸 든 : 똑똑히 봐. 내가 만져보고 올게. (재채기 한다) 와!

그는 심해 속으로 더 멀리 내몰린다. 셸든이 비명을 지른다. 낭떠러지 가장자리로 급히 달려온다. 나머지가 모두 웃는다.

셸 든 : 그래? 자신 있으면 나보다 가까이 가봐.
펄 : 좋아. (셸든보다 더 멀리 헤엄치며) 내가 이겼지롱!

테드는 그 도전에 응해 훨씬 더 멀리 간다. 세 명 모두가 니모를 돌아본다.

테 드 : 어서, 니모, 넌 어디까지 갈 수 있어?
니 모 : 아빠가 큰 바다는 위험하댔어.
말 린 : 니모, 안 돼!
니 모 : 아빠?

말린은 산호에서 달려 나와서는 가장자리로부터 니모를 끌어낸다.

말 린 : 큰 바다에 가려고?
니 모 : 아냐! 나가려 하지 않았어, 하지만 아빠!
말 린 : 내가 여기 있었기에 천만 다행이야. 내가 나타나지 않았더라면, 정말…
펄 : (다가가며) 니모는 안 나갔어요.

- **butt**
  (구) 엉덩이
  the part of the body that you sit on
- **sneeze**
  재채기하다
  to have air come suddenly and noisily out through your nose and mouth in a way that you cannot control, for example because you have a cold
- **take a dare**
  도전에 응하다
- **charge**
  (~을 향해) 돌진하다, 돌격하다
  to rush forward and attack somebody/something; to rush in a particular direction

If I hadn't shown up.
'내가 만일 나타나지 않았더라면'의 뜻으로 가정법 과거완료의 문장으로 주절은 생략되어 있다. 즉 조건절에 과거완료형이 오면 과거사실에 반대를 나타낸다. 주절에는 보통 '조동사 과거 + have + pp.'가 온다.

Zoom In

If I hadn't shown up.
내가 나타나지 않았더라면.

TAD : Yeah, he was too afraid.

NEMO : No, I wasn't.

MARLIN : This does not concern you, kids... and you're lucky I don't tell your parents you were out there. (to Nemo) You know you can't swim well.

NEMO : I can swim fine, Dad, OK?

Alerted by the commotion, Mr. Ray and the other children eavesdrop from behind the coral.

MARLIN : No, it's not OK. You shouldn't be anywhere near here. (grabs Nemo) OK, I was right. You know what? We'll start school in a year or two.

To Marlin's surprise, Nemo pulls away.

NEMO : No, Dad! Just because you're scared of the ocean...

MARLIN : Clearly, you're not ready... and you're not coming back here until you are. You think you can do these things... but you just can't, Nemo!

NEMO : (stares at the sand) I hate you.

Marlin flinches as if he were physically struck by Nemo's words. The wound is evident in his expression. Mr. Ray arrives and begins singing loudly.

MR. RAY : There's nothing to see. Gather. Uh, over there. (sweeps the gawking class to the side, and glides) Excuse me. Is there anything I can do? I am a scientist, sir. Is there any problem?

테 드 : 네, 겁쟁이니까요.

니 모 : 아냐.

말 린 : 너흰 상관없으니까 끼어들지 마. 다행인 줄 알아, 내가 너희 부모한테 저기 나갔었다고 말하지 않을 테니까. (니모에게) 넌 헤엄도 못 쳐.

니 모 : 나 수영 잘해, 아빠, 괜찮지?

소동으로 경계하며 레이 선생님과 다른 아이들은 산호 뒤로부터 엿듣는다.

말 린 : 안 괜찮아. 낭떠러지엔 위험해. (니모를 붙잡는다) 내가 옳았어. 1, 2년 뒤에 학교 가.

말린이 놀랍게도 니모가 몸을 뺀다.

니 모 : 싫어, 아빠가 바다를 겁낸다고 나까지…

말 린 : 넌 한참 멀었대도! 아무리 까불어도 어림없단 말이야! 절대로 안 돼, 니모!

니 모 : (모래를 응시하며) 아빠가 미워.

말린은 마치 니모의 말에 의해서 육체적으로 매를 맞은 것처럼 흠칫한다. 그 상처가 그의 표정에 역력히 나타난다. 레이 선생님이 도착하여 큰 소리로 노래하기 시작한다.

레이 선생님 : 여긴 엄청… 볼 게 없구나. 다들 모여. 어, 저기. (긴장을 깨뜨리며 멍청히 바라보는 아이들을 옆으로 휩쓸어 가서는 말린에게로 미끄러지듯 나아간다) 실례해요. 제가 도와줘요? 전 과학자거든요. 무슨 문제라도 있나요?

- **commotion**
  소요, 동요, 폭동
  sudden noisy confusion or excitement
- **eavesdrop**
  엿듣다, 도청하다
  to listen secretly to what other people are saying
- **flinch**
  (고통, 공포 등 때문에) 주춤하다, 기가 꺾이다, 위축되다
  to make a sudden movement with your face or body as a result of pain, fear, surprise, etc
- **gawk**
  (구) 멍청히 바라보다
  to stare at somebody/something in a rude or stupid way

To Marlin's surprise
to one's surprise는 '~가 놀랍게도'의 뜻으로 예문은 '말린이 놀랍게도, 말린이 놀라서'의 의미이다. 즉 'to one's + 추상명사'는 '~가 ~하게도'의 뜻을 나타내며 to my joy하면 '내가 기쁘게도'의 의미이다.

Zoom In

To Marlin's surprise

말린은 놀랍게도…

MARLIN : You know, I'm sorry. I didn't mean to interrupt things. He isn't a good swimmer, and I just think it's a little too soon... for him to be out here unsupervised.

While they talk, Nemo glares at his father, then looks out to the anchored boat.

MR. RAY : Well, I can assure you, he's quite safe with me.

MARLIN : Look, I'm sure he is, but you have a large class... and he can get lost, you know, from sight if you're not looking. I'm not saying you're not looking.

A gawky little girl fish in the class points out to the deep.

LITTLE GIRL FISH : (shouts) Oh, my gosh! Nemo's swimming out to sea!

Everyone turns to see NEMO IN THE OPEN WATER already half-way out to the anchored boat. He zigzags with slow determined strokes...

MARLIN : (gasps) Nemo! What do you think you're doing? (rushes to the edge, but is too afraid to go further) You're gonna get stuck out there... and I'm gonna have to get you before another fish does!

Nemo ignores him. Eyes locked on the boat...

MARLIN : Get back here! I said get back here now! Stop! You take one more move, mister...

Nemo holds out his fin.

말 린 : 방해해서 죄송해요. 아이가 수영도 못해서 감시도 없이 마냥 풀어놓기엔 너무 일러요.

그들이 말하고 있는 동안 니모는 아버지를 노려보다가 정박 중인 배를 내다본다.

레이 선생님 : 장담하는데, 저랑 있음 안전해요.

말 린 : 당연히 그래야 되겠지만… 학생이 많아서 까딱하면 잃어버려요. 아무리 지켜봐도 말이죠.

학생 중에 멍청한 작은 소녀 물고기가 심해를 가리킨다.

어린 소녀 물고기 : (소리친다) 어쩜 좋아! 니모가 혼자 바다로 나가요!

모두가 돌아본다. 공해로 나간 니모를. 이미 정박 중인 배를 향해 반 정도 갔다. 그는 느린 결연한 수영법으로 지그재그로 움직인다.

말 린 : (헐떡인다) 니모! 무슨 짓이야? (낭떠러지의 가장자리로 달려가지만, 너무 무서워 더는 나아가지 못한다) 거기 가면… 큰 물고기의 밥이 될 수도 있어. 물고기 밥이 되기 전에 내가 데려와야 해!

니모를 그를 무시한다. 눈은 그 배를 주시한다.

말 린 : 돌아와. 돌아오란 말이야, 냉큼! 멈춰! 조금만 더 가면 알지?

니모는 지느러미를 내민다.

- **unsupervised**
  감독을 받지 않은, 지도를 받지 못한
- **glare**
  노려보다, 눈을 부릅뜨다
  to look at somebody/something in an angry way
- **gawky**
  멍청한, 얼빠진, 덜된
  (especially of a tall young person) awkward in the way they move or behave
- **stroke**
  수영법, (수영의) 손 발을 한 번 놀리기
- **lock**
  주시하다, 응시하다, 자세히 보다, 조사하다

Oh, my gosh!
'세상에!'의 뜻으로 Gosh!는 God의 완곡어로 감탄사이며 '(놀람, 기쁨, 맹세의 표현으로)이크! 이런! 어머나! 아이고! 꼭!' 등의 뜻으로 쓰인다. Oh my gosh!도 같다. Oh my gosh!, you scared me! I didn't see you standing there.(세상에나, 놀랐잖아! 네가 거기 서 있는 거 못 봤어)

Zoom In

Oh, my gosh!
어쩌면 좋아!

MARLIN : Don't you dare! If you put one fin on that boat... Are you listening to me? Don't touch the bo...

...and defiantly slaps the bottom of the boat.

MARLIN : Nemo!

TAD : (whispers) He touched the butt.

MARLIN : You just paddle your little tail right back here, Nemo.

Nemo begins his long swim back, rolling his eyes at Marlin...

MARLIN : That's right. You are in big trouble, young man. Do you hear me? Big...

When A GIANT DIVER slowly rises up from behind him, filling the entire frame. Everyone sees him – except Nemo.

MARLIN : (voice goes small) Big...

KIDS : (scream) Aaah!

Marlin opens his mouth, but nothing comes out. The kids all scream in terror. Nemo finally looks back to see his reflection in the giant diver's mask.

NEMO : (gasps) Aaah! Daddy! Help me!

MARLIN : (finds his voice) I'm coming, Nemo!

Marlin breaks from the safety of the reef when A SECOND DIVER rises up, blocking him from Nemo. Mr. Ray scoops up the class of kids and heads back into the reef.

MR. RAY : Get under me, kids!

말 린 : 닿지도 않아! 보트에 지느러미를 대는 순간… 듣고 있어? 배를 건드리지 마.

도전적으로 배의 밑바닥을 친다.

말 린 : 니모!
테 드 : (속삭인다) 엉덩이 만졌어.
말 린 : 이쪽 보고 꽁지 흔들어 돌아와, 니모.

니모는 먼 길을 헤엄쳐 오기 시작한다. 말린에게 눈을 굴리면서.

말 린 : 바로 그거야. 넌 큰 탈 날 거야. 듣고 있어? 큰…

그때 거대한 잠수부가 그의 뒤로부터 천천히 솟아올라 화면 전체를 채운다. 모두가 그를 본다 – 니모만 빼놓고.

말 린 : (목소리가 작아진다) 큰…
아이들 : (비명을 지른다) 아아!

말린은 입을 열지만 아무 말도 하지 못한다. 아이들은 모두가 두려움에 싸여 비명을 지른다. 니모는 마침내 뒤를 돌아보고 거대한 잠수부의 마스크에 비친 자신의 모습을 본다.

니 모 : (헐떡인다) 아! 아빠, 살려 줘!
말 린 : (자기 목소리를 찾는다) 아빠가 구해줄게, 니모!

말린은 산호초의 안전한곳에서 뛰어오른다. 그때 두 번째 잠수부가 솟아오르며 니모로부터 그를 막아 선다. 레이 선생님은 자기 반 학생들을 퍼 올려 산호초로 돌아간다.

레이 선생님 : 얘들아, 내 밑에 숨어!

- **defiant**
  도전적인, 반항적인
  openly refusing to obey somebody/something, sometimes in an aggressive way
- **reflection**
  (거울 등의) 영상, 그림자
  an image in a mirror, on a shiny surface, on water, etc
- **scoop**
  퍼 올리다, 단번에 그러모으다
  to move or lift somebody/something with a quick continuous movement

You're in big trouble.
be in trouble은 '곤란한 처지에 있다, 말썽이 나 있다, (미혼 여자가)임신 중이다'의 뜻이다. 뒤에 전치사 with가 오면 '~와의 사이에 말썽이 나 있다'의 뜻이 된다. have trouble with도 같은 뜻이다.

Zoom In

You're in big trouble.
넌 큰 탈이 날 거야.

MARLIN, NEMO : Aah! Oh!

Nemo swims for his life. A mesh nylon bag snares Nemo and yanks him away.

NEMO : No! Dad! Daddy!

The second diver looms over Marlin... A bright flash. The diver has taken a picture. Marlin is momentarily blinded.

MARLIN : (panting) Oh! Nemo!

Marlin's blurred image of the scuba divers rising to the surface slowly comes into focus. He struggles to catch up to them.

MARLIN : (hysterical) Uhh. Nemo! Nemo! Nemo, no! Nemo! Nemo! Nemo! No!

But Marlin is too far away, and is forced to watch the divers exit the water with his son and climb aboard the boat. The engine starts up. By the time the turbulence of bubbles dissipates, the boat is gone, leaving only a trail of wake. Marlin follows it, but there is no way he'll ever catch up.

MARLIN : (Panting) No! Aah! Uhh. Nemo! Nemo!

INT. BOAT WATER. DAY

The boat cruises by on the open ocean. Nemo is dropped into a cooler with seawater. As the diver closes the cooler, the boat hits some chop.

DIVER : Whoa! Hold on. (loses his balance, and knocks his diver's mask overboard)

EXT. UNDER THE SURFACE. DAY

The mask plunges into the ocean. Tumbles into the murk...

말린, 니모 : 아!

니모는 죽어라 헤엄을 친다. 그물로 된 나일론 망이 니모를 잡아 가두고, 홱 당겨 그를 데려간다.

니 모 : 안 돼! 아빠!

두 번째 잠수부가 말린 위로 불쑥 나타난다. 밝은 플래시가 터진다. 그 잠수부는 막 사진을 찍었다. 말린은 순간적으로 눈이 보이지를 않는다.

말 린 : (숨을 헐떡이며) 아, 니모!

물 위로 올라오는 스쿠버 잠수부들의 흐릿한 이미지가 천천히 말린의 초점에 들어온다. 그는 그들을 잡기 위해 안간힘을 쓴다.

말 린 : (발작하며) 니모, 안 돼! 니모! 니모! 잡혀가면 안 돼! 니모! 니모!

하지만 말린은 너무 멀리 떨어지며 잠수부들이 자기 아들을 데리고 물 밖으로 나가 배 위에 오르는 것을 지켜볼 수밖에 없다. 배의 엔진 시동이 걸린다. 거품의 휘몰아침이 없어질 때쯤엔 그 배는 사라져 단지 배가 지나간 흔적만을 남긴다. 말린은 그것을 따라가지만, 그가 따라갈 길은 없다.

말 린 : (헐떡이며) 안 돼! 아! 니모! 니모!

내부. 배. 낮
배는 탁 트인 대양을 달려나간다. 니모는 해수가 담긴 냉각 용기 속으로 떨어진다. 잠수부가 냉각 용기를 닫자 배는 갑자기 내달린다.

잠수부 : 와! 조심해! (균형을 잃고 자기 잠수 마스크를 배 밖으로 떨어뜨린다)

외부. 수면 아래. 낮
마스크는 대양으로 빠져 들어간다. 암흑 속으로 굴러 들어간다.

- **mesh**
  그물코, 망상 직물, 그물 세공, 그물, 망
- **snare**
  덫으로 잡다, 올가미를 치다, 함정에 빠뜨리다
- **yank**
  홱 잡아당기다
- **loom**
  불쑥 나타나다, 어렴풋이 나타나다
- **blur**
  눈을 흐리게 하다, 무감각하게 하다
  to become or make something become difficult to distinguish clearly
- **turbulence**
  (바람, 물결 등의) 휘몰아침, 사나움
- **dissipate**
  (슬픔, 공포 등을) 가시게 하다, (구름, 안개 등을) 흩뜨리다
- **wake**
  배가 지나간 자리, 항적, 흔적
- **chop**
  급변, 급히 흔들림

By the time the turbulence of bubbles dissipates.
by the time은 뒤에 that가 생략된 표현으로 접속사적으로 사용되어 '~할 때까지에는, ~할 때 즘에는'의 뜻이다. by the time that~로 표현할 수도 있다. '거품들의 소용돌이가 가실 때쯤에는'의 뜻이다.

Zoom In

By the time the turbulence of bubbles dissipates.
기포의 휘몰아침이 없어질 때

EXT. REEF OUTSKIRTS. DAY

Marlin swims back and forth, frantic, trying to pick up the trail again.

MARLIN : Oh, no. No. No, it's gone. It's gone. No, no, it can't be gone.

Marlin takes a deep breath, breaks the surface. But he's lost the trail.

MARLIN : No, no! Nemo! Nemo! Nemo! Nemo! Nemo! No! (inhales) Nemo! Nemo! No! No, please, no!

EXT. UNDERWATER. DAY

He spots a row of fish streaming across the ocean floor.

MARLIN : (races down to them) No, no! Has anybody seen a boat? Please! A white boat! (swims against the stream of fish like a crazy man in traffic)

STREAM OF FISH : Hey! Move! Watch it! Get out of the way! You're going the wrong way!

MARLIN : They took my son! My son! Help me, please.

DORY : Look out!

An oncoming blue tang (Dory) slams into Marlin. He's knocked against a rock, and falls to the sand, dazed.

MARLIN : Whaa? Ooh. Ohh.

DORY : Ohh. Oh, oh. Sorry. I didn't see you. (Dory swims down to him) Sir? Are you OK?

MARLIN : He's gone, he's gone.

DORY : There, there. It's all right.

외부. 산호초 변두리. 낮
말린은 미친 듯이 다시 그 흔적을 찾기 위해 애를 쓰면서 이리저리 헤엄을 친다.

말 린 : 안 돼, 안 돼! 보트가 사라졌어! 사라지면 안 돼.

말린은 심호흡을 하며 수면을 가른다. 하지만 그는 배가 남긴 흔적을 놓쳤다.

말 린 : 니모! 니모! 니모! 니모! 안 돼! (숨을 들이쉰다) 안 돼! 제발, 안 돼! 니모!

외부. 수면 아래. 낮
그는 대양 바닥을 가로질러 물고기들이 줄지어 지나가는 것을 본다.

말 린 : (그들에게 달려간다) 안 돼! 혹시 누구 하얀 보트 못 봤어? 하얀 보트말이야! (교통을 방해하는 미친 사람처럼 물고기들의 흐름을 역행해서 헤엄친다)
물고기 떼 : 이봐! 비켜! 조심해! 꺼지라구! 반대로 가고 있잖아!
말 린 : 아들이 유괴됐어. 내 아들 좀 찾아줘!
도 리 : 조심해!

달려오는 불루 탱(도리)이 말린과 충돌한다. 그는 바위에 내던져지며 부딪쳐 정신이 혼미한 채 모래에 떨어진다.

말 린 : 뭐야! 오!
도 리 : 미안, 못 봤어. (그에게 헤엄쳐 간다) 이봐? 괜찮아?
말 린 : 납치됐어, 사라졌다고.
도 리 : 자, 진정해 봐.

- **inhale**
  들이쉬다, 흡입하다
  to take air, smoke, gas, etc. into your lungs as you breathe
- **oncoming**
  다가오는, 접근하는
  coming towards you
- **tang**
  (어류) 방어과의 관상어
- **daze**
  멍하게 하다, 현혹시키다
  confuse

You're going the wrong way!
'길을 잘못 들었어! 옳은 길을 벗어났어!'의 뜻인데 보통 go wrong으로도 표현한다. Go the wrong way는 '일이 잘 되어 나가지 않다'의 뜻이기도 하다. 또 음식이 잘못되어 숨통으로 넘어갈 때에도 사용한다.

Zoom In

You're going the wrong way!
당신은 반대로 가고 있어.

MARLIN : He's gone.

DORY : It'll be OK.

MARLIN : (picks himself up, still dazed) No, no. They took him away. I've got... I have to find the boat.

DORY : (perky) A boat? Hey, I've seen a boat.

MARLIN : (jumps to life. Fully alert) You have?

DORY : Uh-huh. And it passed by not too long ago.

MARLIN : A white one?

DORY : (puts out a fin) Hi. I'm Dory.

MARLIN : Where? Which way?

DORY : Oh, oh, oh. It went… um, (searches; finds it) This way. It went this way. Follow me. (leads him into deeper waters)

MARLIN : Thank you. Thank you, thank you so much.

DORY : No problem.

말 린 : 애가 가버렸어.

도 리 : 괜찮을 거야.

말 린 : (몸을 일으켜 세우고, 그러나 여전히 혼미하다) 아냐. 애를 잡아갔다니까! 배를 찾아야 해!

도 리 : (자신에 차서) 보트? 내가 봤어!

말 린 : (정신이 번쩍 든다. 완전히 경계 태세다) 정말?

도 리 : 어… 좀 전에 지나갔어.

말 린 : 흰색이야?

도 리 : (지느러미를 내민다) 안녕, 난 도리.

말 린 : 어디, 어느 쪽?

도 리 : 아, 배가 갔어… (찾는다; 발견한다) 저리로…이리로! 따라와! (말린을 더 깊은 바다로 이끈다)

말 린 : 고마워, 정말 고마워!

도 리 : 그쯤 갖고 뭘!

- **perky**
  자신에 찬, 건방진, 주제 넘은 버릇없는
  cheerful and full of energy

- **alert**
  경계하는, 방심하지 않는
  able to think quickly; quick to notice things

Key Expressions

44 Welcome aboard. 한 팀이 된 거 환영한다!

구어체에서 다양하게 쓰이는 Welcome aboard!는 일반적으로 '한 팀이 된 거 환영한다!'의 뜻이다. aboard는 '새로 가입해서, 신입으로, 참가해서, 승선하여, 승차해서' 등의 뜻으로 위 표현은 원래 항공기의 기장이나 선박의 선장 등이 승객에게 하는 환영인사이지만 '입사를 환영한다'(nice to have you with us)는 뜻으로도 잘 쓰인다. It's nice to have you with us.(함께 근무하게 되어 기쁩니다)라고도 할 수 있다.

50 Hey, guys, wait up! 이봐, 친구들, 기다려!

이 관용구는 구어체로 '자지 않고 사람을 기다리다, (다른 사람이)따라붙을 때까지 멈춰서 기다리다'의 뜻인데 특히 구어체에서 요청을 나타내는 명령문으로 잘 쓰여서 같이 갈 수 있도록 멈춰 서거나 천천히 가면서 기다려 달라는 의미가 된다. 위 표현은 '이봐, 친구들, 기다려!'의 뜻이다. 여기서 부사인 up은 Listen up. Draw up. Lie up. Drink up.에서처럼 동사와 결합하여 잘 쓰이는데 그 뜻이 매우 다양하여 종결, 완성, 충만, 양도, 양보 등을 나타내는 강조어일 때도 있고, 접합, 부착, 폐쇄, 집합, 정지, 비활동을 나타낼 때도 있다.

54 You know what? 그거 알아?!

구어체에서 잘 쓰이는 이 표현은 직역하면 '너 뭘 알아?'가 되지만 주의를 환기시키면서 하는 표현으로 '있잖아, 그거 알아?, 저기 말야' 등의 가벼운 의미이다. Do you know what?가 변형된 것으로 구어체에서 흔히 쓰인다. 그 뜻이 약해져서 그냥 문장을 부드럽게 이어주는 어조사로 쓰이기도 한다.

56 Marlin is too afraid to go further.

말린은 너무 두려워서 더 나아갈 수 없었다.

too~ to구문은 '너무 ~해서 ~할 수 없다, ~하기에는 너무 ~하다'의 뜻으로 so~ that~ can't구문과 그 뜻이 같다. 따라서 위 문장은 Marlin is so afraid that he can't go further.라고 고쳐 쓸 수 있다. to부정사의 의미상 주어는 그 앞에 'for + 목적격'을 써서 표현한다. 다만 주의해야 할 점은 only too~ to, too apt to, too ready to, too likely to 등은 부정의 뜻이 아니라 긍정의 뜻을 가진다.

56 I said get back here now! 지금 당장 돌아와!

이것은 소위 묘출화법의 한 예로 직접화법과 간접화법의 중간적 성격을 가지는 화법이다. 이것은 특히 소설 등 문학작품에서 자주 볼 수 있는데 생생한 표현이 된다. 따라서 원래 위 표현은 I said, Get back here now!이다.

58 Don't you dare! 감히 할 생각 마라!

dare는 조동사로 부정문과 의문문에 쓰이며 '감히 ~하다, 뱃심 좋게(건방지게도) ~하다'의 뜻이다. 위 표현은 구어에서 잘 쓰이는 관용어구로 Don't you dare! = Just you dare! 는 구어체로 상대방에게 무엇을 하지 말라고 강력히 하는 말로 '그러기만 했단 봐! 감히 할 생각 마라! 당치도 않다!'의 뜻이다.

· Don't you dare talk to me like that! 감히 내게 그런 말을 하다니!

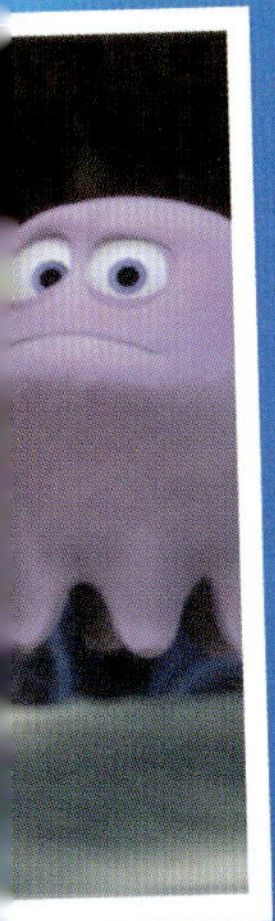

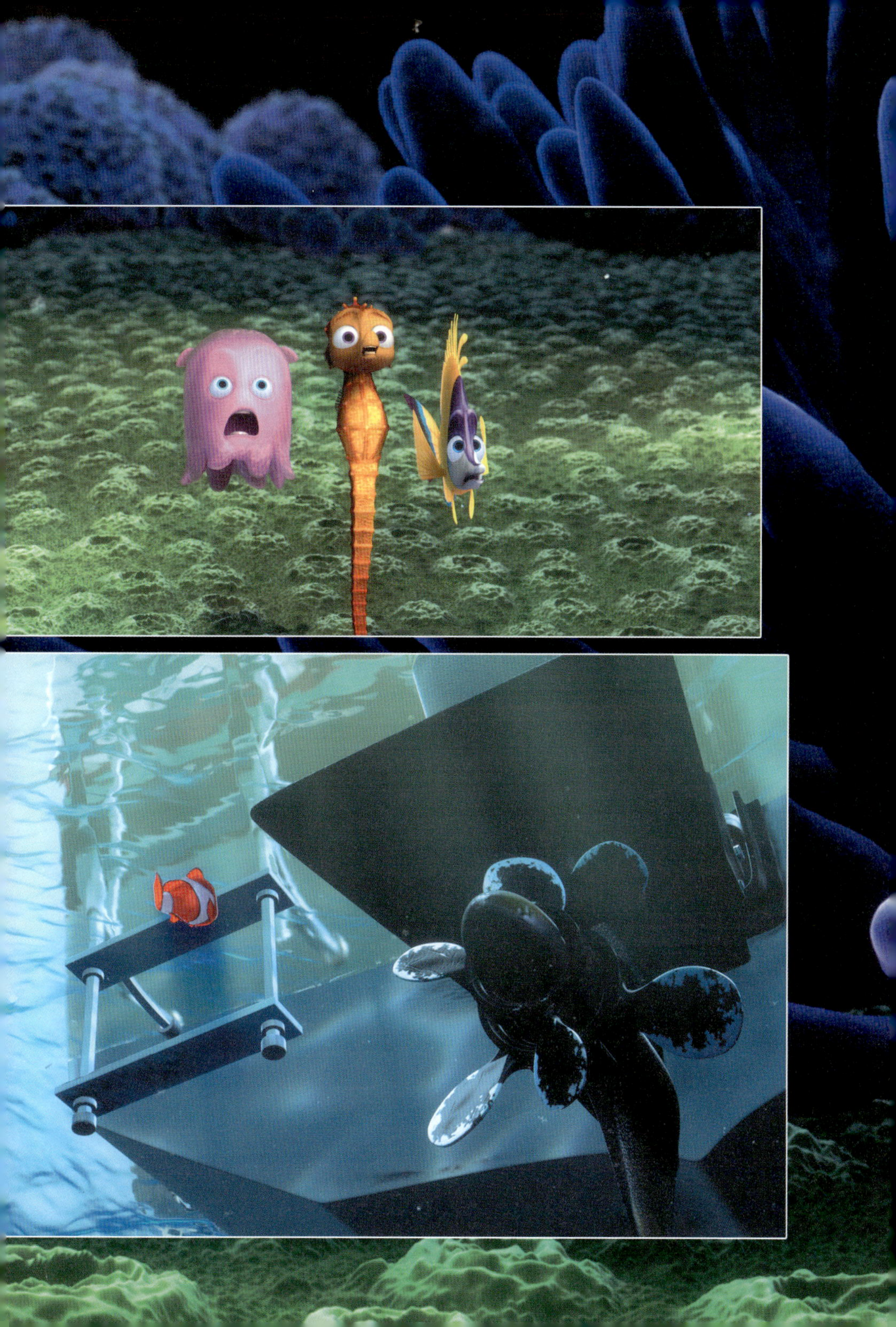

Chapter 3

말린, 친구 도리를 만나다

Marlin Meets His Friend Dory

시간 00:16:56 ~ 00:25:05

The two fish go coursing over rifts of sand, with Marlin sticking right behind Dory. She begins to swim faster, more erratic. Marlin has a hard time keeping up. It's almost as if she's trying to lose him.

MARLIN : Hey... Wait!

Dory hides behind rocks, races through coral, but she can't shake him.

DORY : (stops) Will you quit it?

MARLIN : What?

DORY : I'm trying to swim here. What, the ocean isn't big enough for you or something like that?

MARLIN : Huh?

DORY : You got a problem, buddy? Huh? Huh? Do you? Do you? Do you? (postures to fight) You want a piece of me? Yeah, yeah. Ooh, I'm scared now. Wha-a-t?

MARLIN : Wait a minute.

DORY : Stop following me, OK?

두 물고기가 모래 단층 위로 달려 간다. 말린은 도리 바로 뒤를 바싹 붙어간다. 그녀가 더 빨리 헤엄치기 시작한다. 더 마음이 산만하여 말린은 그를 따라가느라고 애를 먹는다. 그건 마치 거의 그녀가 그를 잃어버리려고 하는 것 같다.

말 린 : 이봐, 기다려!

도리는 바위들 뒤에 숨고, 산호들을 통해 달리지만 그를 쫓아버릴 수 없다.

도 리 : (멈추고) 왜 자꾸만 따라와?

말 린 : 뭐?

도 리 : 난 수영할 거야. 너한텐 바다가 좁기라도 한 거야?

말 린 : 어?

도 리 : 너 어떻게 된 거지? 맞지, 그렇지? (싸울 자세를 취한다) 한 번 혼나볼래? 그래. 내가 얼마나 무섭다고.

말 린 : 진정해!

도 리 : 따라오지 마!

- **course**
  뛰어다니다, 사냥하다
- **rift**
  단층, 지구(단층에 따라서 이어진 열곡)
  a large crack or opening in the ground, rocks or clouds
- **erratic**
  (마음이) 산만한, 변덕스러운
  not following any plan or regular pattern you can rely on
- **posture**
  자세(태도)를 취하다
  pretend to be something that you are not by saying and doing things in order to impress or deceive people

MARLIN : What are you talking about? You're showing me which way the boat went.

DORY : (perky again) A boat? Hey, I've seen a boat. It passed by not too long ago. It went... (searches; finds it) um, this way. It went this way! Follow me!

MARLIN : (blocks her path) Wait a minute. Wait a minute. What is going on? You already told me which way the boat was going.

DORY : I did? (realizes) Oh, no.

MARLIN : If this is some kind of practical joke, it's not funny. And I know funny. I'm a clownfish.

DORY : No, it's not. I know it's not. I... I'm so sorry. See, I suffer from short-term memory loss.

MARLIN : Short-term memory loss. (moves to go) I don't believe this.

DORY : No, it's true. I forget things almost instantly. It runs in my family. Well, I mean, at least I think it does. Um, hmm. Where are they? (thinks, then notices Marlin; smiles) Can I help you?

MARLIN : Something's wrong with you... really. You're wasting my time. I have to find my son.

Marlin turns to go when he finds himself face to face with A GREAT WHITE SHARK.

MARLIN : Ohh.

SHARK : (all teeth) Hello.

Marlin doesn't dare move.

말 린 : 무슨 소리야? 배가 간 곳을 가르쳐 준다더니?

도 리 : (다시 젠체하며) 배? 맞다, 배! 좀 전에 지나갔어. 이리로… (찾는다: 길을 발견한다) 저리로! 따라와!

말 린 : (길을 막아서며) 잠깐, 잠깐 기다려. 어떻게 된 거야? 어느 쪽인지는 아까도 말했었잖아!

도 리 : 내가? (깨닫는다) 저런!

말 린 : 이거 웃기자고 한 장난이면 하나도 안 웃겨. 난 광대어라서 웃기는 게 뭔지 알아.

도 리 : 웃기려고 한 게 아냐. 미안해. 난 단기 기억 상실증 증세가 있어.

말 린 : 단기 기억 상실증? (그에게 다가간다) 웃기지 마.

도 리 : 아니, 진짜야. 보자마자 까먹어 버리는 유전병이야. 내 기억이 맞는다면 맞을 거야. 흠, 내 가족 어디 있지? (생각하다가 말린을 본다: 미소를 짓는다) 도움이 필요하니?

말 린 : 넌 이상해도 한참 이상한 거 같아. 이건 시간 낭비야. 난 아들을 찾아야 해.

말린은 가려고 몸을 돌리는데 그때 자신이 거대한 백상아리와 얼굴을 맞대고 있는 것을 발견한다.

말 린 : 아!

상 어 : (이빨을 드러내며) 아그들아!

말린은 감히 움직이지를 못한다.

- **perky**
  원기 왕성한, 의기양양한, 활발한
  cheerful and full of energy

- **block**
  (길 등을) 막다, 봉쇄하다, 방해하다
  to stop somebody from going somewhere or seeing something by standing in front of them or in their way

- **short-term**
  단기의, 단기간의
  lasting a short time; designed only for a short period of time in the future

- **memory loss**
  기억상실(증)

It runs in my family.
run은 성격이나 특징 등이 '(~의 속에) 전해지다, 내재하다, 흐르다'의 뜻으로 위 표현은 '그것이 우리 가문의 특징이다, 집안의 내력이다'라는 표현이다. Heart disease runs in the family. (심장병은 집안 내력이다)

Zoom In

It runs in my family.
유전병이야.

DORY : (cheery) Well, hi!

SHARK : Name's Bruce. (juts out a fin)

BRUCE : It's all right. I understand. Why trust a shark, right? (chomps for effect) Ha ha ha! (studies both fish) So, what's a couple of bites like you... doing out so late, eh?

MARLIN : (from behind Dory) Nothing. We're not doing anything. We're not even out.

BRUCE : Great! Then how'd you morsels ...like to come to a little get-together I'm having?

DORY : You mean, like a party?

BRUCE : Yeah, yeah, right. A party. (chuckles) What do you say?

DORY : (elbows Marlin) Ooh, I love parties. That sounds like fun.

MARLIN : You know parties are fun, and it's tempting, but we can't because…

BRUCE : Oh, come on, I insist.

Bruce puts a big fin around each fish, trapping them…

MARLIN : OK. That's all that matters.

He leads them up and over a rocky ridge into AN UNDERSEA CRATER. The murky crater is littered with floating land mines, all moored to the sandy floor with heavy iron chains, making it look like an underwater graveyard.

DORY : Hey, look, balloons. It is a party!

BRUCE : Ha ha ha ha! Mind your distance, though. Those balloons can be a bit dodgy. You wouldn't want one of them to pop.

도 리 : (근사하게) 안녕!
상 어 : 난 브루스다! (지느러미를 튀어나오게 하며)
브루스 : 괜찮아, 이해해. 누가 상어한테 호감이 갖겠어? (효과를 노리며 어적어적 씹는다) 하하하! (두 물고기를 살핀다) 한 입도 안 되는 것들이 늦게 밖에서 뭣들 하냐?
말 린 : (도리 뒤로부터) 아무것도 안 해! 밖에도 안 나왔어.
브루스 : 좋아, 그렇다면 내가 여는 작은 모임에 가는 거 어때?
도 리 : 파티 말이야?
브루스 : 그래, 바로 그거야, 파티! (껄껄 웃는다) 어쩔래?
도 리 : (말린을 쿡 찌르며) 난 파티가 좋아. 신 나겠다.
말 린 : 파티가 신 나고 구미가 당겨도 안 돼, 왜냐하면…
브루스 : 같이 가, 좋은 말로 할 때!

브루스는 각 물고기 주위에 큰 지느러미를 놓아 그들은 가두고는…

말 린 : 알았어. 좋게 말한다면야!

그는 바위등성이 위의 해저의 분화구로 데려간다. 어두운 분화구는 떠다니는 지뢰들로 어질러져 있으며, 모두가 무거운 쇠사슬로 모랫바닥까지 매어져 있어, 마치 수중의 묘지 같이 보이게 하고 있다.

도 리 : 저거 봐, 풍선이야! 진짜 파티야.
브루스 : 하하하! 가까이는 가지 마. 위험할 수도 있어. 폭발하는 걸 보고 싶진 않겠지?

- **cheery**
(속) 근사한, 멋있는
- **jut**
돌출시키다, 튀어나오게 하다
- **chomp**
깨물다, 어적어적 씹다
- **for effect**
(보고 듣는 사람에 대한) 효과를 노리고
- **morsel**
(음식의) 한 입, 가벼운 식사, 한 조각
- **ridge**
산등성이, 산마루, 봉우리
- **crater**
(화산의) 분화구, 운석이 떨어져 생긴 구멍
- **litter**
어질러 놓다, 흩뜨리다
- **land mine**
지뢰, (낙하산이 붙은) 투하 폭탄
- **moor**
잡아매다, 계류하다, 정박시키다
- **dodgy**
위태로운, 믿지 못할, 위험한

Why trust a shark?
Why does anybody trust a shark? (누가 상어를 믿겠어?)즉 Nobody trusts a shark.의 뜻으로 반어법적 표현이다. why다음에 주어 동사를 생략하고 동사부터 시작되는 표현들이 잘 쓰인다.

Zoom In

Why trust a shark?
누가 상어를 호감을 갖겠어?

Bruce weaves through the minefield. From out of the eerie darkness, the haunted wreck of a sunken submarine slowly takes shape. Bruce swims toward a blasted hole in the sub's hull that looks into the mess hall.

MARLIN : (gasps) Oh. Ohh.

BRUCE : (calls out) Anchor! Chum!

Marlin cringes in horror as he spots a hammerhead (Anchor) and a mako shark (Chum), swimming anxiously inside the wreck.

ANCHOR : There you are, Bruce. Finally.

BRUCE : We got company.

ANCHOR : Well, it's about time, mate.

CHUM : We've already gone through the snacks... and I'm still starving.

ANCHOR : We almost had a feeding frenzy.

CHUM : Come on, let's get this over with.

Bruce pushes Marlin and Dory down into the sub. Marlin covers his eyes.

INT. SUB MESS HALL

CLOSE ON SUB DIVE BELL. A shark tail strikes it. Bell rings.

BRUCE : Right, then. The meeting has officially come to order. Let us all say the pledge.

He hovers over a sink, which acts as a make-shift podium. It truly is a meeting. They all lift their right fins. And so does Dory.

BRUCE, ANCHOR, CHUM : (in unison) I am a nice shark, not a mindless eating machine. If I am to change this image... I must first change myself. Fish are friends, not food.

브루스는 지뢰밭 사이를 누비듯이 나아간다. 섬뜩한 어둠으로부터 침몰한 잠수함의 유령 같은 잔해가 서서히 모양을 드러낸다. 브루스는 식당을 들여다보는 잠수함의 선체에 있는 폭파된 구멍을 향해 헤엄을 친다.

말 린 : (헐떡인다) 아…

브루스 : (소리친다) 앵커! 첨!

말린은 귀상어(앵커)와 청상아리 상어(첨)를 목격하자 공포에 질려 움찔한다. 그들은 잔해 속에서 근심스럽게 헤엄을 치고 있다.

앵 커 : 드디어 왔구나, 브루스.

브루스 : 손님들 왔어.

앵 커 : 얼른 시작해.

첨 : 이미 간식을 우적우적 먹고도 배고파.

앵 커 : 실신 직전이야.

첨 : 뚝딱 해치우자.

브루스는 다른 상어들의 덥석 깨무는 턱을 향해 말린과 도리를 잠수함 속으로 밀어 넣는다. 말린은 눈을 감는다.

내부. 잠수함 식당
잠수함 다이브 종이 가까이 보인다. 상어의 꼬리가 그 종을 친다. 종이 울린다.

브루스 : 그럼, 공식적으로 지금부터 서약식을 시작하겠다. 서약 시작!

그는 임시변통의 연단 역할을 하는 설거지통 위를 배회하며 다른 상어들에게 연설을 한다. 그것은 정말로 회의다. 그들은 모두 오른쪽 지느러미를 들어올린다. 도리도 그렇게 한다.

브루스, 앵커, 첨 : (일제히) 난 착한 상어다. 난폭한 '험상어'가 아니다. 이런 이미지를 바꾸려 한다면 먼저 나 자신부터 개조하겠다. 물고기는 친구다. 먹거리가 아니다.

- **haunted**
  귀신(유령)이 나오는, 귀신 붙은
- **blasted**
  폭파된, 뇌격을 맞은
- **hull**
  선체, (비행정의) 정체
- **mess hall**
  (군대, 공장 등의) 식당
- **cringe**
  (겁이 나서) 움찔하다, 굽실거리다
- **hammerhead**
  (어류) 귀상어
- **mako**
  (어류) 청상아리
- **frenzy**
  격분, 격앙, 발작, 광란
- **hover**
  배회하다, 어슬렁거리다, 공중을 맴돌다
- **make-shift**
  임시변통의, 일시적인

We've already gone through the snacks.
'우린 이미 간식을 다 먹어 치웠다'의 뜻으로 go through는 뜻이 다양한데 여기서는 '(비축, 식량, 돈 등을) 다 써 버리다"의 뜻이다.

Zoom In

We've already gone through the snacks.

우린 이미 간식을 다 먹어 치웠다.

ANCHOR : Except stinkin' dolphins.

CHUM : Dolphins. Yeah. They think they're so cute. (mocks) "Look at me. I'm a flippin' little dolphin. "Let me flip for you. Ain't I something?"

BRUCE : Right, then. Today's meeting is "Step 5... Bring a Fish Friend." Now, do you all have your friends?

ANCHOR : Got mine. (rises to reveal a quivering little fish (Blenny) floating under him)

DORY : Hey, there.

BRUCE : How about you, Chum?

CHUM : Oh, well… I, um... seem to have misplaced my… uh… friend.

Chum gives a guilty smile, revealing the bones of a fish tail stuck between his teeth. He slurps it back into his mouth. Marlin gasps.

BRUCE : That's all right, Chum. I had a feeling this would be a difficult step. You can help yourself to one of my friends.

Marlin sees Blenny makes a break for it. He swims out of the sub unnoticed. Marlin moves to do the same when Chum grabs him.

CHUM : Aw, thanks, mate. (hugs Marlin tight) A little chum for Chum, eh?

BRUCE : I'll start the testimonies. Hello. My name is Bruce.

ANCHOR, CHUM : Hello, Bruce.

BRUCE : It has been three weeks since my last fish. On my honor, or may I be chopped up and made into soup.

ANCHOR, CHUM : (clap) You're an inspiration to all of us! Amen.

앵 커 : 돌고래는 예외야.

첨 : 그래, 돌고래들은 지네들이 귀염둥이라고 생각해. (조롱한다) "날 봐. 난 뭡돌이 돌고래야" "내가 깡충 뛰어볼게. 대단하지 않아?"

브루스 : 오늘은 '성격 개조 5단계: 친구 초대하기.' 자 모두 친구들 데려왔나?

앵 커 : 여기 있어! (일어나 떨고 있는 어린 물고기(블래니)가 자기 밑에서 떠 있는 것을 보여준다)

도 리 : 안녕!

브루스 : 첨, 넌?

첨 : 저, 있잖아, 난… 친구의 뼈를 속속들이 잘 발라줬어.

첨은 죄를 진 미소를 보내며 자기 이빨 사이에 박힌 물고기 꼬리의 뼈를 보여준다. 그는 그것을 입속으로 소리 내어 다시 먹는다. 말린은 헐떡인다.

브루스 : 됐어, 첨. 제일 힘든 단계라 생각했어. 내 친구 하나 빌려줄게.

말린은 블래니가 도망치려 하는 것을 본다. 그는 눈에 안 띄게 잠수함 밖으로 헤엄을 친다. 말린은 역시 도망치기 위해 움직이는데 첨이 그를 잡는다.

첨 : 고마워! (말린을 꼭 포옹한다) 첨이랑 처음이지?

브루스 : 증언 시작! 안녕, 내 이름은 브루스.

앵커, 첨 : 안녕, 브루스.

브루스 : 3주 전 생선으로 배 채우곤 채식만 했어. 거짓이면 자발적으로 샤스핀 될게.

앵커, 첨 : (박수를 치며) 우리도 널 본받을게. 아멘!

- **misplace**
  잘못 두다, 둔 곳을 잊다
  to put something somewhere and then be unable to find it again, especially for a short time
- **slurp**
  소리 내어 먹다(마시다)
  to make a loud noise while you are drinking something
- **makes a break for it**
  (구) 탈출을 기도하다, 도망치려고 하다
  to run towards something in order to try and escape
- **chum**
  친구, 동무, 동료
  friend

Ain't I something?
something은 구어체로 명사로 쓰여 '중요한 사람(것), 다행한 일' 등의 뜻이다. 따라서 예문은 '내가 대단한 사람이지 않은가?'의 뜻이다. ain't는 am not의 단축형이지만 때에 따라 are not, have(has) not의 단축형으로도 쓰인다.

Zoom In

Ain't I something?

내가 대단하지 않아?

BRUCE : Right, then. Who's next?

DORY : (raises fin) Oh, oh, oh! Pick me, pick me. pick me!

BRUCE : Yes. The little Sheila down the front.

DORY : Whoo!

BRUCE : Come on up here.

DORY : (swims up to the podium) Hi. I'm Dory.

BRUCE, ANCHOR, CHUM : Hello, Dory.

DORY : And, uh, well... I don't think I've ever eaten a fish.

BRUCE, ANCHOR, CHUM : (applause) Hey, that's incredible, Dory! Good on you, mate.

DORY : (sighs) Whew! I'm glad I got that off my chest.

BRUCE : All right, anyone else? (eyes Marlin under Chum's fin) Hello, how about you, mate? What's your problem?

MARLIN : Me? I don't have a problem.

BRUCE : Oh, OK.

BRUCE, ANCHOR, CHUM : (to each other) Denial.

Bruce swats Marlin to the podium.

MARLIN : Aah!

BRUCE : Just start with your name.

MARLIN : (nervous) OK. Uh, hello. My name is Marlin. I'm a clownfish.

ANCHOR : A clownfish? Really?

BRUCE : Go on, tell us a joke.

CHUM : Oh, I love jokes.

MARLIN : (really nervous) Well, I actually do know one that's... pretty good. Um... There was this mollusk... and he walks up to the uh, a sea cucumber.

브루스 : 그럼, 다음 차례는 누구야?
도 리 : (지느러미를 든다) 오, 여기, 여기! 여기!
브루스 : 좋아. 앞줄 숙녀!
도 리 : 우!
브루스 : 단상에 올라와.
도 리 : (단상으로 헤엄쳐 오르며) 안녕, 난 도리야.
브루스, 앵커, 첨 : 안녕, 도리.
도 리 : 저, 난 물고기를 잡아먹은 적 없어.
브루스, 앵커, 첨 : (박수갈채) 믿기 힘든 일이야, 도리. 정말 장한걸!
도 리 : (한 숨을 쉰다) 휴! 고백하니까 속이 다 시원한걸.
브루스 : 좋아. 누구 또 없어? (첨의 지느러미 아래에 있는 말린을 본다) 안녕, 넌 어때? 너한텐 뭐가 문제야?
말 린 : 나? 난 문제 없어.
브루스 : 아, 좋아.
브루스, 앵커, 첨 : (서로에게) 인정하기 싫으시다 그거군!

브루스는 말린을 찰싹 쳐 연단으로 보낸다.

말 린 : 아!
브루스 : 이름 대고 시작해.
말 린 : (불안하다) 좋아. 안녕. 난 말린이야. 광대어고!
앵 커 : 광대어? 종말?
브루스 : 어서, 우릴 웃겨봐.
말 린 : (정말 겁을 낸다) 난 정말 개그 좋아해. 무진장 웃기는 개그 하나 알아. 멍게가 해삼한테 접근하고 있었어.

■ **Sheila**
젊은 여자 (이름)
a girl or young woman

■ **swat**
(파리 등을) 찰싹 치다(때리다)
to hit something, especially an insect, using your hand or a flat object

■ **mollusk**
(동물) 연체동물, 멍게
any creature with a soft body that is not divided into different sections, and usually a hard outer shell

■ **sea cucumber**
(동물) 해삼

Good on you, mate.
'잘 했어, 친구'의 뜻으로 Good on you!는 Good for you!(Bravo!)라고도 한다. mate는 '동료, 친구, 형씨'의 뜻이며 노동자나 뱃사람끼리의 친밀한 호칭이다. good on you가 문장 내에 쓰이면 '네게 잘 어울린다'는 말이 된다.

Zoom In

Good on you, mate.
정말 장한걸, 친구!

Normally, they don't talk, sea cucumbers... but in a joke, everyone talks... so the sea mollusk says to the cucumber...

Marlin goes still. Stares at a hole in the roof. Hanging from some bent metal is THE DIVER'S MASK. MARLIN'S POV OF MASK: The image of the diver, raising his net to catch Nemo, superimposes over the mask.

NEMO : Daddy!

MARLIN : (under his breath) Nemo!

CHUM : (laughs) Nemo! Ha ha! Nemo! (straight) I don't get it.

BRUCE : For a clownfish, he's not that funny.

Fixated on the mask, Marlin swims up to the hole in the roof.

MARLIN : No, no, no, no. He's my son. He was taken by…by these divers.

DORY : (gasps) Oh, my. You poor fish.

CHUM : Humans... think they own everything.

ANCHOR : Probably American.

BRUCE : (moved) Now, there is a father... Looking for his little boy.

Dory follows Marlin and inspects the mask. Notices writing on the strap.

MARLIN : Ugh! What do these markings mean?

BRUCE : (bursts into tears) I never knew my father!

ANCHOR, CHUM : Come here… Group hug. We're all mates here, mate.

MARLIN : I can't read human. (points the writing out to Dory)

보통 해삼은 대개 말을 못 하지만 유머 속에선 누구나 말을 하잖아. 아무튼, 멍게가 해삼한테 말을 걸었어.

말린은 잠잠해진다. 지붕 위 구멍을 응시한다. 굽은 금속에 걸려 있는 잠수부의 마스크: 니모를 잡기 위해 그물을 들어 올리는 잠수부의 이미지가 그 마스크 위에 포개진다.

니 모 : 아빠!
말 린 : (작은 목소리로) 니모!
첨 : (웃는다) 니모! 하하! 니모라고! (기탄없이) 무슨 개그가 그래?
브루스 : 광대어가 왜 안 웃기지?

마스크에 주의가 집중되어 말린은 지붕에 있는 구멍을 향해 올라간다.

말 린 : 아냐, 아니라고. 니모는 내 아들이야. 잠수부들이 납치했어.
도 리 : (헐떡인다) 저런. 딱하기도 하지.
첨 : 인간은 탐욕스러워.
앵 커 : 아마 미국인일 거야.
브루스 : (감동되어) 보기 드문 부성애야. 어린 자식을 찾고 있잖아.

도리는 말린을 따른다. 그는 마스크를 검사한다. 마스크 띠에 있는 글자를 목격한다.

말 린 : 어! 이게 무슨 표시일까?
브루스 : (눈물을 터뜨린다) 난 아빠 얼굴도 몰라!
앵커, 첨 : 이리 와… 안아 줘. 우린 다 가족이야.
말 린 : 인간 글씨는 못 읽겠어. (도리에게 그 글씨를 지적한다)

- **superimpose**
  포개놓다, 덧붙이다
  to put one image on top of another so that the two can be seen combined
- **fixate**
  고정시키다, 응시하다, 주의를 집중하다
- **strap**
  고리, 띠, 가죽끈
  a strip of leather, fabric or other material that is used to fasten something, keep something in place
- **point out**
  지적하다

I don't get it.
'이해가 안 되는 걸'의 뜻으로 get은 특히 구어체에서 '이해하다, 알아듣다'(understand)의 의미로 잘 쓰인다. Do you get me?(내 말 알아들었니?) Don't get me wrong.(오해하면 안 되네) I got it.(알겠네) 등 그 쓰임이 다양하다.

Zoom In

I don't get it.
이해가 안 돼.

DORY : Well, then… we gotta find a fish that can read this. (looks back into the sub) Hey, look, sharks.

MARLIN : No, no, no, Dory!

DORY : (scoops up the mask) Hey, guys, guys, guys…

MARLIN : (Marlin chases after her and grabs the mask) No, Dory.

DORY : Hey, that's mine! Give it back! Gimme! Ow!

MARLIN : Dory! Cut it out! Give it…

The mask rubberbands hard into Dory's face. She clutches her nose.

DORY : (nasal) Owwww!

MARLIN : Oh, I'm sorry. Are you OK?

DORY : Ow. Oh, yeah. Ow, ow.

MARLIN : I'm so sorry.

DORY : You really clocked me there. (tilts head back) Am I bleeding?

A TRICKLE OF BLOOD climbs up... right under Bruce's nose...

DORY : Ohh. Ow, ow, ow.

BRUCE : Dory, are you OK... Ohh. Ohh, that's good. (eyes roll back in his head)

ANCHOR, CHUM : (gasp) Intervention!

Anchor and Chum pin Bruce to the wall.

BRUCE : Just a bite.

ANCHOR : Now you hold it together, mate!

CHUM : Remember, Bruce, fish are friends, not food!

도 리 : 그러면… 글을 아는 친구를 찾자. (잠수함 안을 돌아 본다) 이봐, 상어! 얘들아!

말 린 : 안 돼! 도리!

도 리 : (마스크를 펴 올려) 이봐, 친구들…

말 린 : (그녀를 추적한다 그리고 마스크를 잡는다) 안 돼, 도리.

도 리 : 이봐, 내 거야, 돌려줘! 내놔! 아우!

말 린 : 도리! 그만둬! 돌려…

마스크 고무 밴드가 도리의 얼굴을 때린다. 그녀는 코를 부여잡는다.

도 리 : (콧소리로) 아야!

말 린 : 미안해, 괜찮아?

도 리 : 괜찮아.

말 린 : 아주 미안해.

도 리 : 네가 나를 치다니! (고개를 뒤로 기울인다) 나 피 나?

핏방울이 물 위로 올라온다… 브루스의 바로 코 밑으로.

도 리 : 아, 아파.

브루스 : 도리, 괜찮아? 오, 이놈의 죽이는 피 냄새! (눈이 머리에서 뒤로 구른다)

앵커, 첨 : (헐떡인다) 붙잡아!

앵커와 첨은 브루스를 벽에다 고정시킨다.

브루스 : 한 입만 뜯어 먹을게.

앵 커 : 진정해, 친구!

첨 : 기억해, 브루스. 물고긴 친구야. 먹거리가 아니라고!

- **hard**
  부여잡다, 붙잡다

- **nasal**
  콧소리의, 비음의
  produced partly through the nose

- **clock**
  (속) 때리다, 치다

- **tilt**
  기울이다, 비스듬하게 하다
  to move, or make something move, into a position with one side or end higher than the other

- **trickle**
  물방울, 졸졸 흐르는 작은 시내, 소량
  a small amount of liquid, flowing slowly

- **intervention**
  개입, 간섭, 중재

Cut it out!

Cut it out! Cut that out!은 구어체로 '그만 둬! 닥쳐! 귀찮아!'(Stop it! Drop that!)의 뜻이다. Even flattery wears thin. Cut it out.(듣기 좋은 말도 한두 번인데 이제 그만 해라) I'm sick of you two arguing—just cut it out! (너희 두 사람 다투는 거 신물 나. 제발 그만둬!)

Zoom In

Cut it out!

그만 둬!

BRUCE : Food! (he breaks free; lunges for Marlin and Dory)

MARLIN : Dory, look out!

Bruce overshoots them. The two fish escape through a grate in the floor.

INT. SUB CORRIDOR

Marlin and Dory swim down the corridor full of piping and duct work.

DORY : Aah!

BRUCE : I'm having fish tonight!

Anchor and Chum stick their heads through the hole he's made.

CHUM : Remember the steps, mate! The steps!

MARLIN, DORY : Aah! Whoa! (shoot up through grate)

BRUCE : Aah! Just one bite! (knocks out grates with his dorsal fin) G'day. Grr!

The tiny fish speeds around a cracked open door with ease… but the bulky Bruce slams into it… knocking it closed.

INT. TORPEDO ROOM

MARLIN : There's no way out! There's gotta be a way to escape!

Clanging! Bruce repeatedly rams the door.

DORY : (sing-song) Who is it?

MARLIN : Dory, help me find a way out!

브루스 : 나한텐 먹이야. (빠져나와 말린과 도리에게 달려든다)

말 린 : 도리, 조심해!

브루스는 그들을 지나쳐 간다. 두 물고기는 쇠격자를 통해 도망친다.

내부. 잠수함 복도
말린과 도리는 관과 배관으로 가득 찬 복도를 헤엄쳐 내려간다.

도 리 : 아아!

브루스 : 오늘 밤 채식 끝이다.

그때 앵커와 첨이 자신이 만든 구멍을 통해 그들의 머리를 내민다.

첨 : 성격개조 5단계 잊었어? 5단계 말이야!

말린, 도리 : 아아! 우와! (다른 문으로 솟아오른다)

브루스 : 딱 한입만 먹을게! (등 지느러미는 쇠 격자를 친다) 너흰 독 안에 든 쥐야.

작은 고기들은 쉽사리 갈라진 열린 문 주위를 맹렬히 돌진하지만 거대한 브루스는 그 문에 부딪혀 문을 닫게 한다.

내부. 어뢰실

말 린 : 출구가 안 보여. 탈출구가 있을 거야!

철커덩! 브루스는 반복해서 문을 들이받는다.

도 리 : (노래한다) 누구세요?

말 린 : 도리, 탈출구 찾자니까!

- **break free**
  도망치다
- **overshoot**
  지나쳐 가다, 너무 멀리까지 날아가다
- **grate**
  쇠살대, (창문 등의) 쇠격자
- **piping**
  관
- **duct work**
  배관, 도관조직
- **dorsal**
  등
- **crack**
  깨지다, 금 가게 하다, 부수다
- **bulky**
  부피가 큰, 거대한
- **torpedo**
  수뢰, 어뢰, 부설 기뢰
- **clang**
  뗑그렁(철거덩)하고 울리다
- **ram**
  격돌하다, 들이받다

Dory, look out!
특히 위험이 있을 때 주의하는 말로 Look out!를 쓴다.'주의해라! 조심해라'의 뜻으로 Watch out!처럼 잘 쓰인다. Watch out ! The car can be brutally honest.(조심하라. 이 차는 잔인하리만치 정직할 수 있다)

Zoom In

Dory, look out!

도리, 조심해!

DORY : (to Bruce) Sorry. You'll have to come back later. We're trying to escape.

Clang! A bolt pops off the door that is now beginning to bend inwards...

MARLIN : Okay, there's no way out! There's gotta be a way out!

Dory eyes a valve handle with the words "ESCAPE HATCH"

DORY : Look, here's something: "Es-cap-e." I wonder what that means. It's funny, because it's spelled just like the word "escape."

MARLIN : Let's go.

Marlin grabs her, and exits through the hatchway. Bruce forces his snout through the gap he's made in the doorway. Marlin screams.

BRUCE : Here's Brucey!

EXT. SUBMARINE. TOPSIDE
Marlin and Dory swim out of the hatch. Marlin stops short.

MARLIN : Wait a minute. You can read?

DORY : I can read? (remembers) That's right. I can read!

MARLIN : (lifts mask) Well, then, here. Read this now!

Bruce bursts through the sub's rusted hull, right under them. His teeth wrench the mask from their fins, where it remains, dangling. The screaming Marlin and Dory are chased down the length of the wreck. Chum and Anchor once again stick their heads through the hole Bruce has made.

도 리 : (브루스에게) 미안해요. 나중에 오세요, 우린 도망칠 거니까.

철커덩! 볼트 하나가 막 안쪽으로 굽어지기 시작하고 있는 문에서 떨어진다.

말 린 : 그래. 탈출구가 없어. 분명히 탈출구가 있을 거야!

도리는 '피난용 비상구'라는 글이 찍혀 있는 밸브 핸들을 본다.

도 리 : 여기 뭔가 있어. 비상구가 뭘 뜻하는 거지? 웃기는걸! '비상구'랑 철자가 똑 같아.

말 린 : 가자.

말린은 그녀를 붙잡고 그 승강구를 통해 나간다. 브루스는 문간에 그가 만든 틈새를 통해서 자기 주둥이를 억지로 밀어 넣는다. 말린은 소리 지른다.

브루스 : 난 브루스다!

외부. 잠수함 . 상갑판
말린과 도리가 승강구 밖으로 헤엄을 친다. 말린이 갑자기 멈춰 선다.

말 린 : 잠깐. 너 읽을 줄 알아?
도 리 : 내가? (기억한다) 맞아. 읽을 수 있어!
말 린 : (마스크를 든다) 그럼 이거 어서 읽어봐!

브루스는 바로 그들 아래에서 잠수함의 녹슨 외피를 통해 갑자기 나타난다. 그의 이빨이 그들의 지느러미로부터 그 마스크를 잡아채서 이빨에 매달려 있다. 말린과 도리는 비명을 지르며 난파선을 따라 내려간다. 첨과 앵커는 브루스가 만든 구멍을 통해 머리를 붙든다.

- **escape hatch**
  피난용 비상구
- **hatchway**
  승강구, 창구
- **snout**
  주둥이, 코
  the long nose of some animals
- **topside**
  (군함의) 상갑판, 건현
- **hull**
  외피, 겉껍질
- **wrench**
  잡아 떼다, 비틀어 떼다
  to pull or twist something/somebody/yourself suddenly and violently

Marlin stops short.
short은 부사로 '갑자기, 간결히, 무뚝뚝하게, 불충분하게' 등의 뜻으로 stop short은 '갑자기 멈춰 서다'의 뜻이다. 이외에 go short은 '없이 지내다'이고 run short은 '부족하다, 없어지다'의 뜻이 된다.

Zoom In

Marlin stops short.
말린은 갑자기 멈춰 섰다.

MARLIN, DORY : Aah! Ohh!

ANCHOR : He really doesn't mean it. You know, he never even knew his father.

CHUM : Don't fall off the wagon!

Marlin and Dory scream. At the bow, they bank a hard right, swimming down into the torpedo tube... loaded with a torpedo.

MARLIN : Oh, no, it's blocked!

Bruce slams his snout into the tube, trying to ferret out the fish. He's too big.

ANCHOR : (catch up) No, Bruce, focus.

Bruce ignores them. Slams his teeth into the tube. Anchor and Chum stick their heads into the opening between impacts.

CHUM : Sorry about... (slams) Bruce, mate! (slams)

ANCHOR : He's really (slams)... a nice guy.

The torpedo shakes, but it is held in place by a loose bolt which blocks its path. Marlin stares desperately at the diver's mask, still dangling from Bruce's teeth.

MARLIN : I need to get that mask.

DORY : You want that mask? OK.

She pushes in the bolt. The torpedo slides forward...

MARLIN : No, no, no, no, no, no!

DORY : Wheeee!

The two fish are shoved straight into Bruce's mouth. He bites down hard, but his jaws lock on the torpedo, sparing their lives.

말린, 도리 : 아아!

앵 커 : 처음엔 안 저랬어. 부모 사랑 못 받아서야.

첨 : 그러니까 술 좀 작작 마셔.

말린과 도리는 소리를 지른다. 뱃머리에서 그들은 오른쪽으로 기웃하게 달리며 어뢰가 장전된 어뢰 관 속으로 헤엄쳐 내려간다.

말 린 : 이런, 막혔어!

브루스는 주둥이를 관 속에다 쾅 치면서 물고기들을 색출하려고 애를 쓴다. 그는 너무나 크다.

앵 커 : (따라 붙으며) 안 돼. 브루스, 정신 집중!

브루스는 그들을 무시한다. 그의 이빨을 관 속에다 밀어 붙인다. 앵커와 첨은 충돌 사이에 틈을 통해서 자신들의 머리를 내민다.

첨 : 브루스 땜에 미안! (쾅 친다) 어이, 브루스!

앵 커 : 알고 보면… (쾅 친다) 괜찮은 친구야.

어뢰가 흔들리지만 그것은 그 길을 막고 있는 느슨한 볼트들에 의해 제자리에 고정되어 있다. 말린은 아직도 브루스의 이빨에 매달려 있는 잠수부의 수경을 필사적으로 응시한다.

말 린 : 저 수경이 필요해.

도 리 : 저 수경이 필요하다구? 좋아.

그녀는 볼트들을 억지로 민다. 어뢰는 앞으로 미끄러진다.

말 린 : 안 돼, 안 돼, 안 돼!

도 리 : 휘이이이!

두 물고기는 브루스의 입속으로 곧장 내던져진다. 그는 세차게 이를 깨물지만, 텍이 어뢰 위에 잠겨 그들의 생명을 구해준다.

- **bow**
  뱃머리, 이물, 기수
  the front part of a boat or ship
- **bank**
  기웃하게 하다, 주행하다
  to travel with one side higher than the other when turning
- **slam**
  쳐서 맞히다, 쾅 닫다, 내동갱이 치다
- **ferret out**
  찾아내다, 색출하다, 몰아내다
  to discover information or to find somebody/something by searching thoroughly, asking a lot of questions, etc
- **impact**
  충격, 충돌

Don't fall off the wagon!
off the wagon은 '(술을 끊고) 또 다시 시작하여'의 뜻이고 fall off the wagon은 '(금주를 그만두고) 다시 술을 마시기 시작하다; (일반적으로) 금욕을 깨다, 절제를 잃다', be/go on the wagon은 '단기간이나 영원히 술을 마시지 않다'의 뜻이다.

Zoom In

Don't fall off the wagon!
술 좀 그만 마셔!

MARLIN : Quick, grab the mask! Grab it!

Together they pick up the mask, and race back into the torpedo tube. Safe. Bruce spits out the torpedo in anger. Snarls.

ANCHOR, CHUM : (gasp) Oh, no. Bruce?

BRUCE : (sniffs) What?

The sharks indicate the torpedo arcing gracefully towards the minefield, as if in slow motion. They retreat.

BRUCE : (gasps) Swim away! Swim away!

DORY : (peeks out of tube) Aw, is the party over?

The torpedo just kisses a floating mine... It explodes... Dink, boom, causing a chain reaction of explosions... 3 mines explode... 5 mines... 10... 100...

말 린 : 얼른 수경을 잡아! 잡으라구!

그들은 함께 수경을 집어서는 어뢰 관 속으로 돌아 달린다. 안전하다. 브루스는 화가 치밀어 그 어뢰를 뱉어낸다. 으르렁거린다.

앵커, 첨 : (헐떡인다) 저런, 브루스?
브루스 : (콧방귀 뀐다) 뭔데?

상어들은 어뢰가 마치 고속도 촬영에 의한 것처럼 지뢰밭을 향해 얌전하게 호를 그리며 움직이는 것을 가리킨다. 그들은 후회한다.

브루스 : (헐떡인다) 튀어, 빨리!
도 리 : (관 밖을 엿본다) 파티가 끝난 거야?

어뢰가 떠다니는 지뢰에 막 부딪치고… 폭발하더니… 쾅, 쿵하면서 연쇄적으로 폭발을 일으킨다… 3발이 폭발하고 5발… 10발… 100발…

- **sniff**
  코를 훌쩍거리다, 코를 킁킁거리다
  to breathe air in through your nose in a way that makes a sound, especially when you are crying, have a cold, etc

- **arcing**
  호를 그리며 움직이다, 호상(궁상)을 그리다
  to move in the shape of an arc

- **minefield**
  (군사) 지뢰밭, 광석 매장 구역
  an area of land or water where bombs that explode when they are touched have been hidden

Key Expressions

72 With Marlin sticking right behind Dory.

말린은 도리 뒤를 바짝 추격하며

직역하면 '도리 뒤를 바짝 붙어가는 말린과 함께'의 뜻인데 부대상황 분사구문이다. 'with+명사+형용사, 분사, 부사, 부사구' 등의 형태로 쓰여 그 순간의 동작이나 상태 등을 표현하는 것으로 묘사적인 효과를 나타낸다. 여기서 명사는 목적어 역할을 하지만 내용상으로는 명사와 그 뒤 부분은 주부와 술부 관계가 된다. 즉 Marlin is sticking right behind Dory.의 관계이다.

72 It's almost as if she's trying to lose him.

그것은 거의 그녀가 그를 떨쳐내려는 것 같다.

접속사 as if(마치 ~처럼)는 as though와 같이 다음에는 가정법의 시제가 오는 것이 보통이지만 특히 구어에서 It's as if ~는 it's like ~와 같이 쓰여 It's almost like she's trying to lose him.의 뜻이 된다. 따라서 뒤에는 가정법이 아니라 직설법의 동사가 뒤따른다.

78 Let's get this over with. 그거 끝내버리자.

구어체에서 자주 사용되는 이 표현은 Let's get this finished. Let's get it done. 과 같은 의미로 '그거 끝내버리자, 처리해 버리자' 등의 뜻을 갖는다. Let's get on with this and move onto the next.의 의미로, 무슨 힘든 일이나, 어려운 일을 끝마치고, 다음 단계로 넘어간다는 의미가 된다. 또는 어떤 마음에 안 맞는 일이 반복해서 일어나는 상황에서, 이제 그만 끝맺자는 의미도 된다.

78 If I am to change this image...

이런 이미지를 바꾸려 한다면…

'be + to부정사'는 예정, 의무나 명령, 가능, 운명, 의도, 목적 등을 나타내는 뜻을 품고 있다. 보통 조건절(if 절)에 be+to가 쓰이면 의도(intend to)를 나타내는 경우가 많다. 여기서 to부정사는 형용사구로 취급이 된다. 현대영어에서는 예정, 의무, 목적 이 세가지가 주로 사용이 된다.

80 I seem to have misplaced my friend.

나는 내 친구를 잃어버린 것 같아요.

seem to는 '~할 것 같다, ~일 것 같다, ~처럼 보인다'의 뜻으로 appear to 와 유사하다. 위 문장은 It seems that I (have) misplaced my friend. 와 같은 의미로 사실 주어인 I 가 ~처럼 보이는(seem)게 아니라 '내가 친구를 잘못 두었다'는 것이 보이는 것이다. to부정사의 시제가 완료형이 되면 seem의 시제보다 앞선 시제(과거)를 나타내게 된다.

94 As if in slow motion 마치 느리게 움직이는 동작으로

앞에서 설명한 것처럼 as if는 as it would(will) be if~가 생략된 표현으로 가정법과 직설법 두 가지의 용법이 있는데 as if다음에 주부와 술부가 생략되고 분사나 형용사, 부정사, 또는 부사구만이 쓰일 수도 있다. 여기에서는 as if the torpedo arced gracefully towards the minefield in slow motion(그 어뢰가 마치 고속도 촬영에서 지뢰밭을 향해 우아하게 호를 그리며 움직여 가는 것처럼)의 의미이다.

MOVIE TALK

3D로 다시 태어나는 푸른 감동의 나라!

2003년에 월트 디즈니사와 픽사 애니메이션 스튜디오가 공동으로 제작한 장편 애니메이션 〈니모를 찾아서〉는

기획 7년, 제작 4년 등 총 11년 만에 완성을 본 걸작 애니메이션이다. 생동감 있는 캐릭터의 창조를 위해 수족관을 여러 개 갖다 놓고 물고기들을 기르면서 움직임이나 생태를 파악했고, 말미잘 같은 수중생물들을 만드는 데만 1년이 걸렸다고 하니 짐작이 간다. 그래서 영화에 나오는 환상적인 영상에 매료되어 아름다운 소리 속에 파묻혀 한편의 수채화를 감상하는 느낌은 압도적이다. 정교한 그래픽을 타고 흐르는 절대 가볍지 않은 주제들이 재미와 감동의 선율을 탄다.

미국 개봉에선 첫 주 7,025만 달러의 수입을 기록하며 1위에 올랐는데, 이는 〈몬스터 주식회사〉의 개봉수입 6,258만 달러를 앞지른, 역대 애니메이션 영화사상 최고의 주말 흥행기록이다. 이로써, 디즈니사와 픽사 스튜디오는 1995년 〈토이 스토리〉 이후 지금까지 자신들이 합작으로 내놓은 5편의 작품이 모두 개봉 주말 1위를 차지하

는 진기록을 수립하게 되었다. 그에 힘입어 2004년 아카데미에서는 각본상, 애니메이션작품상, 음향편집상, 음악상 등 4개 부문에 지명 되었으며 장편 애니메이션작품상을 받았다. 픽사의 애니메이션들은 항상 주제로 무장하고 시각적인 효과를 노리는데 이 작품도 예외는 아니다. 그중에 최고는 바로 부성애를 다룬 〈니모를 찾아서〉라 할 수 있다. 관객의 이성과 감성에 호소하면서 오감을 꿈틀대게 하는 최고의 가족 영화이기 때문이다.

과잉보호하는 광대어 아빠 말린과 건망증이 심한 히포 탱 도리가 팀을 이루어, 실종된 아들 니모를 찾아 무모한 모험을 떠난다. 그러면서 어버이의 본능적인 보호 본능이 아이를 어떻게 몰아내는가 하는 문제, 또 아이들이 아무리 필사적으로 독립을 갈망한다 해도 여전히 가족을 필요로 한다는 문제를 부담 없이 다룬다. 오늘날 자녀 교육 문제를 고압적인 방식으로가 아니라 오감을 자극하는 가운데 조용히 제시한다. 관객 중 더 어린 연령층 조차 영화가 마치 자신들이 설교를 받고 있는 것처럼 느끼지 않고 무엇을 말하고 있는지를 이해하는 그런 방법으로 제시한다.

Chapter 4

니모를 찾기 위한 여정

A Journey to Find Nemo

시간 00:25:06 ~ 00:33:50

EXT. OCEAN SURFACE. NIGHT

Two white cranes sit quietly on the calm surface. A single air bubble, from the explosions deep below, lightly pops next to one of them.

CRANE #1 : (accusingly) Nice. (flies off)

INT. UNDER THE WATER'S SURFACE. DAY

Nemo plunges into the water in a whirlwind of bubbles. He lands in plant life.

NEMO : (peeks out; frightened) Dad? (panting) Daddy?

Slowly, he backs out of the plants, scanning, wide-eyed... and into... giant scary tiki heads! Nemo screams! Swims in the opposite direction – Bam! He hits a glass wall. Another direction – Bam! Same result. Turns again – Bam! A terrified Nemo has been dropped into a fancy marine aquarium. He looks out of the tank at magazines on a table, a woman behind the service window, a toy chest: it's a dentist's waiting room. The tank is imbedded in the wall of the dentist's office, viewable from both the waiting room and the examining room. Each side of the tank is decorated with a different theme: "Polynesian Island" on one side (complete with working volcano), and "Pirate Shipwreck" on the other.

외부. 대양의 표면. 밤
두 마리의 흰 두루미가 잔잔한 물 위에 조용히 앉아 있다. 아래쪽 깊은 곳의 폭발로부터 한 줄기 공기가 보글보글 솟아올라 두루미 한 마리 옆에 가볍게 솟아오른다.

두루미 #1 : (비꼬면서) 또 뀌었냐? (날아간다)

내부. 수면 아래. 낮
니모는 기포의 소용돌이 속에서 물로 뛰어든다. 그는 식물에 내려앉는다.

니 모 : (밖을 내다본다. 섬뜩하다) 아빠? (헐떡거리며) 아빠?

천천히, 그는 식물로부터 뒷걸음쳐 눈을 크게 뜨고 꼼꼼히 살피면서 거대한 험상궂은 티키 상 머릿속으로 물러선다. 니모는 비명을 지른다. 반대 방향으로 헤엄을 친다. 쿵! 그는 유리 벽에 부딪힌다. 또 다른 방향 - 쿵! 똑같은 결과다. 다시 돌아선다 - 쿵! 겁에 질린 니모는 화려한 해양 수족관 속으로 떨어졌다. 그는 물탱크 밖으로 테이블 위의 잡지, 업무실 창문 뒤의 여자, 장난감 상자를 바라본다. 그것은 치과의사의 대기실이다. 그 수조는 치과의사의 사무실 벽에 깊숙이 박혀 있으며 대기실과 검사실 양쪽으로부터 보인다. 수조의 각 면은 다른 테마로 장식되어 있다. 한 면은 '폴리네시아 섬'(활화산으로 완성된다)이고 다른 면은 '해적 난파선"이다.

- **bubble**
  보글보글 솟다, 거품, 기포
- **whirlwind**
  소용돌이, 회오리 바람
- **tiki**
  (폴리네시아 신화) 티키 상(인류를 창조한 신)
- **bam**
  둔탁한 소리(를 내다)
- **fancy**
  화려한, 장식적인
- **imbed**
  깊숙이 박다, 파묻다
- **shipwreck**
  난파선

DENTIST : Barbara. Prep for his anterior crown, would you, please? And uh, I'm gonna need a few more cotton rolls.

BARBARA : OK.

Nemo stares out of the glass and looks at a patient seated in a dentist chair... when THE DENTIST'S FACE leans down, right in front of him.

DENTIST : Hello, little fella.

NEMO : (spooked) Aah! (hides inside a fake plastic barrel)

DENTIST : Heh heh heh! (to patient) Beauty, isn't he? I found that guy struggling for life... out on the reef, and I saved him. (beat) So, has that Novocaine kicked in yet?

PATIENT : I think so. We're ready to roll.

Nemo backs away from the dentist. Bumps into a fake treasure chest. He gasps as the lid opens and bubbles spring forth. Out of the dark interior of a plastic pirate shipwreck, a yellow tang (Bubbles) charges at Nemo.

BUBBLES : Bubbles! Bubbles! The big bubbles! (muttering) The little bubbles. My bubbles, all the bubbles!

The spastic fish grabs at the bubbles, slams the lid shut, and lays on the chest.

BUBBLES : (protective) My bubbles.

A starfish (Peach) unsticks above Nemo. One of her arms flops on his head.

PEACH : He likes bubbles.

NEMO : (shrieks) Aah! Ohh! No! Uhh!

치과 의사 : 바바라! 전치부 치관 준비 좀 해줄래요? 그리고, '솜말이' 몇 개 더 주세요.

바바라 : 알았어요.

니모는 유리 밖으로 치과의사 의자에 앉아 있는 한 환자를 놀라서 쳐다본다. 그때… 치과의사의 얼굴이 그 바로 앞에 아래로 기울며 나타난다.

치과 의사 : 안녕, 꼬마!

니 모 : (떨려서) 아아! (모조 플라스틱 통 안에 숨는다)

치과 의사 : 헤헤헤! (환자에게) 예쁘죠? 암초에 걸려 죽어가는 걸 구해줬어요. (잠시) 마취되는 느낌 옵니까?

환 자 : 그런 것 같네요.

니모는 치과의사로부터 뒤로 물러난다. 모조 보물 상자에 부딪친다. 그는 그 뚜껑이 열리고 거품이 솟아오르자 헐떡거린다. 플라스틱으로 된 해적 난파선의 어두운 내부로부터 노란 탱(버블즈)이 니모에게 달려든다.

버블즈 : 거품이다, 거품! (중얼거리며) 내 거품. 내 전부인 거품!

그 플라스틱 물고기가 거품들을 움켜쥐고는 뚜껑을 쾅하고 닫고서 그것이 닫히게 상자 위에 자리를 잡는다.

버블즈 : (방어적으로) 내 거품.

불가사리(피치) 한 마리가 니모 위로 이륙한다. 그녀의 팔 중 하나가 그의 머리 위에 펄썩 내려온다.

피 치 : 거품만 보면 입에 거품을 물어.

니 모 : (소리를 지른다) 아아! 오! 안 돼!

- **spook**
  떨리게 하다, 위협하다
  to frighten a person or an animal; to become frightened
- **Novocaine**
  (약학) 노보카인(치과용 국부 마취제: 상표명)
  a drug used as an anaesthetic, especially by dentists
- **roll**
  (구) 일 등에 착수하다, 시작하다
- **starfish**
  (동물) 불가사리
- **unstick**
  (붙어 있는 것을) 잡아떼다
  to become separated from something it was stuck or fastened to

Has that Novocaine kicked in yet?
kick in은 구어체로 '작동하다, 효력을 나타내다(나타나기 시작하다), 움직이다, (자기 몫의 돈, 도움을)주다(내다)' (to begin to take effect)는 뜻의 관용 표현이다. 속어로 '죽다, 뻗다'는 의미도 있다.

Zoom In

Has that Novocaine kicked in yet?

마취되는 느낌이 옵니까?

He hides in a fake miniature diver's helmet. Nemo's POV inside the helmet: shadowy fish emerge from their cover and approach the helmet. Hushes. Eerie whispers. A pair of eyes blink next to him.

JACQUES : Bonjour.

NEMO : (screams) Aah!

He bolts out of the helmet and into the arms of puffer fish (Bloat). A black and white humbug (Deb), a royal gramma (Gurgle), and Bubbles float around him.

BLOAT : Whoa. Slow down, little fella. (laughs) There's nothing to worry about.

DEB : Oh, he's scared to death.

NEMO : I wanna go home. Do you know where my dad is?

PEACH : (on the glass) Honey, your dad's probably back at the pet store.

NEMO : Pet store?

BLOAT : Yeah, you know, like, uh... I'm from Bob's Fish Mart.

GURGLE : Pet Palace.

DEB : Fish-O-Rama.

BUBBLES : Mail order.

PEACH : Ebay.

GURGLE : (puts a fin on Nemo's shoulder) So, which one is it?

NEMO : I'm... from the ocean.

GURGLE : Ah, the ocean. (alarmed) The ocean? (rips his fin away, clutching it as if it were on fire) He hasn't been decontaminated yet! (calls out) Jacques!

In a flash, a tiny cleaner shrimp (Jacques), zips out of the diver's helmet.

JACQUES : Oui?

그는 모조 축소 모형인 잠수부의 헬멧에 숨는다. 헬멧 안에서 니모의 시점: 어슴푸레한 물고기들이 그들의 잠복처로부터 나타나 헬멧에 접근한다. 쉿! 한다. 섬뜩한 속삭임. 한 쌍의 눈이 그 옆에서 깜박인다.

자 크 : 봉주르!

니 모 : (비명을 지른다) 아아!

그는 헬멧에서 튀어 나가 복어(블로트)의 팔에 들어간다. 흑백 물고기(뎁), 멋진 목초어(거글), 그리고 버블즈가 그 주위에 떠다닌다.

블로트 : 와, 겁 먹지 마, 꼬마 친구. (웃는다) 걱정할 거 없어.

뎁 : 새파랗게 질려 있어.

니 모 : 집에 가고 싶어요. 아빠 어디 있는지 알아요?

피 치 : (유리에서) 아마 펫 스토어에 있을 거야.

니 모 : 펫 스토어?

블로트 : 그래, 저… 난 '봅 수족관' 출신!

거 글 : 난 '애완동물 궁전'.

뎁 : 난 통신 판매.

버블즈 : 난 'e메일'.

피 치 : 이 베이.

거 글 : (니모의 어깨 위에 지느러미를 올려놓는다) 넌 어디 출신이야?

니 모 : 난… 넓은 대양.

거 글 : 아하, 대양! (놀란다) 대양? (지느러미를 급히 치우며) 아! 소독 안 받은 친구야! (소리친다) 자크!

순식간에 작은 청소부 새우(자크)가 잠수부의 헬멧에서 핑하고 나온다.

자 크 : 왜?

- **miniature**
  축소 모형물, 축소물
- **shadowy**
  흐릿한, 어두운, 어슴푸레한
- **cover**
  피난처, 잠복처
- **puffer fish**
  (어류) 복어류
- **humbug**
  (어류)(열대의 색이 화려한) 자리돔
- **royal gramma**
  농어목 그라마과에 딸린 바다 물고기
- **rip**
  빠른 속도로(거칠게) 돌진하다, 멋대로 행동하다
- **decontaminate**
  오염을 제거하다, 정화하다
- **zip**
  힘차게 나아가다, 핑하고 소리 내어 움직이다

Slow down.
원래 '(자동차 등의) 속력을 늦추다 느긋해지다, (기력이)쇠해지다, (노동자가)태업하다'는 뜻이지만 상대방이 흥분했을 때 진정하라는 의미로 사용되기도 한다. 즉 relax, cool down, calm down. 등의 의미이다.

Zoom In

Slow down.

진정해, 겁먹지 마.

GURGLE : Clean him!

JACQUES : Oui. (skitters over to Nemo)

GURGLE : Ocean.

JACQUES : Ooh, la mer. Bon.

He spins Nemo like a cob of corn, cleaning him in seconds. Nemo sparkles.

JACQUES : Voila. He is clean.

The shrimp zips back in the helmet and slams the face plate shut.

BUBBLES : Wow. The big blue. What's it like?

NEMO : Uh... Big and blue?

BUBBLES : I knew it.

DEB : Kid, if there's anything you need, just ask your Auntie Deb. That's me... (points to her reflection) Or if I'm not around, you can always talk to my sister Flo. (to Flo; with love) Hi. How are you? (to Nemo, conspiratorially) Don't listen to anything my sister says. She's nuts. Ha ha ha ha!

PEACH : (muffled) We got a live one!

The tank gang looks up to Peach stuck high on the glass.

BLOAT : Can't hear you, Peach.

PEACH : (unsticks) I said we gotta live one!

Excited, the tank gang ditch Nemo, and swim up to Peach's level. They look on with keen interest as the dentist begins to work on the patient.

GURGLE : Yes!

거 글 : 소독실시!
자 크 : 알았어. (니모에게 잽싸게 나아간다)
거 글 : 대양에서 왔대.
자 크 : 바다. 좋지.

옥수수 속같이 니모를 돌리며 순식간에 그를 씻어낸다. 니모는 번쩍거린다.

자 크 : 됐어. 깨끗해.

그 새우는 헬멧 속으로 미끄러져 들어가 앞면 보호용 덮개를 닫는다.

버블즈 : 와, 큰 바다 '빅 블르'는 어떻게 생겼니?
니 모 : 저… 크고… 새파래요.
버블즈 : 그럴 줄 알았어.
뎁 : 얘야, 궁금한 건 아줌마 뎁한테 물어봐. 바로 나야. (자신의 영상을 가리킨다) 내가 없을 땐 언제나 동생 플로한테 물어. (플로에게; 사랑스럽게) 잘 있었어? (니모에게, 공모적으로) 동생이 뭐라든지 무시해, 돌았으니까! 하하하!
피 치 : (억제된 목소리) 시작, 시작!

수족관 일당은 유리 위 높은 곳에 붙어 있는 피치를 올려다 본다.

블로트 : 안 들려, 피치!
피 치 : (붙어있는 것을 잡아 뗀다) 시작됐다구!

흥분해서, 수족관 무리는 니모를 따돌리고 피치의 높이까지 헤엄쳐 올라온다. 그들은 치과의사가 환자에게 치료를 시작하기 시작하자 매우 흥미 있게 바라본다.

거 글 : 됐어!

- **skitter**
  경쾌하게(잽싸게) 나아가다, 미끄러지다
  to run or move very quickly and lightly
- **la mer**
  (불어) 바다
- **bon**
  (불어) good
- **face plate**
  (잠수부 등의) 보호용 덮개, 앞면 보호용 덮개
- **auntie**
  (유아어) 아줌마
  aunt
- **reflection**
  (거울 등의) 영상, 그림자
- **muffle**
  덮어 씌우다
  to make a sound quieter or less clear

What's it like?
여기서 like는 형용사로 '닮은, ~와 같은'의 뜻이다. 따라서 예문은 '그것이 어떻게 생겼니? 그것의 모양이 어때?' 등의 뜻으로 구어체에서 아주 잘 쓰인다. What is he like?하면 '그는 어떤 사람인가?'의 뜻이 된다.

Zoom In

What's it like?

그것은 어떻게 생겼니?

BLOAT : Oh boy, oh boy, oh boy.

DEB : What do we got?

PEACH : Root canal... and by the looks of those x-rays... it's not gonna be pretty.

PATIENT : (as drill whines) Owwwwww!

BLOAT : Rubber dam and clamp installed?

PEACH : Yep.

GURGLE : What did he use to open?

PEACH : Gator-Glidden drill. He seems to be favoring that one lately.

DEB : (tries to look past her reflection) I can't see, Flo.

PATIENT : You're getting a little too... Aaaah!

PEACH : Uhp, now he's doing the Schilder technique.

BLOAT : Oooh, he's using a Hedstrom file.

GURGLE : That's not a Hedstrom file. That's a K-Flex.

BLOAT : It's got a tear-drop cross section. Clearly a Hedstrom.

GURGLE : No, no, K-Flex.

BLOAT : Hedstrom!

GURGLE : K-Flex!

BLOAT : Hedstrom! (suddenly inflates to the size of a beach ball) There I go. A little help, over here.

DEB : I'll go deflate him. (swims after him)

DENTIST : All right. Go ahead and rinse.

The fish watch the patient rinse into the spit sink.

GURGLE : Oh, the human mouth is a disgusting place.

Without warning, a pelican (Nigel) bounces off the window by the tank. The fish don't react. The bird thrusts his head into the room, out of breath.

블로트 : 저런, 저런!
뎁 : 뭔데?
피 치 : 치아의 근관… X레이 사진으로 봐선 상태가 나빠.
환 자 : (드릴 소리가 난다) 아아아아야야야!
블로트 : 고무막하고 조임쇠를 댔어?
피 치 : 응.
거 글 : 여는 데 무슨 도구를 썼어?
피 치 : 게이토 글리든 드릴이야. 최근에 저걸 애용하는 것 같아.
뎁 : (자신의 비친 모습을 지나 보려고 애쓰며) 네가 가려서 잘 안 보여, 플로.
환 자 : 선생님… 너무 아파요… 아아야야!
피 치 : '쉴더'기술을 쓰고 있어.
블로트 : '헤드스트롬'줄이야.
거 글 : '헤드스트롬'줄 아냐. 'K플렉스'야
블로트 : 눈물방울 모양 '헤드스트롬'이야.
거 글 : 아냐, 'K플렉스'야.
블로트 : '헤드스트롬'이야.
거 를 : 'K플랙스'야!
블로트 : '헤드스트롬'이야! (갑자기 비치 볼 크기까지 팽창해져) 여기 나 좀 어떻게 해봐.
뎁 : 내가 바람 빼줄게. (그를 따라 헤엄쳐 간다)
치과 의사 : 됐어요. 어서 헹구세요.

물고기들은 환자가 회전 싱크대에다 헹구는 것을 지켜본다.

거 글 : 인간의 입은 구역질 나는 곳이야.

경고도 없이 펠리컨 (나이젤) 한 마리가 수조 옆 창문을 튀어 오른다. 물고기들은 반응을 하지 않는다. 그 새는 숨을 몰아 쉬며 방 안으로 머리를 밀어 넣는다.

■ **root canal**
(치아의) 근관

■ **whine**
윙 소리를 내다
to make a long high unpleasant sound because you are in pain or unhappy

■ **dam**
(치과) 고무막

■ **clamp**
꺾쇠, 죔쇠, 죄는 기구
a tool for holding things tightly together, usually by means of a screw

■ **inflate**
팽창하다, 부풀다
to fill something or become filled with gas or air

■ **bounce**
튀다, 튀어오르다, 펄쩍 뛰다

There I go.
There I go again–jumping to conclusions. 내가 또 이러는군. 성급한 판단을 내리고 말이야. there가 눈앞의 사람이나 사물에 주의를 환기하여 '이봐, 저봐'의 뜻이므로 예문은 '여기 나 좀 봐'정도의 뜻이다. There you go again, saying the same thing.(여보게, 또 그런 소릴 하는군)

Zoom In

There I go.
여기 나 좀 봐.

PEACH : Hey, Nigel.

NIGEL : What did I miss? Am I late?

PEACH : Root canal... and it's a doozy.

NIGEL : Root canal, huh? What did he use to open?

PEACH : Gator-Glidden drill.

NIGEL : He's been favoring that one. Hope he doesn't get surplus sealer at the secondary portal terminus. (spots Nemo) Hello. Who's this?

DEB : New guy. Ha ha ha!

GURGLE : The dentist took him off the reef.

NIGEL : (studies Nemo) An outie. From my neck of the woods, eh? Sorry if I ever took a snap at you. Fish gotta swim, birds gotta eat. (gasps)

DENTIST : Hey! (heading for the window, waving the bird away) No, no, no, no! Those aren't your fish. They're my fish. Come on, go. Go on, shoo! Shoo!

Nigel takes off, knocking over a framed photo. The dentist picks up the frame. Sees the glass has cracked.

DENTIST : Aw, the picture broke. (shows the patient) This here's Darla. She's my niece. Gonna be eight this week. (shows Nemo in the tank) Hey, little fellah. Say hello to your new mummy. She's gonna be here Friday to pick you up. You're her present. Oh, shh, shh, shh. It's our little secret.

The photo is of a cute little girl in ponytails. She smiles through her braces, holding a plastic bag with a fish. The dentist places the picture on the counter by the tank, and heads for the bathroom.

피 치 : 안녕, 나이젤!

나이젤 : 뭐였어? 내가 늦었나?

피 치 : 치관! 출중했어.

나이젤 : 치관이라고? 사용한 도구는?

피 치 : 게이토 글리든 드릴!

나이젤 : 그거 애용 도구잖아. 제2 간문 끝을 너무 메우지 않았으면 해. (니모를 본다) 안녕. 누구니?

뎁 : 새 친구! 하하하!

거 글 : 의사가 암초에서 잡아왔대.

나이젤 : (니모를 살핀다) 집 떠난 자식이군. 숲의 내 목에서 말이야. 나한테 먹힐 뻔한 적 있다면 미안. 물고긴 헤엄치고 새는 잡아먹잖아.

치과 의사 : 이봐! (창문을 향해 가면서 손을 흔들어 그 새를 쫓는다) 안 돼, 안 돼! 네 물고기 아냐. 내 거니까 꺼져. 꺼져, 슈! 슈!

나이젤이 날아가 사진 액자를 쳐서 넘어뜨린다. 치과의사가 액자를 집는다. 유리가 깨진 것을 발견한다.

치과 의사 : 이런, 액자가 깨졌군요. (환자에게 보여준다) 얘가 달라에요. 조카인데 곧 8살 돼요. (수조에 있는 니모에게 보여준다) 이봐, 꼬맹아! 새 엄마랑 인사해. 금요일 날 널 가지러 온단다. 이번 선물은 너야. 아, 쉬, 쉬. 아직 비밀이지만!

사진은 포니테일을 한 예쁜 소녀다. 그녀는 물고기가 든 비닐 백을 들고 치아교정장치를 통해 미소를 짓는다. 치과의사는 수족관 옆 카운터 위에다 그 사진을 놓고는 화장실에 간다.

- **doozy**
  (속) 출중한 것
- **surplus**
  과잉의, 나머지의, 여분의
  more than is needed or used
- **sealer**
  메운 것, 봉한 것, 막은 것, 때운 것
- **portal**
  (해부) 간문의, 문맥의
  of a large, impressive gate or entrance to a building
- **terminus**
  말단, 종단, 경계석
- **take off**
  날다, 이륙하다, 날아가다
- **knock over**
  쳐서 넘어뜨리다, 뒤집어 엎다
- **ponytail**
  포니테일(뒤로 묶어 드리우는 머리)

Say hello to your new mummy.
'네 새 엄마한테 인사해라'의 뜻이지만 '새 엄마한테 안부 전해'의 뜻도 된다. 여기서 hello는 '안녕이라고 말하기'의 뜻으로 명사형이다. Say hi to your new mummy.라고도 한다. Say hello to Tom for me.(톰에게 안부 전해줘)

Zoom In

Say hello to your new mummy.
새 엄마랑 인사해야지.

DENTIST : Well, Mr. Tucker, while that sets up... I'm gonna see a man about a wallaby.

BLOAT : (swims over to the picture) Oh, Darla.

NEMO : What? What's wrong with her?

GURGLE : She wouldn't stop shaking the bag.

CLOSE ON PICTURE. We now see the fish in Darla's bag is belly up. Dead.

BUBBLES : Poor Chuckles.

DEB : He was her present last year.

BLOAT : Hitched a ride on the porcelain express.

WE HEAR A FLUSH. The dentist walks out of the bathroom.

PEACH : She's a fish killer.

NEMO : I can't go with that girl. I have to get back to my dad.

Nemo panics, swimming out of control. He passes too close to the filter and is sucked into the end of the intake tube.

NEMO : Aah! Daddy! Help me!

GURGLE : Oh, no, he's stuck... Oh boy...

GILL : (quietly) Nobody touch him.

The majestic fish's dorsal and pelvic fins seem to extend the full height of the tank. A commanding presence. He stares intensely at Nemo. Nemo grunts.

GILL : Nobody touch him.

Calmly, Gill stares Nemo down. His intentions unreadable.

치과 의사 : 터커 씨, 치관이 자리 잡을 동안 화장실에 다녀오겠습니다.

블로트 : (사진 쪽으로 헤엄쳐 간다) 맙소사, 달라.

니 모 : 뭐? 저 애가 뭘?

거 글 : 봉지를 막 흔들어.

사진의 클로즈 업. 달라의 백에 있는 물고기가 배를 위로 하고 있는 것이 보인다. 죽었다.

버 블 : 가여운 처클.

뎁 : 작년 선물이었지.

블로트 : 녀석을 죽여선 변기 통에 버렸어.

변기 물 내려가는 소리가 들린다. 치과 의사가 화장실에서 나온다.

피 치 : 저 앤 물고기 전문 킬러야.

니 모 : 난 저 애하고 같이 갈 수 없어요. 아빠한테 돌아갈래요.

니모는 공포에 휩싸여 억제하기 힘들게 헤엄을 친다. 그는 필터에 너무 가까이 지나가다가 흡입관 끝 속으로 빨려 들어간다.

니 모 : 아아! 아빠, 살려줘!

거 글 : 안 돼, 끼어버렸어! 저런…

길 : (조용히) 아무도 건들지 마.

거대한 물고기의 등 지느러미와 배지느러미가 수조 높이만큼 뻗치는 것 같다. 당당한 자태다. 그는 강렬하게 니모를 응시한다. 니모는 끙끙거린다.

길 : 건들지 마!

침착하게 길은 필터에 다가와 니모를 내려다 본다. 그의 의도는 읽을 수 없다.

- **belly up**
  끝장난, 망한, 배를 위로 하고 있는

- **hitch a ride**
  히치하이크 하다, 편승하다
  to get a free ride in a person's car; to travel around in this way, by standing at the side of the road and trying to get passing cars to stop

- **porcelain**
  자기
  a hard white shiny substance made by baking clay and used for making delicate cups, plates and ornaments; objects that are made of this

- **intake**
  흡입, 빨아들임
  an act of taking something in, especially breath

- **grunt**
  꿀꿀거리다
  (of animals, especially pigs) to make a short low sound in the throat

I'm gonna see a man about a wallaby.

see a man about a wallaby는 호주 속담에서 유래한 표현으로 '화장실에 가다(go to the bathroom)'의 관용표현이다. Wallaby(왈라비)는 작은 캥거루같이 생긴 오스트레일리아산 동물을 일컫는다. go see는 go to see와 같다.

Zoom In

I'm gonna see a man about a wallaby.

화장실에 다녀오겠습니다.

NEMO : (struggles; small voice) Can you help me?

GILL : No. You got yourself in there. You can get yourself out.

DEB : Gill...

GILL : (sharp) I just wanna see him do it, okay? (to Nemo) Calm down. Now, alternate wiggling your fins and your tail.

NEMO : (panicked) I- I can't. I have a bad fin.

GILL : Never stopped me. (turns to reveal his severed pectoral fin) Just think about what you need to do.

Nemo gasps at the sight of it. This time Nemo concentrates, and tries again.

BLOAT : Come on.

Nemo struggles, winces and pops free from the tube.

GILL : (to himself) Perfect.

TANK GANG : Yay! He's out! He made it! Alright!

DEB : Good squirming. Ha ha ha!

PEACH : Wow. From the ocean... just like you, Gill.

GILL : (studying the filter) Yeah.

PEACH : I've seen that look before. What are you thinking about?

GILL : I'm thinking... tonight, we give the kid a proper reception.

BLOAT : So, kid, you got a name or what?

NEMO : (smiles) Nemo. I'm Nemo.

니 모 : (애를 쓴다; 작은 목소리) 도와줘요.
길 : 안 돼! 스스로 들어갔으면 스스로 나와.
뎁 : 길!
길 : (날카롭게) 스스로 어쩌는지 지켜보겠어. (니모에게) 진정해. 지느러미와 꼬리를 번갈아 흔들어 봐.
니 모 : (공포에 싸여) 못해요, 한쪽 지느러미가 약해요.
길 : 나라면 포기 안 해. (돌아서서 자신의 절단된 가슴지느러미를 보여준다) 살 방법을 곰곰이 생각해봐.

니모는 그것을 보자 숨을 헐떡거린다. 이번에는 니모가 정신을 집중하고 다시 시도한다.

블로트 : 힘내.

니모는 애를 쓴다. 움츠리다가 팍 빠져나옴으로써 자신을 놀라게 한다.

길 : (혼잣말로) 그거야.
수족관 무리 : 야! 나왔어! 성공이야. 좋았어!
뎁 : 멋진 꼼지락이었어. 하하하!
피 치 : 와, 큰 바다가 고향이래. 너처럼 말이야, 길.
길 : (필터를 살피면서) 그래.
피 치 : 그 표정 전에도 봤어. 무슨 생각해?
길 : 무슨 생각이냐면… 오늘 밤, 녀석한테 어울리는 환영회 열어줄 거야.
블로트 : 꼬마야, 이름은 있겠지?
니 모 : (미소지으며) 니모. 제 이름은 니모.

- **wince**
  움츠리다, 주춤하다, 질겁하다
  to suddenly make an expression with your face that shows that you are feeling pain or embarrassment
- **squirm**
  (벌레같이) 꿈틀거리다, 옴죽거리다
  to move around a lot making small twisting movements, because you are nervous, uncomfortable, etc.

You got a name or what?
원래 ~or what은 부정문이나 조건문에서 '아니면 다른 무엇이'의 뜻이지만 이처럼 명사나 형용사 뒤에 붙어서 '이름이든 뭐든 있겠지?'의 뜻을 나타내어 Are you human or what? Are you smart or what? Bad luck or what?처럼 쓰인다.

Zoom In

You got a name or what?

이름은 있겠지?

EXT. OCEAN. MORNING

MARLIN : (mumbles while asleep) Nemo… Nemo… Nemo…

He lies inside the dive mask. Dory lies next to him, snoring loudly.

DORY : (in her sleep) You gonna eat that?

The camera pulls wide to reveal the mask hanging like a hammock from a shard of metal protruding from the sub's bow. The explosions from the night before have dislodged the entire wreck over A MASSIVE ABYSS.

DORY : Careful of that hammer.

Marlin opens his eyes and jumps back. He sees the diver's mask and touches the writing.

MARLIN : (panting) What does it say? Dory!

DORY : A sea monkey has my money…

MARLIN : (shakes her) Wake up. Get up. Come on. Come on!

DORY : Yes, I'm a natural blue.

MARLIN : Get up!

Dory jumps awake, finds the mask hanging off her back like a saddle.

DORY : Aagh! Look out! Sharks eat fish! What? Who is it? Aagh!

Her broad actions do the trick and the sub slides off the cliff. Straight at the two fish. They swim for it, but run right into the opposing rock wall… Too late. The sub slams into the rock wall, consuming the fish in an explosion of dust. Marlin is shocked to find himself and Dory still alive, spared by inches. Both coughing.

외부. 대양. 아침

말 린 : (자면서 중얼거린다) 니모… 니모… 니모…

그는 잠수용 수경 안에 누워 있다. 도리는 크게 코를 골면서 그 옆에 누워 있다.

도 리 : (잠 속에서) 그거 먹을 거야?

카메라가 뒤로 물러나면서 잠수함의 선수로부터 튀어나온 금속 파편에 수경이 해먹처럼 걸려 있는 것을 보여준다. 전날 밤부터의 폭발이 난파선 전체를 거대한 심연 위에 이동시켰다.

도 리 : 그 망치 조심해.

말린은 눈을 뜨고 껑충 뛰어 물러났다. 잠수부의 수경을 보고, 글자를 만진다.

마 린 : (헐떡거리며) 뭐라고 적혀 있어, 도리!

도 리 : 은상어가 내 돈을 뺐어 갔어…

말 린 : (그녀를 흔든다) 얼른 일어나. 어서!

도 리 : 그래, 내 머리 염색한 거 아냐.

말 린 : 얼른 기상!

도리는 껑충 뛰어 깨어나면서 그 수경을 가진 것을 의식하지 못한다. 그것은 안장처럼 그녀 등에 걸려 있다.

도 리 : 아아! 조심해! 상어가 날 잡아먹어. 뭐야? 누구야? 아아!

그녀의 명백한 행동은 목적을 달성하고 잠수함은 절벽에서 미끄러진다. 두 물고기를 향해 곧장. 그들은 그것을 향해 헤엄치지만, 반대편의 바위벽을 바로 만난다. 너무 늦었다. 잠수함은 바위벽에 부딪쳐 물고기들을 먼지 폭발 속에 잠기게 한다. 말린은 자신과 도리가 아슬아슬하게 목숨이 붙어 아직 살아 있음을 발견하고는 소스라치게 놀란다. 둘 다 기침을 한다.

- **hammock**
  해먹(달아매는 그물 침대)
- **shard**
  파편, 사금파리
  a piece of broken glass, metal, etc
- **protrude**
  내밀다, 내뻗다, 튀어 나오다
  to stick out from a place or a surface
- **dislodge**
  이동시키다, 몰아내다, 격퇴하다
  to force out of a settled or secure position
- **abyss**
  심연, 혼돈, 나락
  a very deep wide space or hole that seems to have no bottom
- **spare**
  목숨을 살려주다

Her broad actions do the trick.
do the trick은 구어체로 '뜻을 이루다, 목적을 달성하다, 효력이 있다, 성공하다'의 뜻이다. The letter seemed to do the trick.(편지가 효과가 있는 것으로 보인다) Just give him 10 dollars. That'll do the trick.(그냥 그 사람한테 10 달러를 줘버려. 그러면 문제가 해결될 거야)

Zoom In

Her broad actions do the trick.

그녀의 확실한 행동은 목적을 달성했다.

DORY : Wow. Dusty.

MARLIN : (notices something is missing) The mask. Where's the mask?

They look down just in time to see it disappear into the balckness.

MARLIN : No! No, no, the mask! Get it! Get the mask! Get the mask! Get it!

Marlin dives down after it, but the second he enters inky black, he backpedals to a more visible depth.

DORY : (swims jauntily past) (sings) *HOO DOOT DOO DOOT DOOT DOO WHOO-HOO! LA LA LA LA LA*
It just keeps going on, doesn't it? Echo! Echo!
(then pops back up next to him) Hey, what you doing?

MARLIN : It's gone. I've lost the mask.

DORY : What'd you drop it?

MARLIN : You dropped it! That was my only chance of finding my son. Now it's gone.

DORY : (makes a pouty face) Hey, Mr. Grumpy Gills... when life gets you down, you know what you got to do?

MARLIN : I don't wanna know what you gotta do.

DORY : (sings) *JUST KEEP SWIMMING... JUST KEEP SWIMMING...*
JUST KEEP SWIMMING... SWIMMING, SWIMMING,
WHAT DO WE DO? WE SWIM, SWIM

MARLIN : Dory, no singing.

DORY : (opera singing) *HO HO HO HO HO HO*
I LOVE TO SWIM
WHEN YOU WANT TO SWIM
YOU WANT TO KEEP ON SWIMMING...

도 리 : 와, 먼지투성이야.

말 린 : (뭔가가 없어졌음을 깨닫는다) 수경. 수경 어디 있어?

그들은 아래쪽을 보다가 수경이 암흑 속으로 사라지는 것을 본다.

말 린 : 안 돼! 안 돼, 수경! 수경 잡아! 어서 잡아!

말린은 그것을 쫓아 잠수해 내려가지만 그가 어둠속으로 들어가는 순간 더 잘 보이는 깊이로 후퇴한다.

도 리 : (유쾌하게 헤엄쳐 지나간다) (노래한다) *우 럿 두 럿 두 럿 우-후! 라 라 라 라 라*
끝이 없는 심연이야. 야호, 야호!
(그 옆으로 다시 휙 나타나는 것을 지켜본다) 이봐, 왜 그래?

말 린 : 사라졌어. 수경을 잃어버렸어.

도 리 : 떨어뜨렸니?

말 린 : 네가 그랬잖아. 아들을 찾을 수 있는 유일한 단서였어. 이제 다 사라졌어.

도 리 : (뿌루퉁한 얼굴을 짓는다) 이봐, 미스터 구시렁. 삶이 널 실망시키면 어쩐다고?

말 린 : 알고 싶지 않아.

도 리 : (노래한다) *계속 헤엄 쳐. 계속해서 헤엄쳐*
쉬지 말고 헤엄쳐
어쩐다고? 헤엄쳐!

말 린 : 도리, 노래 그만!

도 리 : (오페라식으로 노래한다) *호 호 호 호 호 호*
난 헤엄이 좋아
헤엄치고 싶을 땐…
계속 헤엄치고 싶어

- **inky**
  칠흑 같은
  black like ink
- **backpedal**
  후퇴하다, 페달을 거꾸로 밟다
- **jauntily**
  쾌활하게, 의기양양하게
- **pouty**
  뿌루퉁한, 토라지기 잘하는

When life gets you down
get down은 구어체에서 '~을 낙심시키다, 침울해지다, 낙심하다' 등의 뜻으로도 쓰이며, '(약 등을) 겨우 삼키다, 적어 두다, 받아 쓰다, 피곤하게 하다, 낮추다'등의 뜻도 있다. 예문은 When life lets you down.과 같다.

Zoom In

When life gets you down.
삶이 널 실망시키면.

MARLIN : See, I'm going to get stuck now with that song. Now it's in my head.

DORY : Sorry.

Slowly everything goes black. Beat.

MARLIN : Dory, do you see anything?

DORY : Aah! Something's got me.

MARLIN : That was me. I'm sorry.

DORY : (gasps) Who's that?

MARLIN : Who's that? Who could it be? It's me.

DORY : Are… are you my conscience?

MARLIN : (sighs) Yeah, yeah. I'm your conscience. We haven't spoken for a while. How are you?

DORY : Can't complain.

MARLIN : Yeah? Good. Now, Dory, I want you to tell me... Do you see anything?

DORY : I see a... I see a light.

MARLIN : A light?

A tiny bright light appears, hovering alone in the blackness.

DORY : Yeah. Over there. Hey, conscience, am I dead?

MARLIN : No. I see it, too.

They swim into the glow of the light. It is simply a small glowing orb. Mesmerizing. It's almost as if Marlin and Dory are under a spell.

MARLIN : What is it?

DORY : It's so… pretty.

말 린 : 그만, 그 노래 때문에 머릿속에… 미원을 뿌린 기분이야.
도 리 : 미안!

천천히 모든 것이 검어진다. 잠시.

말 린 : 도리, 뭐가 좀 보여?
도 리 : 아아! 누가 날 붙잡아.
말 린 : 나였어. 미안.
도 리 : (헐떡거린다) 누구야?
말 린 : 누구긴, 누구겠어? 나지!
도 리 : 네가 내 안의 나야?
말 린 : (한숨 쉰다) 그래, 네 안의 너다. 오래간만에 하는 대화지? 잘 지내?
도 리 : 불만 없어.
말 린 : 그래? 좋아. 분명하게 말해 봐. 보이는 게 있어?
도 리 : 뭐가 보이냐면 빛이 보여.
말 린 : 빛이라고?

작고 밝은 빛이 나타나 암흑 속에서 홀로 떠다닌다.

도 리 : 맞아, 저쪽! 이봐, 내가 죽었어?
말 린 : 아니, 나도 보여.

말린과 도리는 빛의 백열 속으로 헤엄을 친다. 구체는 최면을 걸고 있다. 마치 말린과 도리가 거의 주문에 묶여 있는 것 같다.

말 린 : 뭐야?
도 리 : 정말 아주 예쁘다.

- **hover**
  공중을 맴돌다, 배회하다, 어슬렁거리다
  to stay in the air in one place
- **orb**
  구체, 구, 원형의 것
  an object shaped like a ball, especially the sun or moon
- **mesmerize**
  ~에게 최면을 걸다, 매혹시키다
  to have such a strong effect on you that you cannot give your attention to anything else
- **under a spell**
  주문에 묶여, 매혹되어

Can't complain.
'불만 없다, 불만할 정도는 아니다'는 뜻으로 구어체에서 매우 잘 쓰인다. 물론 I can't complain.이 준 표현이다. I have nothing to complain of.(아무 불만 없다) Old age is creeping up, but I can't complain.(나이는 먹어가지만 난 불만 없어요)

Zoom In

Can't complain.
불만 없어.

MARLIN : I... I'm feeling... happy... which is a big deal for me.

DORY : I want to touch it. Oh! Ooh.

She reaches out. The orb comes to life, dancing like a fairy.

MARLIN : (in drugged wonder) Hey, come back. Come on back here. (giggles and follows it)

DORY : (sings) *I'M GONNA GETCHA*

MARLIN : (sings) *I'M GONNA GET YOU*

DORY : (sings) *I'M GONNA GETCHA*

MARLIN : (sings) *I'M GONNA SWIM WITH YOU*

DORY : (sings) *I'M GONNA GETCHA*

MARLIN : (sings) *I'M GONNA BE YOUR BEST FRIEND*

말 린 : 난 기분이 묘한 게… 행복해. 나한텐 아주 특별하고 드문 경험이야.

도 리 : 만져보고 싶어. 아!

그녀는 손을 내민다. 그 구체는 요정처럼 춤을 추며 활기를 띤다.

말 린 : (경이로움에 싸여 킬킬거린다) 이봐, 돌아와. 내가 붙잡을 테야.

(킬킬거리며 그것을 쫓는다)

도 리 : (노래한다) *널 붙잡을 테야*

말 린 : (노래한다) *널 붙잡을 테야*

도 리 : (노래한다) *널 붙잡을 테야*

말 린 : (노래한다) *너랑 헤엄칠 테야*

도 리 : (노래한다) *널 붙잡을 테야*

말 린 : (노래한다) *너랑 단짝 친구가 될 테야*

■ **come to life**
소생하다, 활기를 띠다
to become more interesting, exciting or full of activity; to start to act or move as if alive

■ **getcha**
get you 의 준 표현.

Key Expressions

108 He's scared to death. 그는 겁이나 죽을 지경이다.

be scared to death는 관용적 표현으로 '겁이나 죽을 지경이다, 대단히 무섭다'의 뜻인데 이처럼 동사 다음에 to death가 오는 표현들이 많다. 수동형이므로 능동형으로 써서 frighten (scare) somebody to death는 '누군가를 무서워[겁이 나] 죽을 것 같게 만들다'의 뜻이 된다. 또 be bored to death 하면 '심심해 죽겠다, 지루해 죽겠다'의 뜻이고 be starved to death는 '굶어 죽이다'가 된다.

110 She's nuts. 그녀는 제정신이 아니야.

구어체에서 매우 잘 쓰이는 nuts속어 표현으로 '미친, 제정신이 아닌, 바보의, 열중하는'(crazy, mad)의 뜻이며 nuts about 는 '~을 미친 듯이 사랑하는, ~에 열광하는'(very much in love with; very enthusiastic about)의 뜻이다. 그래서 Are you nuts?(너 미쳤니?) He is nuts about her.(그는 그녀에게 미쳐있다)처럼 쓰인다. go nuts역시 속어 표현으로 '미치다, 노발대발하다'(go mad)의 뜻이 된다. 한편 drive~ nuts 는 '(남을)미치게 하다'로 You drive me nuts.(너 때문에 미치겠다)처럼 사용된다.

112 I'll go deflate him. 내가 바람 빼줄게.

원래 I'll go and deflate him. 또는 I'll go to deflate him.의 뜻이지만 특히 구어체에서는 go나 come등의 동사는 뒤에 and나 to를 생략하고 그냥 동사를 두 개 연속해 써서 표현할 때가 많다. deflate는 '공기를 빼다, 오므라들게 하다'의 뜻으로 inflate의 반대어이다.

114 The photo is of a cute little girl in ponytails.

사진은 포니테일을 한 예쁜 소녀다.

여기서 전치사 of의 쓰임은 This is the picture of a cute little girl in ponytails.(이것은 포니테일 머리를 한 예쁜 어린 소녀의 사진이다)에서 그 쓰임을 알 수 있다. 위 예문에서 of는 문법적으로 'of+명사 = 형용사구'의 형식으로 is의 보어로 쓰이고 있다. 이처럼 보어의 형태로 'of+명사'가 쓰일 경우가 있다.

118 He made it! 그가 성공했어!

make it은 구어로 '제대로 수행하다, 성공하다, 제시간에 도착하다, (장소에) 이르다, 나타나다, (서로)만나기로 하다, (병 후에)회복하다, 출석하다' 등의 다양한 뜻을 갖는 관용 표현이다. 따라서 문맥 전후를 따져서 적절하게 해석해야만 한다. 위 예문은 '그가 해냈어! 성공했어!'의 뜻이다. 물론 '그가 도착했어!'의 뜻도 된다.

126 I'm feeling happy, which is a big deal for me.

나한텐 특별하고 행복한 일이야.

관계대명사 which가 계속적 용법으로 쓰이는 경우에도 구어체에서 흔히 사용된다. 주격의 경우, '그리고 그것은, 그러나(그런데), 그것은' 등의 뜻이 보통인데, 선행사는 구, 절 또는 그 내용을 받을 때가 많다. 그냥 which가 독립하여 쓰이는 표현도 쓰인다.

Chapter 5

치과 수족관의 새로운 친구들

New Friends in the Dentist's Tank

시간 00:33:51 ~ 00:44:50

A LARGE ANGLERFISH silently fades into view. It is horrifying. A prehistoric creature, with huge fangs, and lifeless eyes. The orb is attached to the tip of a long antenna that juts from its forehead. It was bait, and Marlin and Dory fell for it.

MARLIN : Good feeling's gone.

They scream. The voracious anglerfish chases after the two of them.

MARLIN : I can't see! I don't know where I'm going!

Suddenly the light shines over the diver's mask. Marlin stops.

MARLIN : The mask!

DORY : What mask? OK, I can't see a thing.

As they fumble in the dark, the anglerfish U-turns. The beam from its light swings onto them.

MARLIN : Whoa, geez!

DORY : (sees mask) Hey, look, a mask.

큰 아귀 한 마리가 조용히 시야에 들어온다. 소름이 끼친다. 거대한 이빨과 활기 없는 눈을 지닌 선사 시대의 생물이다. 그 구체는 이마에서 튀어나와 있는 긴 촉수의 끝에 부착되어 있다. 그것은 미끼다. 말린과 도리는 그것에 매혹된다.

말 린 : 느낌이 안 좋아.

그들은 비명을 지른다. 탐욕스러운 아귀는 그들 둘을 추적한다.

말 린 : 안 보여. 어디로 가야 해?

갑자기 그 빛이 잠수부의 수경 위를 비춘다. 말린은 멈춘다.

말 린 : 수경이다!
도 리 : 무슨 수경? 아무 것도 안 보여.

그들이 어둠 속을 더듬어 찾고 있을 때 그 아귀가 유턴 한다. 그 빛에서 나오는 광선은 그들 위에 흔들린다.

말 린 : 아이고머니!
도 리 : (수경을 본다) 저기야, 수경!

- **anglerfish**
  (어류) 아귀
- **fall for**
  (속) 매혹되다, ~에 홀딱 반하다
  to be strongly attracted to somebody; to fall in love with somebody; to be tricked into believing something that is not true
- **voracious**
  탐욕적인, 게걸스럽게 먹는, 식욕이 왕성한
  eating or wanting large amounts of food
- **fumble**
  더듬다, 더듬어 찾다
  to use your hands in an awkward way when you are doing something or looking for something
- **U-turn**
  회전하다, U 턴하다

MARLIN : Read it!

Marlin plays decoy, leading the anglerfish away. Its jaws snap right behind him.

DORY : Uh, I'm sorry, but if you could just... bring it a little closer, I kind of need the light.

Marlin lures the beast back to Dory. Light falls on her and the mask.

DORY : That's great. Keep it right there.

MARLIN : Just read it! (snap)

DORY : OK, OK. Mr. Bossy. (read) Uh, "P." OK. "P. Sher... Sher... P. Sher... P. Shirley? P... Sheerrrr..."

Marlin ducks between two rocks, grabs its light, aims it at Dory.

DORY : Oh! The first line's "P. Sherman!"

MARLIN : "P. Sherman" doesn't make any sense! (is yanked from the rocks)

DORY : OK. Uh… Second line. 42…

MARLIN : (very fast) Don't eat me, don't eat me…

DORY : 42 waaay… waaa...

The anglerfish swallows Marlin and its own antenna whole. Marlin screams. Everything goes dark.

DORY : Light, please!

The anglerfish's stomach lights up. Marlin's silhouette bounces inside. The fish spits him out, and lunges for him, but bites down on its own antenna instead. Marlin rushes over to Dory. The anglerfish gets its bearings and barrels straight at them.

말 린 : 그걸 읽어!

말린은 아귀를 멀리 이끌면서 미끼 역할을 한다. 그것의 턱은 그 바로 뒤에서 덥석 문다.

도 리 : 미안해, 하지만 할 수 있으면 더 가까이 조명 좀 비춰볼래? 빛이 필요해.

말린은 그 야수를 도리 쪽으로 유인한다. 빛이 그녀와 수경을 비춘다.

도 리 : 좋아, 그 각도로 고정해.
말 린 : 어서 읽어! (잡아챈다)
도 리 : 알았어. 미스터 막무가내. (읽는다) 'P…' 좋아. 'P 셔어…' 셔어… 'P. 셜리'. 'P. 셜리'가 아냐.

말린은 두 바위 사이에 몸을 굽힌다. 그 빛을 움켜쥐고 도리를 겨눈다.

도 리 : 아! 첫 줄은 'P. 셔만'!
말 린 : 그것만으로는 아무짝에도 못 써! (바위로부터 홱 당겨진다)
도 리 : 좋아. 그다음은 42…
말 린 : (매우 빨리) 잡아먹지 마. 먹지 말라고…
도 리 : 42 버버번지…

그 아귀는 말린과 그 자신의 촉수를 전체 다 삼킨다. 말린은 소리를 지른다. 모든 것이 어두워진다.

도 리 : 조명 부탁해!

아귀의 배가 밝아진다. 말린의 그림자가 급히 움직인다. 그 물고기는 그를 뱉어내고는 그를 향해 돌진하지만 대신 자신의 촉수를 문다. 말린은 도리에게 달려간다. 아귀는 익숙해져서 그들을 향해 곧바로 질주한다.

- **decoy**
  미끼, 유인하는 장치, 꼬여내기 위해 쓰는 물건
- **snap**
  덥석 물다, 깨물다
  to try to bite somebody/something
- **bossy**
  (구) 두목 행세하는, 으스대는
  always telling people what to do
- **duck**
  물 속으로 갑자기 들어가다, 머리를 홱 숙이다
  to move your head or body downwards to avoid being hit or seen
- **yank**
  홱 잡아당기다, 해임하다
  to pull something/somebody hard, quickly and suddenly
- **barrel**
  질주하다
  to move very fast in a particular direction, especially in a way that you cannot control

The anglerfish gets its bearings.
환경에 익숙해지다, 방향을 알다'의 뜻이다. 반대는 get one's bearings로 '방향(처지)을 모르게 되다, 어찌할 바를 모르다'의 뜻이다.

Zoom In

The anglerfish gets its bearings.
아귀는 이제 환경에 익숙해졌다.

DORY : "Wa... Walla... wallaby... Wallaby Way..." The second line's "42 Wallaby Way."

MARLIN : That's great. Just finish up here. Speed read.

DORY : Ssss... sid...

MARLIN : (eyes on anglerfish) Take a guess. No pressure. No problem. Well, there's a lot of pressure. Pressure! Take a guess! Now! With pressure!

DORY : "Sydney!" "Sydney!" It's "Sydney!"

MARLIN : Duck! (blinding flash)

DORY : Aah!

MARLIN : I'm dead. I'm dead, I'm dead, I'm dead. I'm dead. I died. I'm dead.

Marlin opens his eyes. The anglerfish is wedged tight between the mask and the rock. Flaps around helplessly. Marlin's fear turns to laughter.

MARLIN : Whoo-hoo!
(sings) *WE DID IT, WE DID IT OH, YEAH, YEAH, YEAH*
NO EATING HERE TONIGHT, WHOO!
EATING HERE TONIGHT!

Dory appears from behind the rock. Sees Marlin celebrating.

DORY : (sings) *EATING HERE TONIGHT*
NO, NO, NO, EATING HERE TONIGHT

MARLIN : Dory.

DORY : (sings) *YOU ON A DIET*

MARLIN, DORY : Dory! Dory! So what'd it say? What did the mask say?

DORY : (automatic) "P. Sherman, 42 Wallaby Way, Sydney." (stops; gasps) I remembered what it said! I usually forget things, but I remembered it that time! "P. Sherman, 42..."

도 리 : '와… 왈라… 왈라비… 왈라비 가…' 다음 줄은…' 왈라비 가 42번지'.

말 린 : 좋아. 잽싸게 마저 읽어, 속독하라고.

도 리 : 스스… 시드…

말 린 : (아귀에 시선을 고정한다) 어림잡아 봐. 시간 많아. 문제없어. 정말 시간 없어! 눈대중으로 때려잡아. 어서! 화급히!

도 리 : '시드니!' '시드니!' 야.

말 린 : 배 깔아! (섬광이 나타난다)

도 리 : 아아!

말 린 : 난 죽었어, 난 죽었어. 내가 죽은거야. 사망이야.

말린은 눈을 뜬다. 그 아귀는 수경과 바위 사이에 꽉 끼었다. 무력하게 퍼덕거린다. 말린의 공포는 웃음으로 변한다.

말 린 : 우-후!
(노래한다) *해냈어. 우리가 해냈어!*
그래, 그래, 야호! 오늘 밤에 식사는 없어
간식도 없어

도리가 바위 뒤에서 나타난다. 말린이 축하하고 있는 것을 본다.

도 리 : (노래한다) *오늘 밤 식사는 없어*
오늘 밤엔 굶어

말 린 : 도리,

도 리 : (노래한다) *다이어트나 해*

말린, 도리 : 도리! 도리! 뭐라고 적혀 있어? 수경에 뭐라고 적혀 있냐구?

도 리 : (자동으로) '시드니'의 '왈라비'가 42번지의 'P.셔만' (멈추고 헐떡거린다) 글씨를 내가 기억해냈어! 건망증 도사가 말이야! 'P.셔먼… 42…'

- **speed read**
  속독하다
- **pressure**
  긴급, 화급
  difficulties and feelings of anxiety that are caused by the need to achieve or to behave in a particular way
- **blinding**
  눈을 부시게 하는, 눈을 멀게 하는
  very bright; so strong that you cannot see
- **flash**
  섬광, 번쩍임
  a sudden bright light that shines for a moment and then disappears

You on a diet.
diet는 '식이요법, 규정식'의 뜻이고 be on a diet는 '다이어트(감량)를 하고 있다, 다이어트 중이다, 식이요법 중이다' go on a diet는 '다이어트를 하기 시작하다'의 뜻이다. lose some weight도 '살을 좀 빼다'는 의미로 잘 쓰인다.

Zoom In

You on a diet.
다이어트를 해.

MARLIN : Whoa, whoa, wait. Now where is that?

DORY : I don't know. (beat) But who cares? Ha ha! I remembered.

The anglerfish roars in frustration. They scream, and take off.

DORY : "P. Sherman, 42 Wallaby Way, Sydney." I remembered it again!

INT. DENTIST'S OFFICE. NIGHT

The office is closed up. The rotating red glow of the tank's fake volcano illuminates everything. IN THE TANK, Nemo sleeps soundly inside a plastic Tiki hut. A pebble strikes him. Nemo doesn't wake up. A second pebble…

JACQUES : Psst. Nemo! (louder) Nemo!

NEMO : Mmm...

Nemo is pummeled by a barrage of pebbles. He jumps awake. The tiny shrimp figure of Jacques stands in the entranceway.

JACQUES : Suivez-moi.

Nemo just floats, confused. Jacques pokes his head into the Tiki hut.

JACQUES : Follow me.

The boy is led through the plastic underbrush to the center of the tank. The mood is eerie and somber. Tribal chanting can be heard. Rising from behind the Tiki heads are Bubbles, Gurgle, and Bloat.

BUBBLES, GURGLE, BLOAT : (sings) *HA! HO! HWA! HWEE! HA! HO! HO! HO! HA! HO! HWA! HWEE! HA! HO! HO! HO! HA! HWA! HWEE! HA! HO! HO! HO! HAHOO! WAHOO! YAHOO!...*

말 린 : 우와, 기다려. 그게 어딘데?

도 리 : 몰라. (잠시) 뭔 상관이야? 하하! 내가 기억해냈어.

그 아귀가 좌절하며 으르렁댄다. 그들은 비명을 지르며 달린다.

도 리 : '왈라비 가 42번지의 P.셔먼' 내가 다시 기억했어!

내부. 치과의사 집무실. 밤
집무실은 닫혀 있다. 수족관의 모조 화산에서 나오는 회전하는 붉은빛이 사방을 비춘다. 수족관 속, 니모가 플라스틱 티키 오두막에서 곤히 잠자고 있다. 한 개의 자갈이 그를 친다. 니모는 깨지 않는다. 두 번째 자갈…

쟈 크 : 잠깐. 니모! (더 크게) 니모!

니 모 : 음…

니모는 빗발치는 자갈에 연달아 맞는다. 그는 벌떡 일어나며 잠에서 깨어난다. 자크의 작은 새우 모습이 입구에 서 있다.

자 크 : 날 따라와.

니모는 어리둥절하여 그냥 떠 있다. 자크가 티키 오두막 속으로 머리를 내민다.

자 크 : 따라와!

니모는 수족관 중앙까지 플라스틱 덤불을 통해 인도 된다. 분위기가 기분 나쁘고 침울하다. 부족의 노래가 들리는데… 티키의 머리가 보인다. 뒤로부터 버블즈, 거글, 블로트가 떠오른다.

버블즈, 거글, 블로트 : (노래한다) *하! 호! 화! 히! 하! 호! 호! 호! 하! 호! 화! 히! 하! 호! 호! 호! 하! 화! 히! 하! 호! 호! 호! 하후! 와후! 야후!…*

- **frustration**
  좌절, 낙담, 욕구불만
  the feeling of being discouraged; something that causes you to feel frustrated

- **pummel**
  주먹으로 연달아 때리다
  to keep hitting somebody/something hard, especially with your fists (= tightly closed hands)

- **a barrage of**
  빗발치는

- **underbrush**
  덤불
  a mass of bushes and plants that grow close together under trees in woods and forests

- **somber**
  어둠침침한, 거무스름한, 침울한
  dark in color; dull; sad and serious

Psst.
'잠깐, 저기요, 저 여보세요'의 뜻으로 조용히 남의 관심이나 주의를 끌기 위해 내는 소리나 발성이다. 단지 Pst!로 표시하기도 한다. Psst! Let's get out now before they see us!(잠깐! 그들이 우리를 보기 전에 지금 나가요!)

Zoom In

Psst.
잠깐!

Jacques begins the long climb up the face of the volcano with Nemo. Halfway up the mountainside, Deb and Peach hold fake kelp fronds, and ceremoniously whack Nemo as he passes. At the peak of the volcano, Gill waits. Silent and stern. A wimpy stream of bubbles continuously streams from the volcano. The tank gang rises up behind Gill. Their chanting crescendos. Gill gestures with his fins and the chanting stops. He milks the silence.

GILL : State your name.

NEMO : N-N-Nemo.

GILL : Brother Bloat, proceed.

BLOAT : (advances) Nemo, newcomer of orange and white... you have been called forth... to the summit of Mount Wannahockaloogie... to join with us in the fraternal bonds of tankhood.

NEMO : Huh?

PEACH : (unsticks from volcano) We want you in our club, kid.

NEMO : Really?

BLOAT : If... you are able to swim through... (dramatic pause) (echoes) The Ring of Fire! (to Jacques who rests on the control valve of the volcano) Turn on the Ring of Fire! The Ring of Fire! You said you could do it.

Jacques realizes he's missed his cue. Quickly turns the volcano to maximum power. A torrent of bubbles erupts at full force out of the volcano.

BLOAT : (back in character) The Ring of Fire!

The fish kick back into chanting. Bubbles is compelled to touch the bubbles.

BUBBLES : Bubbles, Bubbles… Let me… Oh!

Deb swats Bubbles fin with her frond. Gill motions for Nemo to swim through the bubbles to him. The chant's tempo picks up.

자크는 불안하게 끌려가는 니모와 같이 화산의 표면으로 올라가기 시작한다. 산허리 반 쯤 되는 높이에 뎁과 피치가 모조 해초잎을 잡고서 니모가 지나갈 때 의식적으로 그를 탁 때린다. 화산의 정상에서 길이 기다리고 있는데 조용하고 단호하다. 거품이 계속해서 화산으로부터 분출된다. 수족관 일당은 길 뒤에 올라선다. 그들의 노랫소리가 더 강해진다. 길이 자기 지느러미로 신호하자 노래가 멈춘다. 그는 침묵을 끌어낸다.

길 : 이름을 대.

니 모 : 니… 니모.

길 : 블로트, 의식을 시작해라.

블로트 : (앞으로 나선다) 니모, 오렌지 색과 흰색의 흰동가리 니모. 널 '와나호카루기'산의 정상에 부른 건 널 수족관 형제를 삼기 위한 의식을 치러주기 위해서다.

니 모 : 엉?

피 치 : (화산에서 이륙한다) 우리 클럽에 가입할 텐가?

니 모 : 정말로?

블로트 : 가입 조건으로 헤엄쳐 통과할 관문은… (극적인 휴지) (반향한다) '불 거품 고리'다! (자크를 응시하는데 그는 화산의 조정밸브에 앉아 있다) '불 거품 고리'에 불 안 켜고 뭐해? 할 줄 안다며?

자크는 자기 차례를 잊었음을 깨닫는다. 재빨리 화산을 최대로 돌린다. 거품의 급류가 화산으로부터 아주 강력하게 솟아오른다.

블로트 : (다시 격식을 차리며) '불 거품 고리!'

물고기들은 다시 노래한다. 버블즈는 거품을 건드려야만 한다.

버 블 : 거품! 거품! 내가 통과할게.

뎁은 자기 잎으로 버블 지느러미를 찰싹 친다. 길은 거품을 통해 그에게 헤엄쳐 오라고 니모에게 몸짓한다. 노래의 템포가 빨라진다.

- **kelp**
  켈프(다시마 등의 대형갈조) 해초
- **whack**
  (구) 세게 치다, 탁 때리다
  to hit somebody/something very hard
- **wimpy**
  무기력한, 겁쟁이의
- **crescendo**
  소리가 강해지다
- **milk**
  짜내다, 끌어내다
- **fraternal**
  형제의, 우애의
- **torrent**
  억류, 급류
- **frond**
  (식물) 엽상체, 잎(양치류 잘게 갈라진)

He's missed his cue.
cue는 '신호, 암시, 계기'를 뜻하며, miss one's(the) cue는 구어체로 '자기 차례를 놓치다, 좋은 기회를 놓치다'의 뜻이다. 배우가 '나갈 차례를 잊다, 차례를 까먹다, 대사를 까먹다'의 뜻으로도 쓰인다.

Zoom In

He's missed his cue.
자기 차례를 잊었다.

BUBBLES, GURGLE, BLOAT : (sings) *HA! HO! HWA! HWEE! HA! HO! HO! HO! HA! HO! HWA! HWEE! HA! HO! HO! HO! HA! HWA! HWEE! HA! HO! HO! HO! HAHOO! WAHOO! YAHOO!...*

PEACH : Isn't there another way? He's just a boy!

Nemo braces himself and swims through so fast he bumps into Gill. The chanting stops. Gill smiles down at him. He proudly lifts Nemo up high in proclamation.

GILL : From this moment on, you will now be known as "Shark Bait."

BUBBLES, GURGLE, BLOAT : Shark Bait, oo-ha-ha!

GILL : Welcome, Brother Shark Bait.

BUBBLES, GURGLE, BLOAT : Shark Bait, oo-ha-ha!

GILL : Enough with the "Shark Bait."

GURGLE : (all alone) Shark Bait! Ooh... bop... pa-do.

GILL : (lowers him) Okay. Shark Bait is one of us now, agreed?

TANK GANG : Agreed.

GILL : And we can't send him off to his death. Darla's coming in five days. So, what are we gonna do? (no answers) I'll tell you what we're gonna do... We're gonna get him out of here. We're gonna help him escape.

NEMO : Escape? Really?

GILL : We're all gonna escape.

GURGLE : Gill, please. Not another one of your escape plans.

DEB : Sorry, but they just... they never work.

BLOAT : Yeah, why should this be any different?

GILL : (grins at them with confidence) Cause we've got him.

NEMO : Me?

버블즈, 거글, 블로트 : (노래한다) *하! 호! 화! 히! 하! 호! 호! 호! 하! 호! 화! 히! 하! 호! 호! 호! 하! 화! 히! 하! 호! 호! 호! 하후! 와후! 야후!...*

피 치 : 딴 관문 없어? 애한테 너무 잔인해.

니모는 마음을 다잡고는 헤엄쳐 간다. 너무나 빨라서 길과 부딪친다. 노래가 멈춘다. 길이 그를 향해 웃음을 짓는다. 그는 자랑스럽게 니모를 높이 쳐들며 선포를 한다.

길 : 지금부터 널 '상어밥'이라 부른다.

버블, 거글, 블로트 : 상어밥, 우하하!

길 : 환영한다! 상어 밥!

버블, 거글, 블로트 : 상어밥, 우하하!

길 : 이제 됐어, 그만!

거 글 : (완전히 혼자서) 상어 밥!

길 : (니모를 내려놓는다) 그래. 상어 밥이 이제 우리 한 식구다, 좋아?

탱 일당 : 좋아요.

길 : 그를 죽게 놔둘 순 없어. 5일 뒤 달라가 온다. 대처 방법은? (대답이 없다) 방법은 단 하나… 작전명은 '수족관 탈출 대작전'이다.

니 모 : 탈출 작전? 정말?

길 : 우리 모두 탈출하는 거다!

거 글 : 길, 너희 탈출 작전만은 인제 그만!

뎁 : 미안하지만 불가능해.

블로트 : 맞아, 이번엔 뭐가 달라?

길 : (자신 있게 히죽 웃으며) 꼬마가 있잖아.

니 모 : 제가 뭘?

- **brace oneself**
  마음을 다잡다, 기운을 내다
  to prepare somebody/yourself for something difficult or unpleasant that is going to happen

- **proclamation**
  선언, 선포, 포고, 선언서
  an official statement about something important that is made to the public; the act of making an official statement

- **lower**
  내리다, 낮추다, 꺾다, 줄이다
  to let or make something/somebody go down

They never work.
work은 자동사로 쓰여 '(계획 등이) 잘 되어 가다, (약 등이)듣다, 효과가 있다, 도움이 되다, (사람, 감정 등에) 영향을 미치다, 작용하다' 등의 뜻이다. 위 표현은 '계획은 결코 성공하지 못해'의 뜻이다.

Zoom In

They never work.

불가능해!

GILL : (faces Nemo) You see that filter?

NEMO : Yeah.

GILL : You're the only one who can get in and out of that thing. What we need you to do is take a pebble inside there... and jam the gears. You do that, and this tank's gonna get... filthier and filthier by the minute. Pretty soon, the dentist'll have to clean the tank himself... and when he does, he'll take us out of the tank... put us in individual baggies... then we'll roll ourselves down the counter... out of the window, off the awning... into the bushes, across the street... and into the harbor!

BACK IN THE TANK.

GILL : It's foolproof. (to the gang) Who's with me?

Each raises a fin, except Gurgle who keeps his folded tight.

TANK GANG : I... I... I... I... Aye! Aye!

GURGLE : I think you're nuts. (sighs) No offense, kid, but, um... you're not the best swimmer.

GILL : He's fine. He can do this. So, Shark bait, what do you think?

NEMO : (puts on his game face) Let's do it.

EXT. DEEPER WATERS. DAY

The distant orange and blue specks of Marlin and Dory travel through the underwater country.

길 : (니모와 마주한다) 저 필터 보여?

니 모 : 네!

길 : 저 속으로 침투 및 귀환 가능한 대원은 너뿐이야. 네가 할 일은 조약돌 물고 들어가서 홈을 틀어막는 거야. 그럼 수족관 물이 점점 탁해질 거야. 당연히 의사가 수족관을 청소해야만 하겠지. 그럼 우릴 수족관 밖으로 꺼내서는 일회용 봉지에 담을 거야. 그렇게 되면 우린 뒹굴어서 창 밖으로, 차양 밖으로… 덤불로 탈출한 다음에 무단횡단으로 부두까지 가는 거야!

다시 수족관.

길 : 성공률은 100%다. (일당에게) 날 따를 자?

각자가 지느러미를 드는데, 거글만은 지느러미를 꽉 접고 있다.

탱 무리 : 나! 나! 나!

거 글 : 무모한 작전이야. (한숨 쉰다) 악의는 없어. 하지만… 꼬마는 수영이 꽝이잖아.

길 : 괜찮아. 녀석은 할 수 있어. 상어 밥, 네 생각은 어때?

니 모 : (투지만만한 표정을 짓는다) 강행해요!

외부. 더 깊은 바다. 낮
멀리 말린과 도리의 오렌지 색과 푸른 색 작은 반점이 수중 세계를 여행한다.

- **jam**
  막다, 메우다, 쑤셔 넣다, 고장 나게 하다
  to push something somewhere with a lot of force
- **filthy**
  더러운, 불결한
  very dirty and unpleasant
- **awning**
  차양, 차일, (갑판 위의) 천막
- **foolproof**
  (속) 잘못될 수가 없는, 아주 간단한, 바보라도 할 수 있는
  very well designed and easy to use so that it cannot fail and you cannot use it wrongly
- **game**
  투지만만한, 쓰러질 때까지 굴하지 않는
  ready and willing to do something new, difficult or dangerous
- **speck**
  작은 반점, 아주 작은 조각
  a very small spot; a small piece of dirt, etc

Aye! Aye!
aye나 ay는 감탄사로 표결할 때의 대답으로 '옳소! 찬성이오!'의 뜻이다. 그냥 '네(yes)'의 뜻으로도 쓰인다. 그 반대는 no(es)다. The ayes and noes were equally divided among the members.(회원들 중 찬반은 동수였다)

Zoom In

Aye! Aye!

옳소, 찬성이오!

DORY : (chatting) You can't hear me? I've already told you, I'm going to P. Sherman, 42 Wallaby Way, Sydney... Where are you going? I'm going to P. Sherman, 42 Wallaby Way, Sydney. If you ask where I'm going. I'll tell you that's where I'm going. It's P. Sherman, 42 Wallaby Way, Sydney.

MARLIN : (groans) Ohhh...

DORY : Where? I'm sorry, I didn't hear you. P. Sherman, 42 Wallaby Way, Sydney. I didn't hear you. I was listening to someone else...

MARLIN : (spots a school of moonfish) Excuse me. E-excuse me. Um... Hi. Do you know how to get... Hello?

DORY : (to school) P. Sherman, 42 Wallaby Way, Sydney.

The school darts away. Marlin follows after them, but they keep ditching him.

MARLIN : Whoa. W-w-w-wait. Wait! Can you tell me... (school swims away) Hey! Hold it! I'm trying to talk to you! (swims away again) Okay, fellas, come back here, please. One quick question. I need to... (and again) And they're gone again. (gives up)

DORY : If you need me, I'll be at P. Sherman, 42 Wallaby Way, Sydney. Why do I have to tell you over and over again? I'll tell you again. I don't get tired of it. P. Sherman...

MARLIN : OK, all right.

DORY : Uh –Huh?

MARLIN : Here's the thing.

도 리 : (쉬지 않고 재잘거린다) 내 말 안 들려? 이미 말했듯이 난 시드니 왈라비 42번지에 있는 P. 셔먼한테 갈 거야. 넌 어디 가는 거야? 시드니 왈라비 가 42번지. 난 거길 갈 거야. 어디 가느냐고 물으면 시드니 왈라비 가 42번지, P.셔먼한테 간다고 말해주지.

말 린 : (신음 한다) 으흐흐흐…

도 리 : 어디라고? 미안, 못 들었어. 시드니 왈라비 가의 P.셔만. 네 말 못 들었다고. 누군가가 하는 말을 듣고 있었거든…

말 린 : (전갱이 한 떼에게) 저기요, 실례 좀 합시다. 길 좀 물을게요. 여보세요.

도 리 : (물고기 떼에게) 시드니 왈라비 가의 P.셔만.

물고기 떼는 달려간다. 말린은 그들 뒤를 따라가지만, 그들은 계속 그를 따돌린다.

말 린 : 우와. 기다려요, 길을 찾는데요… (물고기 떼가 헤엄쳐 멀어진다) 이봐요! 잠깐만요! 얘기 좀 해요. (다시 그 물고기 떼가 헤엄쳐 멀어진다) 좋아요, 돌아와 봐요. 하나만 얼른 물을게요. 있잖아요… (다시 사라진다) 또 가버렸군. (포기한다)

도 리 : 내가 필요하면 시드니의 왈라비 가 42번지, P.셔먼한테 갈 거야. 또 말해봐? 이렇게 하자. 다시 말하는데, 난 피곤하지 않아. P.셔먼…

말 린 : 좋아.

도 리 : 응?

말 린 : 내 생각엔 말이야.

- **school**
  (물고기, 고래 등의) 떼
  a large number of fish or other sea animals, swimming together

- **moonfish**
  (어류) 전갱잇과의 은빛의 동그스름한 물고기

- **dart**
  (던진 화살처럼) 날아가다, 돌진하다

- **ditch**
  따돌리다, 길에서 벗어나게 하다
  to get rid of something/somebody because you no longer want or need it/them

Hold it!
구어체에서 잘 쓰이는 표현으로 '움직이지 마라! 가만 있어! 잠깐 기다려!' 등의 관용표현이다. Hold it! There's no more time.(멈춰! 이젠 시간이 없어) Hold it! That's all the time we have.(그만! 시간이 다 됐어)

Zoom In

Hold it!

잠깐 기다려!

DORY : Uh-huh.

MARLIN : You know, I think it's best if I just… carry on from here by... by myself.

DORY : OK.

MARLIN : You know, alone.

DORY : Uh-huh.

MARLIN : Without... without… well, I mean, not without you. I mean just… But I don't want you with me.

DORY : Huh?

MARLIN : Am I... Am? I don't want to hurt your feelings.

DORY : You want me to leave?

MARLIN : Well, I mean, not... Yes. Yeah. It's just... you know… I just can't afford any more delays... and you're one of those fish that cause delays. And sometimes it's a good thing. There's a whole group of fish. They're… delay fish.

DORY : You mean... (whimpers) You mean you don't like me?

MARLIN : No, of course I like you. It's because I like you I don't want to be with you. It's a complicated emotion. (sees Dory crying) Ohh… Don't cry. I like you.

MOONFISH : Hey, you!

Marlin turns. The school of moonfish have massed behind him.

MOONFISH : Lady, is this guy bothering you?

DORY : Um... I don't remember. Were you?

MARLIN : No, no, no, no, no. We're just... (remembers) Hey! Do you guys know how I can get to... P. Sherman…

도 리 : 응.
말 린 : 여기서부터는… 나 혼자서 가는 게 좋겠어.
도 리 : 좋아!
말 린 : 나 혼자 말이야.
도 리 : 그래.
말 린 : 널 따돌리겠다는 건 아니지만 이젠 너랑 가고 싶지가 않아.
도 리 : 뭐?
말 린 : 네 맘 아프게 하긴 싫어.
도 리 : 나더러 가라고?
말 린 : 그게 아니고… 맞아. 그래. 있잖아… 난 더는 꾸물댈 수 없는데, 네가 계속 더디게 만들잖아. 때로는 그것도 좋아. 꾸물딱 물고기가 너뿐인 건 아니지만!
도 리 : 네 말은… (울먹인다) 내가… 싫어진 거지?
말 린 : 아냐, 난 널 좋아해. 좋아하기 때문에 떠나려는 거야. 복잡한 감정이지만! (도리가 울기 시작한다) 이런… 울지마. 난 널 좋아해.
전갱이 : 이봐!

말린이 돌아선다. 전갱이 떼가 그 뒤에 집합했다.

전갱이 : 아가씨, 저 자가 괴롭혀?
도 리 : 어… 기억이 안 나, 그랬니?
말 린 : 아니, 아냐, 아냐. 우린 그냥… (기억한다) 이봐! 혹시 눈길 밝아? P. 셔먼…

■ **whimper**
울먹이다, 코맹맹이 소리를 내다
to make low, weak crying noises; to speak in this way

■ **complicated**
복잡한, 뒤얽힌, 풀기 어려운, 이해하기 어려운

■ **mass**
집합하다, 한 덩어리가 되다
to come together in large numbers; to gather people or things together in large numbers

I just carry on from here by myself.
carry on은 '계속해서 하다, (꺾이지 않고)속행하다, (사업 등을)경영하다'의 뜻이다. by oneself는 '자기 혼자서, 혼자 힘으로, 자기 자신을 위하여'의 뜻이다. Don't worry about running out of time and just carry on.(시간에 구애 받지 말고 계속 하세요)

Zoom In

I just carry on from here by myself.
여기서부터 나 혼자 하는 게 좋겠어.

MOONFISH : Look, pal, we're talking to the lady, not you. (to Dory) Hey, hey. You like impressions?

DORY : (sniffles) Mm-hmm.

MOONFISH : (to the others) Okay, just like in rehearsals, gentlemen.

The entire school forms the shape of swordfish.

MOONFISH : So what are we? Take a guess.

DORY : Oh, oh. I've seen one of those.

MOONFISH : I'm a fish with a nose like a sword.

DORY : Wait, wait, um...

MARLIN : It's a swordfish!

All the moonfish moan with disappointment.

MOONFISH : Hey, clown boy, let the lady guess. (the school rapidly changes into a lobster) Where's the butter?

DORY : Ooh! Ooh! It's on the tip of my tongue!

MARLIN : (as a sneeze) Lobster.

MOONFISH : Saw that!

MARLIN : What?

The moonfish change into an octopus.

MOONFISH : Lots of legs! Live in the ocean.

DORY : Clam!

MOONFISH : Close enough!

The moonfish change into a clipper ship, complete with waving flags, firing cannons and a fish walking the plank.

전갱이 : 이봐, 친구. 숙녀한테 말한 거야, 자네 말고! (도리에게) 이봐, 개인기 좋아해?

도 리 : (코를 킁킁거린다) 응.

전갱이 : (다른 물고기들에게) 얘들아, 연습했던 개인기 시작!

고기 떼 전부가 황새치의 모습을 이룬다.

전갱이 : 이게 뭐게? 맞혀봐.

도 리 : 아, 저런 거 본 적 있어.

전갱이 : 코가 칼처럼 뾰족한 물고기야.

도 리 : 기다려!

말 린 : 황새치!

전갱이 모두가 실망해서 신음을 한다.

전갱이 : 어이, 광대어! 숙녀한테 기회를 줘. (그 고기 떼는 재빨리 바닷가재로 변한다) 버터 어디 있니?

도 리 : 아! 입에서 맴맴 돌아!

말 린 : (재채기로) 바닷가재!

전갱이 : 알려주기 없기!

말 린 : 왜?

전갱이는 문어로 변한다.

전갱이 : 다리가 수두룩해. 큰 바다에 살지.

도 리 : 대합조개!

전갱이 : 거의 맞혔어.

전갱이는 쾌속 범선으로 변하는데 그것은 흔들리는 깃발, 발포하는 대포 그리고 뱃전에 내민 널빤지 위를 눈이 가려진 채 걷는 물고기로 완벽하다.

- **sniffle**
  코를 킁킁거리다, 콧방귀를 뀌다
  to sniff or keep sniffing, especially because you are crying or have a cold
- **swordfish**
  (어류) 황새치
  a large sea fish with a very long thin pointed upper jaw
- **moan**
  끙끙대다, 신음하다
- **lobster**
  (동물) 바닷가재, 왕새우
  a sea creature with a hard shell, a long body divided into sections, eight legs and two large claws
- **clipper ship**
  장거리 쾌속 비행정, 쾌속선, 쾌속 범선
  a fast sailing ship, used in the past

A fish walking the plank.
walk the plank는 관용적인 표현으로 '뱃전에 내민 널빤지 위를 눈이 가리워진 채 걷다, 직위에서 강제로 물러나다'의 뜻이다. 17세기 경 난폭한 해적이 포로를 죽이거나 고문하는 방법에서 유래된 표현이다. Plank는 '널빤지, 두꺼운 판자'의 뜻이다.

Zoom In

A fish walking the plank.
널빤지 위를 눈이 가리워진 채 걷는 물고기.

MOONFISH : (sings) *OH, IT'S A WHALE OF A TALE.*
I'LL TELL YOU, LAD...
A WHALE OF A TALE
I'LL TELL YOU...

DORY : Oh, they're good.

MARLIN : Will somebody please give me directions?!

The moonfish turn into a dead ringer of Marlin; The shape of a fish with a frown.

MOONFISH : (mimics Marlin) Would somebody please give me directions?

MARLIN : (sees Dory laugh) This is... I'm serious!

MOONFISH : Blah blah blah, me, me, blah! Blah blah blah, me, me, me!

MARLIN : (sarcastic) Thank you. (swims off in a huff)

DORY : Oh, dear. Hey! Hey, come back! (follows Marlin) Hey. What's the matter?

In the background, the moonfish imitate Marlin's gestures.

MARLIN : What's the matter? While they're doing their silly little impressions... I am miles from home with a fish that can't even remember her own name!

DORY : (genuine) Boy, I bet that's frustrating.

MARLIN : Yeah. Meanwhile, my son is out there.

DORY : Your son, Chico?

MARLIN : Nemo.

DORY : Right. Got it.

전갱이 : (노래한다) *이번엔 굉장한 모험담!*
말해 주지…
굉장한 모험담을
말해 주지…
도 리 : 좋은 친구들 같아.
말 린 : 누가 길 좀 알려줄래요?

전갱이는 말린과 닮은 물고기로 변한다. 찌푸린 얼굴을 한 물고기 모습이다.

전갱이 : (말린 흉내를 낸다) 누가 길 좀 알려줄래요?
말 린 : (도리는 웃음을 터뜨린다) 난 지금 심각해!
전갱이 : 쫑알쫑알 짹짹! 따발따발 짹짹!
말 린 : (냉소적으로) 고마워! (벌컥 화내며 헤엄쳐 간다)
도 리 : 저런, 이봐! 이봐, 돌아와. (말린을 따른다) 왜 그래?

배경에서 전갱이가 말린의 몸짓을 흉내 낸다.

말 린 : 왜 그래라니? 저들이 말도 안 되는 개인기를 하고 있는 동안 나는 뭐야? 빠꿈이를 따라다녀도 시원찮을 판국에 난 자기 이름도 모르는 널 따라다니잖아!
도 리 : (진심으로) 저런, 딱해라!
말 린 : 그래. 그 사이에, 내 아들이 위험해.
도 리 : 네 아들 치코 말이야?
말 린 : 니모.
도 리 : 맞아. 알아들었어.

- **dead ringer**
  (속) 똑같이 생긴(닮은) 사람(것)
- **frown**
  찌푸린 얼굴, 시무룩한 얼굴, 불쾌한 표정
  a serious, angry or worried expression on a person's face that causes lines on their forehead
- **in a huff**
  성을 벌컥 내어, 발끈하여
  in a bad mood, especially because somebody has annoyed or upset you
- **genuine**
  진짜의, 진심의

It's a whale of a tale.
a whale of는 구어체로 '굉장한, 대단한'의 뜻이며 a whale of a tale은 '칼찬 애꾸눈 모험담'이란 뜻인데 이 스토리는 1819년 에섹스란 포경선을 타고 고래잡이에 나선 선원들의 모험담을 담고 있다.

Zoom In

It's a whale of a tale.

굉장한 모험담.

MARLIN : But it doesn't matter. 'Cause no fish...in this entire ocean is gonna help me.

DORY : Well, I'm helping you. (Marlin pauses) Wait right here. (jaunts over to the school, friendly as can be) Hey, guys!

MOONFISH : What, is he bothering you again?

DORY : No, no. He's a good guy. (looks back at Marlin) Go easy on him. He's lost his son Fabio. Any of you heard of P. Sherman, 42 Wallaby Way, Sydney?

MOONFISH : Sydney? Oh, sure!

The school changes into the Sydney Opera House , then punctuates it by hitting an operatic high note.

MOONFISH : Why, Ted here's got relatives in Sydney. Don't you, Ted?

TED : Sure do!

DORY : Oh! (calls to Marlin) Hey! They know Sydney!

Marlin rushes over, ecstatic.

DORY : You wouldn't know how to get there, would you?

MOONFISH : What you wanna do is follow the E.A.C. That's uh, the East Australian Current. (changes into the current) Big current. Can't miss it. It's in... (turns into a giant arrow) that direction. And then you're gonna follow that for about.. I don't know. Oh, what do you guys think? About three leagues?

SCHOOL : Yeah... three leagues... sound about right.

MOONFISH : And that little baby's gonna float you right past Sydney.

말 린 : 하지만 상관없어. 어차피 이 넓은 바다에서 아무도 날 안 도와주잖아.

도 리 : 내가 있잖아. (말린이 멈춘다) 여기 기다려. (고기떼에게 쾌활하게 간다. 아주 다정하다) 어이, 친구들!

전갱이 : (무대 밖) 또 널 괴롭혀?

도 리 : 아니, 재 좋은 친구야. (말린을 돌아본다) 잘 대해 줘. 아들 파비오를 잃었거든. 너희들 중 누구 시드니의 왈라비 가 42번지 P.셔먼 들어본 적 있어?

전갱이 : 시드니? 알고 말고!

그 고기 떼는 시드니 오페라 하우스로 변하며 가극조의 고음에 이름으로써 그것을 끝낸다.

전갱이 : 여기 테드가 시드니에 친척이 있어. 그렇지, 테드!

테 드 : 물론이지!

도 리 : 오! (말린에게 소리친다) 이봐, 시드니를 안대.

말린이 희열에 넘쳐 달려온다.

도 리 : 거기 어떻게 찾아가는지 모르지?

전갱이 : 동호주 해류인 EAC만 쭉 따라가면 돼. (그 해류로 바뀐다) 그거 큰 해류야. 놓칠 수가 없어. 그건… (거대한 화살로 변한다) 저쪽이야. 거리는 아마 대충… 얘들아, 얼마나 되지? 대략 10 마일 쯤?

물고기 떼 : 그래… 10 마일… 맞는 것 같아.

전갱이 : 해류만 타면 바로 시드니야.

- **jaunt**
  (구) 소풍을 가다, (짧은) 유람여행을 가다
  to go on a short journey that you make for pleasure
- **punctuate**
  중단하다, 강조하다
  to interrupt something at intervals
- **operatic**
  가극조의
- **note**
  음성, 음색, 음, 선율
  a single sound of a particular length and pitch, made by the voice or a musical instrument
- **ecstatic**
  황홀한, 무아지경의, 희열에 넘쳐
  very happy, excited and enthusiastic; feeling or showing great enthusiasm
- **league**
  리그(거리 단위), 약 3마일
  a unit for measuring distance, equal to about 3 miles or 4000 meters

Go easy on him.
go easy on은 '(명령형으로 쓰여)~를 살살 다뤄라, 너무 심하게 하지 마라, 관대하게 대해라'의 뜻이다. 음식을 만들 때 '너무 많이 쓰지 마라'의 뜻도 있다. Please try to go easy on her. (그녀를 관대하게 대해 주세요.)

Zoom In

Go easy on him.

잘 대해 줘.

The school accent their giant arrow with an outer border of fish that flash their reflective scales like blinking lights.

SCHOOL : Ta-da!

MARLIN : Great! That's great! Dory, you did it! (hugs her)

DORY : Oh, please, I'm just… your little helper. Helping along. That's me.

MARLIN : Well listen, fellas. Thank you. (takes off in the direction of the arrow)

MOONFISH : Don't mention it! Just, uh, loosen up, OK, buddy?

The school turns back into Marlin, changing his frown into a smile.

DORY : (giggles) Oh, you guys. You really nailed him. Bye.

MOONFISH : Oh, hey, ma'am. One more thing.

DORY : Yes?

The fish form into two sides of the trench.

MOONFISH : When you come to this trench, swim through it, not over it.

DORY : Trench... through it, not over it. I'll remember. (chases after Marlin) Hey, hey! Hey, wait up, partner! Hold on! Wait, wait, wait! I got… I gotta tell you something.

She follows Marlin around a hill of rocks, where she finds him floating in front of A DARK FOREBODING TRENCH.

DORY : Whoa. Nice trench. (peers into it) Hello!

고기 떼는 명멸하는 불빛처럼 반사하는 비늘을 번쩍거리는 물고기들의 바깥쪽 테두리로 거대한 화살을 강조한다.

물고기 떼 : 짜잔!

말 린 : 굉장해! 아주 대단해! 도리, 수고했어. (그녀를 포옹한다)

도 리 : 뭘… 그 정도는 기본이지! 도움이라면 나잖아.

말 린 : 여어, 고마워, 친구들! (화살 방향으로 떠난다)

전갱이 : 고맙기는! 긴장 풀고 잘 찾아가.

고기 떼는 말린에게 돌아서는데 그는 찌푸린 얼굴을 미소로 바꾼다.

도 리 : (킬킬거린다) 여, 친구들. 말린의 개인기까지 해주다니! 안녕!

전갱이 : 잠깐, 하나 더!

도 리 : 뭔데?

물고기들은 해구의 양쪽으로 대형을 짓는다.

전갱이 : 움푹한 해구가 나오면 넘지 말고 관통해서 가.

도 리 : 해구… 넘지 말고 관통. 기억할게. (말린을 추적한다) 이봐, 이봐! 기다려, 파트너! 기다리라구! 잠깐만! 말해줄 게 있어.

그녀는 바위 언덕을 돌아 말린을 따라간다. 거기에서 그녀는 말린이 어두운 불길한 전조의 해구 앞에서 떠 있는 것을 발견한다.

도 리 : 우와, 멋진 해구인걸. (그것을 엿본다) 여보세요!

- **border**
  테두리, 가장자리
  a strip around the edge of something such as a picture or a piece of fabric
- **reflective**
  투영된, 반사하는 반영하는
- **blinking**
  명멸하는 깜박거리는
- **nail**
  (눈, 주의를) 끌어놓다, 놓치지 않다
- **form**
  대형을 짓다, 정렬시키다
  to begin to exist and gradually develop into a particular shape; to make something begin to exist in a particular shape
- **foreboding**
  불길한, 예감하는, 전조의

Loosen up.
구어체로 loosen up은 '긴장을 풀다, 마음을 놓다, (운동을 하기 전과 같은 경우에) 몸[근육/~부위]을 풀어 주다'의 뜻이다. Stop acting so nervous and loosen up.(너무 초조해하지 말고 긴장을 풀어라)

Zoom In

Loosen up.
긴장을 풀어.

Her shout echoes eerily down the crevasse. She heads in.

DORY : OK, let's go.

MARLIN : (pulls her back) No, no. Bad trench. Bad trench. Come on, we're gonna swim over this thing.

DORY : Whoa, whoa, partner. Little red flag going up. Something's telling me we should swim through it, not over it.

MARLIN : Are you even looking at this thing? It's got death written all over it.

DORY : I'm sorry but I really, really, really think we should swim through.

MARLIN : And I'm really, really done talking about this. Over we go.

DORY : Come on, trust me on this.

MARLIN : Trust you?

DORY : Yes, trust. It's what friends do.

MARLIN : (points behind her) Look! Something shiny!

DORY : Where? (turns around, excited)

MARLIN : Oh, it just swam over the trench. Come on, we'll follow it!

DORY : (perky) OK! (gladly follows Marlin up and over the trench) Boy, sure is clear up here.

Off in the distance, Marlin spots a wispy ribbon of the East Australian Current.

MARLIN : Exactly. And look at that... there's the current. We should be there in no time.

그녀의 외침 소리가 크레바스 아래로 섬뜩하게 울린다. 그녀는 안으로 들어간다.

도 리 : 자, 가자.

말 린 : (그녀를 뒤로 당긴다) 아냐, 안 돼. 위험한 해구야. 위험해, 이 위로 넘어가자.

도 리 : 우, 안 돼, 파트너. 위에 빨간 불이야. 난 본능으로 알아. 관통하는 게 안전해.

말 린 : 이거 보여? 그랬다간 뼈도 못 추릴 거야.

도 리 : 미안하지만 난 죽어도 관통해야 된다 쪽이야.

말 린 : 난 죽어도 말싸움 하기 싫다 쪽이야. 넘어가지.

도 리 : 날 믿어줘!

말 린 : 널 믿어?

도 리 : 그래, 믿어. 믿으니까 친구잖아.

말 린 : (그녀 뒤를 가리킨다) 봐! 뭔가 반짝여!

도 리 : 어디? (흥분해서 돌아선다)

말 린 : 막 해구 위로 헤엄쳐 갔어! 어서, 따라가 보자.

도 리 : (기분 좋아서) 좋아! (기꺼이 말린을 따라 해구 위로 간다) 야, 위엔 확 트였잖아?

멀리서 말린은 동호주 해류의 가냘픈 리본을 목격한다.

말 린 : 맞아. 잘 봐. 저게 그 해류야. 도착하는 건 시간문제야.

- **crevasse**
  크레바스(빙하의 깊게 갈라진 열극)
  a deep open crack, especially in ice, for example in a glacier
- **perky**
  의기양양한, 활발한, 으스대는
  cheerful and full of energy
- **wispy**
  작게 묶은, 성긴, 가냘픈, 숱이 적은
  consisting of small, thin pieces; not thick
- **ribbon**
  가늘고 긴 조각, 장식띠, 오라기
  a narrow strip of material, used to tie things or for decoration

Key Expressions

140 Who cares? 뭔 상관이야?

'누가 상관하냐?'의 뜻에서 '알게 뭐야? 상관 없어!'의 뜻이 된다. 즉 Nobody cares.와 같은 뜻의 수사의문문으로 I don't give a damn.(shit, fuck)(조금도 상관 없다, 전혀 상관하지 않는다)즉 I don't mind.와 유사하다. 동사 care는 부정문, 의문문, 조건문에서 '걱정하다, 마음 쓰다, 유념하다, 관심을 가지다, 아랑곳하다, 상관하다'의 뜻이 있다. 뒤에 절이 쓰이기도 한다. Who cares what they think?는 '그들이 무슨 생각을 하든 무슨 상관이야'의 뜻이다. 역시 구어로 I couldn't care less.는 '전혀 관심이 없다' He may die for all I care.하면 '그가 죽든 말든 내 알 바 아니다'의 뜻이 된다.

146 What we need you to do is take a pebble inside there.

네가 할 일은 조약돌을 물고 저기로 들어가는 거야.

위 표현은 All (that) we need you to do is to take a pebble inside there. 와 같은 뜻이다. 여기서 to는 대부정사이며 'need +목적어 + to do'는 '(목적어가) ~해 줄 필요가 있다'의 뜻이다. 따라서 '네가 해 줄 필요가 있는 것은 저기 안으로 자갈을 가지고 들어가는 것이다'의 뜻이 된다.

146 No offense, kid. 악의는 없어.

offense는 '감정을 해치기, 모욕, 성내기'의 뜻으로 No offense.는 No offense was meant.가 줄어든 표현으로 '악의로 한(말한) 것은 아니다, 오해 하지마'의 관용표현이다. 유사한 표현으로 I meant no harm. I meant no offense. I never meant to hurt you. Don't take it the wrong way. Don't take it too personal.(기분 나쁘게 생각하지마) 등도 있다.

150 I just can't afford any more delays.

난 더 이상 지체할 수가 없어.

afford는 타동사로 보통 can, could, be able to와 함께 부정문이나 의문문에서 쓰여 '~할 여유가 있다, ~할 수 있다, (경제적, 시간적으로)여유가 있다' 등의 뜻으로 쓰인다. 문어로는 '주다, 공급하다'의 뜻도 있다. 뒤에 to부정사가 오기도 하고 그냥 명사나 대명사가 오기도 한다.

152 It's on the tip of my tongue! 입에서 맴돌아!

직역하면 '그것이 내 혀끝에 있다'로 '그게 혀 끝에서 맴도네'란 뜻으로 구어체에서 흔히 볼 수 있는 말이다. on (at) the tip of one's tongue은 '말이 입 끝에서 뱅뱅 돌 뿐 생각이 안나, 하마터면 말이 나올 뻔하여'의 뜻이다.

160 Over we go. 넘어가지!

도치구문에는 보통 강조를 하기 위한 것이 많은데 부사나 부사구가 도치되어 문장 앞에 쓰일 경우 주어가 명사일 경우에는 '부사(부사구) + 동사 + 주어'의 어순이지만 주어가 대명사일 경우에는 '부사 + 주어 + 동사'의 어순이 된다. 원래는 We go over.(우리는 넘어간다)인데 부사인 over가 강조되어 도치가 일어난 것이다.

· On a ledge high above sit the pigeons.
위쪽 높은 곳 선반 위에 비둘기들이 앉아 있다

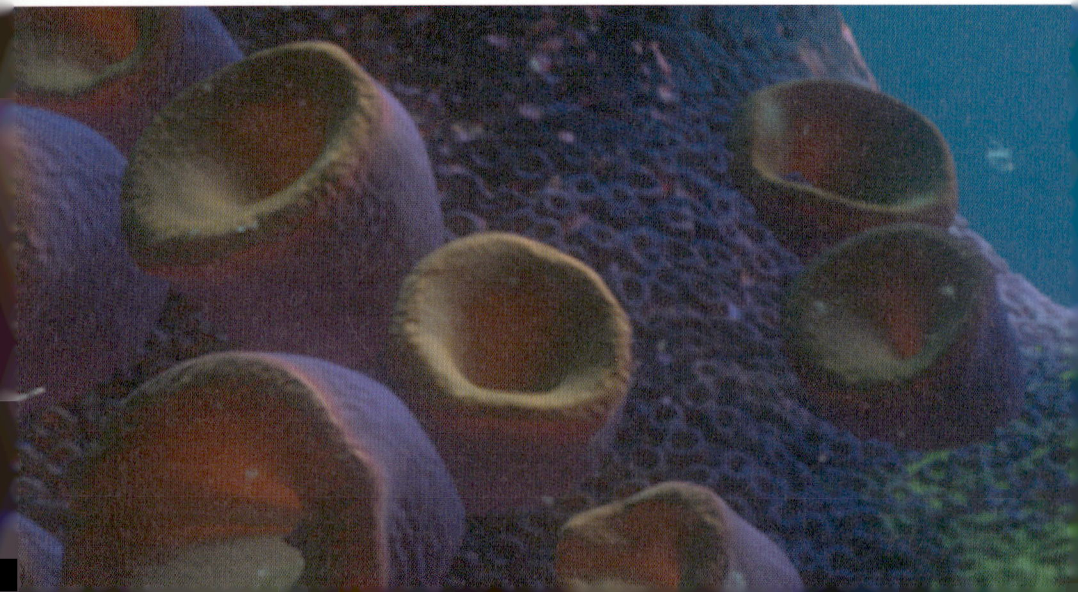

Chapter 6

동호주 해류를 타다

A Ride on the East Australian Current

시간 00:44:51 ~ 00:53:57

Dory seems to be listening, but is in fact concentrating on a tiny jellyfish, floating just in front of her face. She smiles at it.

DORY : Hey, little guy.

MARLIN : You wanted to go through the trench.

DORY : I shall call him Squishy, and he shall be mine. And he shall be my Squishy. Come here, Squishy. Come here, little Squishy.

Reaches out to touch Squishy. Marlin turns to witness her receiving a tiny but effective sting.

DORY : (zap!) Ow!

MARLIN : (gasps) Dory! That's a jellyfish!

DORY : Bad Squishy! Bad Squishy!

MARLIN : (swats Squishy away) Shoo, shoo! Shoo! Get away! (to Dory) Come here, let me see that.

She sucks on the tip of her fin like a child.

도리는 듣고 있는 것 같지만, 사실은 바로 자기 얼굴 앞에 떠 있는 한 자그마한 해파리에 집중하고 있다. 그녀는 그것에게 미소를 보낸다.

도 리 : 이봐, 꼬마야!

말 린 : 해구를 관통하자더니?

도 리 : 이걸 '스쿼시'라고 부를래. 내 애완동물이야. 이리 와봐, 스쿼시. 어서, 꼬마 스쿼시.

스쿼시를 잡으려고 지느러미를 내민다. 말린은 돌아서서 그녀가 작지만, 효력 있는 가시에 찔리는 것을 목격한다.

도 리 : (앗!) 아야!

말 린 : (헐떡인다) 도리! 그건 해파리야!

도 리 : 고얀 스쿼시! 나쁜 녀석!

말 린 : (스쿼시를 쳐 쫓는다) 슈, 슈! 저리 가! (도리에게) 이리 와, 어디 보자.

그녀는 어린아이처럼 지느러미 끝을 빤다.

- **jellyfish**
  해파리
  a sea creature with a body like jelly and long thin parts called tentacles that can give a sharp sting

- **squishy**
  흐늘흐늘한, 질퍽한
  soft and wet

- **effective**
  효력 있는, 효과적인
  producing the result that is wanted or intended; producing a successful result

- **zap**
  앗, 쉿, 휙

- **suck**
  빨다, 흡수하다, 홀짝거리다
  to take liquid, air, etc. into your mouth by using the muscles of your lips

DORY : Don't touch it. Don't touch it.

MARLIN : I'm not gonna touch it. I just wanna look.

DORY : Hey! How come it didn't sting you?

MARLIN : It did.

DORY : Ow! Ow! Ow!

During their conversation, neither of them notice larger jellyfish silently floating down from above. Big ones.

MARLIN : It's just that... Hold still... I live in this anemone ...and I'm used to these kind of stings. Come here.

DORY : Ow! Ow! Ow!

MARLIN : (inspects her fin) It doesn't look bad. You're gonna be fine. But now we know, don't we? That we don't want to touch these again. Let's be thankful this time it was just a little one.

They look up and scream. Hundreds of pink jellyfish surround them.

MARLIN, DORY : Aah! Aah!

MARLIN : Don't move. (there seems to be more and more jellyfish quietly descending) This is bad, Dory.

Marlin discovers Dory bouncing on a jellyfish top, causing its bell to gracefully billow and collapse. Ironically it is beautiful to watch.

DORY : Boing! Boing! Boing!

MARLIN : (gasps) Dory! Dory!

DORY : (hops over his head) You can't catch me!

도 리 : 만지지 마. 건드리지 말라구.
말 린 : 안 만져. 어떤가 보려는 거야.
도 리 : 이봐! 왜 넌 안 찔렸지?
말 린 : 나도 찔렸어.
도 리 : 아야! 아야! 아파!

그들이 말하는 동안 그들 둘 다 위로부터 더 큰 해파리들이 조용히 떠내려오는 것을 주목하지 못한다. 큰 해파리들이다.

말 린 : 심하진 않아, 가만 좀 있어. 난 말미잘 숲에 살아서 이런 종류의 찔림에 익숙할 뿐이지. 이리 와봐.
도 리 : 아야! 아야! 아파!
말 린 : (그녀의 지느러미를 검사한다) 심하진 않은 것 같아. 괜찮아질 거야. 이젠 알았지? 다신 이것들 건들지 마. 작은 거라서 다행이었어.

그들은 위를 쳐다보고 비명을 지른다. 수백 마리의 분홍빛 해파리가 그들을 둘러싸고 있다.

말린, 도리 : 아!!!
말 린 : 움직이지 마! (점점 더 많은 해파리가 조용히 내려오고 있는 것 같다) 우린 죽었어, 도리.

말린은 도리가 한 해파리 꼭대기 위에서 뛰어오르며 해파리의 갓이 우아하게 크게 부풀었다가 꺼지는 것을 발견한다.

도 리 : 팅야… 팅야… 팅야…
말 린 : (헐떡거린다) 도리! 도리!
도 리 : (머리 위로 깡충 뛰어오른다) 넌 날 못 잡아.

- **descend**
  내려가다, 내려오다
- **bell**
  (동물) 해파리의 갓
- **billow**
  크게 굽이치다, 소용돌이 치다, 크게 부풀다
  (of a sail, skirt, etc.) to fill with air and swell out
- **collapse**
  맥없이 주저앉다, 무너지다
  to fall down (and usually become unconscious), especially because you are very ill/sick

Hold still.
hold는 자동사로 '지속하다, 유지하다, 버티다'의 뜻이고 still은 '정지한, 움직이지 않는'의 뜻으로 보어이다. 따라서 Hold still.은 '가만히 있어라, 얌전히 참아라'의 뜻이 된다. Stand still.이라고도 한다.

Zoom In

Hold still.
가만 좀 있어.

MARLIN : Dory! Don't bounce on the tops! They will... not sting you! (to himself) The tops don't sting you! That's it!

DORY : (hopscotches around him) Boing! Boing! Woo-hoo! Two in a row! Beat that!

MARLIN : Dory. Alright, listen to me. I have an idea... a game.

DORY : A game?

MARLIN : A game.

DORY : A game?!

MARLIN : Yes.

DORY : Ahhh! I love games! (her fin in the air) Pick me!

MARLIN : Alright. Here's the game. Um…Whoever can hop the fastest out of these jellyfish wins!

DORY : OK. OK.

MARLIN : Rules, rules, rules! You can't touch the tentacles. Only the tops.

DORY : Something about tentacles. Got it. (very rapidly) On-your-mark-get-set-Go! (takes off)

MARLIN : No, no, no. Wait! Wait! Wait, Dory! (tentatively follows)

DORY : (playfully weaves her way through the shifting vacant spaces) Gotta go faster if you want to win!

MARLIN : Dory! Whoa!

While Dory bounces back and forth like a pinball, Marlin nervously comes up alongside, amazed that his plan is actually working.

DORY : Boing! Boing! Boing! Boing!

MARLIN : Wait a minute! Dory!

말 린 : 도리! 위에서 튕기지 마. 그럼 그들이… 안 찔러. (혼잣말) 위는 찌르지 않아! 바로 그거야!

도 리 : (그의 주위를 이리저리 뛰어다닌다) 텡야! 텡야! 우-후! 한 번에 콩콩! 꺼져!

말 린 : 도리! 내 말 들어봐. 좋은 수가 있어. 게임을 하자.

도 리 : 게임?

말 린 : 그래.

도 리 : 게임 좋지.

말 린 : 그럼.

도 리 : 아아! 나 게임광이야! (허공에 지느러미를 놓으며) 잡아봐!

말 린 : 좋아. 이 게임은 말이야… 이 해파리들한테서 먼저 빠져나가면 이기는 거야!

도 리 : 좋아.

말 린 : 규칙, 규칙 잘 지켜! 촉수는 건들지 말고 위만 건드릴 것.

도 리 : 촉수만 건드려라. 알았어. (매우 빨리) 제자리에 – 준비 – 출발! (출발한다)

말 린 : 안 돼, 안 돼. 기다려! 기다려, 도리! (자신없이 따른다)

도 리 : (이동하는 공간을 통해 쾌활하게 이리저리 달려나간다) 이기려면 더 빨리 따라와!

말 린 : 도리! 우와!

도리가 핀볼처럼 앞뒤로 뛰어다니는 동안, 말린은 자신의 계획이 실제로 효과가 있는 것에 놀라서 불안하게 나란히 올라온다.

도 리 : 텡야! 텡야! 텡야! 텡야!

말 린 : 잠깐! 도리!

- **hopscotch**
  이리저리 뛰어다니다, 이리저리 비약하다
  to hop (= jumps on one leg) and jump along

- **beat that**
  꺼지다, 달려가다, 도망치다

- **tentatively**
  주저하며, 자신 없이, 불확실하게

- **pinball**
  핀볼(의 공)(일종의 회전당구)
  a game played on a pinball machine, in which the player sends a small metal ball up a sloping board and scores points as it bounces off objects

On-your-mark-get-set-Go!
on-your-mark는 경주에서 선수들에게 '제 자리에'의 뜻이고 get-set은 '준비'의 뜻이며 Go!는 글자 그대로 '출발, 땅!'의 뜻이다. Ready, set go! Ready, steady, go! (제 자리, 준비, 땅!)로 표현하기도 한다.

Zoom In

On-your-mark-get-set-Go!

제자리에 – 준비 – 출발!

DORY : Wheee!

MARLIN : Whoa! Dory! (winded) So we're cheating death now. That's what we're doing. But we're having fun at the same time. I can do this. Just be careful.

DORY : Yeah, careful I don't make you cry when I win! (puts on a burst of speed)

MARLIN : (takes the challenge) Oh, I don't think so!

They race along through the tentacled forest at a breakneck pace, laughing the whole time. The two are neck and neck. Marlin's into it.

DORY : Give it up, old man. You can't fight evolution. I was built for speed.

MARLIN : The question is, Dory, are you hungry?

DORY : Hungry?

MARLIN : Yeah. 'Cause you're about to eat my bubbles! (shoots ahead at top speed) Oh, duck to the left--right there!

He zooms out of the jellyfish forest to find himself facing the East Australian Current.

MARLIN : The clownfish is the winner! Whoo-hoo! We did it! Look at us! Dory? (turns to celebrate with her–only she's not there) Oh, no.

INT. JELLYFISH FOREST. MOMENTS LATER

Marlin weaves through the forest, searching for Dory.

MARLIN : Dory?! Dory! Dory... (spots her entwined in the tentacles) Dory!

도 리 : 휘이이!

말 린 : 우와! 도리! (쫓는다) 그러니까 우리 지금 가까스로 죽음을 피해 가는 중이야. 게다가 재미있잖아. 이거 할 수 있어. 조심해.

도 리 : 그래, 져도 울기 없기! (갑자기 속도를 낸다)

말 린 : (도전에 응한다) 누가 할 소리!

그들은 위험천만의 속도로 촉수가 있는 숲을 통해 내달린다. 계속 깔깔거린다. 둘은 막상막하다. 말린은 열중한다.

도 리 : 그만 항복해. 넌 진화된 나하곤 싸우지 못해. 난 단련된 속도광이야.

말 린 : 도리, 혹시 배고프니?

도 리 : 배고프냐고?

말 린 : 그래. 내가 뿜는 물거품 실컷 먹어. (전속력으로 앞으로 달려나간다) 왼쪽으로 피하고… 좋았어!

그는 해파리 숲으로부터 급상승하여 자신이 동호주 해류를 대면하고 있는 것을 발견한다.

말 린 : 광대어 승리! 우-후! 성공이야, 똑똑히 봐두라고! 도리? (그녀와 함께 축하하려고 돌아서는데 그녀가 거기 없다) 아, 안 돼.

내부. 해파리 숲. 잠시 후
말린은 숲을 통해서 이리저리 헤엄치며 도리를 찾는다.

말 린 : 도리?! 도리! 도리… (그녀가 한 해파리의 촉수 안에 얽혀 있는 것을 목격한다) 저런! 도리!

- **winded**
  숨이 찬
- **put on**
  (속력을) 내다, 늘리다
- **breakneck**
  (과속으로) 위험천만의, 아주 빠른
- **evolution**
  발달(진화)의 산물(결과)
  the gradual development of plants, animals, etc. over many years, from simple to more complicated forms
- **duck**
  피하다, 홱 굽히다
- **zoom**
  급상승하다, 질주하다
  to move or go somewhere very fast
- **weave**
  누비듯이 나아가다, 전후좌우로 움직이다
- **entwine**
  엉키게 하다, 감게 하다, 얽히게 하다

Give it up, old man.
give up은 '(계획을) 포기하다, (환자 등을)포기하다, (술, 담배 등을)끊다, 그만 두다, 내주다' 등의 뜻이다. '동사 + 부사'로 이루어진 동사구의 경우 목적어가 대명사면 '동사 +목적어 + 부사'의 형태가 된다.

Zoom In

Give it up, old man.
그만 항복해.

Marlin shoots straight into the tentacles, screaming as they sting him and pulls Dory free.

DORY : (weak) Uhg… Am I disqualified?

MARLIN : No, you're doing fine!

Marlin searches in vain for some way out, but they are completely enveloped in pink and the meager space they occupy is shrinking…

MARLIN : You're actually winning! But you gotta stay awake. Uh, where does P. Sherman live?

DORY : P. Sherman... Wallaby… Way… Sydney...

Off in the distance, Marlin spots a tiny patch of blue amidst all the pink.

MARLIN : That's it!

Holding Dory tight with one fin, Marlin swims through the pink gauntlet towards the blue. He lists into a tentacle—sting! Another tentacle—Sting!

MARLIN : Stay awake! Stay awake! (sting!) Stay awake! (Sting!) Stay… (Sting!)

A massive jellyfish drops directly in Marlin's path. With his last ounce of strength, he jettisons straight through its tentacles…

MARLIN : Awake! (sting!)

...and out into the safety of the open water. The two fish drift lifelessly, barely conscious…

말린은 그 촉수들 속으로 곧장 달려들어가 촉수들이 자신을 쏠 때 비명을 지르며 그를 끌어낸다.

도 리 : (약해져) 내가 진 거야?

말 린 : 아냐, 잘하고 있어!

말린은 탈출구를 찾지만 허사다. 하지만 그들은 분홍색 속에 완전히 봉해져 있으며 자신들이 점유하고 있는 불충분한 공간은 축소되고 있는데…

말 린 : 네가 우승하기 직전이야! 하지만 정신 차려! P.셔만 어디 살아?

도 리 : P.셔만…시드니의 '왈라비 가'에 살아.

멀리 떨어진 곳에 말린은 사방이 분홍색 가운데에서 자그마한 푸른 반점 하나를 목격한다.

말 린 : 바로 그거야!

한 지느러미로 도리를 꽉 잡고서 말린은 분홍색 태형을 뚫고 푸른 바다를 향해 헤엄을 친다. 그는 촉수 속으로 기울다가 가시에 찔린다! 또 다른 촉수 – 쏜다!

말 린 : 정신 차려! 정신만 잃지 마! (찔린다) 정신 차려! (찔린다) 정신 차려… (찔린다)

거대한 해파리 한 마리가 말린이 가는 길에 직접 떨어진다. 그의 마지막 남은 힘으로 그는 그것의 촉수를 통해 곧장 내던져…

말 린 : 정신 차려! (찔린다)

탁 트인 바다의 안전 속으로 나온다. 그 두 물고기는 거의 의식을 잃은 채 맥없이 표류한다.

- **disqualify**
  실격시키다, 실격자로 판정하다, 출전 자격을 박탈하다
- **meager**
  빈약한, 메마른, 불충분한
  small in quantity and poor in quality
- **patch**
  조각, 얼룩, 반점, 파편
- **gauntlet**
  괴로운 시련, 태형
- **jettison**
  내던지다, 투하하다, 버리다
  to throw something out of a moving plane or ship to make it lighter

That's it!
구어체인 이 표현은 보통 다음의 의미, 즉 '더 이상 필요 없다, 이제 다 됐다, 그래, 그거야, 그렇다, 그게 문제야, 그게 전부야' 등으로 쓰인다. That's all.의 뜻도 있다. 상황에 따라 적절한 의역이 필요한 표현이다.

Zoom In

That's it!
바로 그거야!

MARLIN : Awake…

DORY : P. Sherman... 42 Wallaby… Way… Sydney...

A large shadow looms over Marlin just before he blacks out.

MARLIN : Awake… wake… wake up… Nemo.

INT. TANK. DAY

Nemo stares longingly out the window. Gill swims up from behind, unsure whether to approach.

GILL : You miss your dad, don't you, Shark bait?

NEMO : Yeah.

GILL : Well, you're lucky to have someone out there who's looking for you.

NEMO : He's not looking for me. He's scared of the ocean.

GILL : (looks away) Peach, any movement?

Peach keeps watch on the dentist, who's busy inspecting X-rays.

PEACH : He's had at least four cups of coffee. It's gotta be soon.

GILL : Keep on him. (catches Nemo staring at his damaged fin) (lifts bad fin) My first escape... landed on dental tools. I was aiming for the toilet.

NEMO : The toilet?

GILL : All drains lead to the ocean, kid.

NEMO : Wow. How many times have you tried to get out?

GILL : Ahhhh, I've lost count. (swims off; Nemo follows) Fish aren't meant to be in a box, kid. It does things to you.

말 린 : 정신 차려…
도 리 : P.셔만… 왈라비 가 42… 시드니…

커다란 그림자 하나가 말린이 잠시 의식을 잃기 직전에 그에게 어렴풋이 나타난다.

말 린 : 눈 좀 떠봐… 정신 차려… 니모.

내부. 수족관. 낮
니모가 창문 밖을 응시한다. 길이 다가가야 할 지 어떨지 확신이 안 든 채 뒤에서 헤엄쳐 온다.

길 : 아빠가 보고 싶지, 상어 밥?
니 모 : 네!
길 : 널 찾는 가족이 있으니 넌 행운아야.
니 모 : 아빤 절 찾지 않아요. 큰 바다를 무서워해요.
길 : (시선을 돌린다) 피치, 동태는?

피치는 치과 의사를 감시한다. 그는 X-레이를 조사하느라고 바쁘다.

피 치 : 커피를 적어도 네 잔 마셨어. 곧 갈 거야.
길 : 계속 감시해. (니모가 자신의 상한 지느러미를 응시하고 있는 것을 본다) (상한 지느러미를 쳐든다) 처음 탈출 때 상처야… 치과 용구 위에 내렸었지. 화장실을 노렸는데.
니 모 : 화장실?
길 : 하수구는 전부 바다로 연결거든.
니 모 : 와우. 몇 번이나 탈출을 시도했어요?
길 : 셀 수 없이! (헤엄쳐 간다; 니모가 뒤를 따른다) 물고긴 수족관에 갇혀 있자고 태어난 게 아냐. 너한테도 해당되는 거야.

- **loom**
  어렴풋이 나타나다, 불쑥 나타나다
  to appear as a large shape that is not clear, especially in a frightening or threatening way
- **black out**
  잠시 의식(기억)을 잃다
  to lose consciousness for a short time
- **longingly**
  갈망하듯이, 동경하며
- **drain**
  하수구, 배수로, 배수관
  a pipe that carries away dirty water or other liquid waste

It does things to you.
구어체에서 잘 쓰이는 do things to ~는 '~에게 많은 영향을 끼치다, ~에게 강한 감동을 주다'는 뜻의 관용 표현이다. 따라서 예문은 '그게 너한테도 해당되는 거야'의 뜻이다. That song just does things to me.(저 노래는 내게 정말 감동적이다)

Zoom In

It does things to you.
너한테도 해당되는 거야.

They pass Bubbles staring down into the treasure chest. The lid opens. Spews a stream of bubbles. He tries to catch them all.

BUBBLES : (laughing) Bubbles! Bubbles! Bubbles!

PEACH : (unsticks) Potty break! Potty break! He just grabbed the "Reader's Digest." We have 4.2 minutes!

GILL : That's your cue, Shark bait!

BLOAT : You can do it, kid.

GILL : OK, we gotta be quick. Once you get in, you swim down to the bottom of the chamber...and I'll talk you through the rest.

NEMO : (wary) OK.

GILL : Go on. It'll be a piece of kelp.

Nemo holds his breath, pops his head through the surface. ABOVE THE SURFACE, Nemo gazes up at the filter's water wheel churning noisily in the tight space of air between the lid and the water. He leaps onto the wheel, wiggles through the gap and plunges into the bottom well of the filter.

GILL : Nicely done! Can you hear me?

NEMO : Yeah!

GILL : Here comes the pebble.

Gill snatches a pebble from the floor, with perfect aim, spits the pebble into the filter. INSIDE THE FILTER, the pebble rattles down to Nemo who catches it.

GILL : Now, do you see a small opening?

NEMO : Uh-huh!

GILL : OK, inside it, you'll see a rotating fan. Very carefully, wedge that pebble into the fan to stop it turning.

그들은 보물 상자를 내려 보고 있는 버블즈를 지나친다. 뚜껑이 열린다. 한 줄기 거품을 내뿜는다. 그는 그것들을 모두 잡으려 한다.

버블즈 : (웃으며) 내 거품, 내 거품! 내 거품!
피 치 : (붙였던 몸을 뗀다) 화장실 휴식! 화장실 휴식 시간이야! 막 '리더스 다이제스트' 집었어! 4분 2초 전! (치과의사가 화장실로 들어가는 것을 지켜본다)
길 : 들어가서 신호해, 상어 밥!
블로트 : 넌 해낼 거야. (필터를 향해 헤엄쳐 간다)
길 : 좋아, 빨리 해야 돼. 일단 여과기에 들어가면 방 밑쪽으로 가. 나머진 이따 설명할게.
니 모 : (신중하게) 알았어요.
길 : 가. 누워서 떡밥 먹기야.

니모는 숨 죽이고 수면을 통해 머리를 내민다. 수면 위, 니모는 필터의 물레바퀴를 응시하는데 뚜껑과 물 사이의 공기가 새어 들지 않는 공간에서 시끄럽게 돌고 있다. 그는 물레바퀴 위로 뛰어올라 틈을 통해 몸을 비틀려 나가 필터의 바닥으로 뛰어든다.

길 : 잘 했어. 내 말 들려?
니 모 : 네!
길 : 자갈 던질게.

길은 수족관 바닥에서 자갈 한 개를 잡아 헤엄쳐 완벽한 조준으로 그 자갈을 필터 속으로 내뱉는다. 필터 내부, 자갈은 니모에게 왈각달각 움직여 내려간다. 니모는 그것을 잡는다.

길 : 자, 작은 틈 보여?
니 모 : 네!
길 : 좋아, 그 안에 회전하는 팬이 보일 거야. 팬이 안 돌게 그걸 조약돌로 신중하게 고정시켜.

- **spew**
  토하다, 게우다, 내뿜다
  to flow out quickly, or to make something flow out quickly, in large amounts; vomit
- **wary**
  신중한, 세심한, 조심성 있는
- **churn**
  파도를 일게 하다, 거세게 돌다
  to move or be moved around violently
- **tight**
  (공기, 물 등이) 새어 들지 않는
- **rattle**
  달각달각 소리 내다(움직이다)

Potty break.
potty는 '유아용 변기의자'를 말하며 break는 일이나 수업 등의 '잠깐의 휴식, 휴게 시간'의 뜻이므로 예문은 '화장실 휴식시간이다!'의 뜻이다. Coffee break, Tea break, 등을 연상하면 된다. Coffee time은 콩글리쉬이다.

Zoom In

Potty break.
화장실 휴식 시간.

Nemo approaches the fan. It whirs and growls at him. He tries to drop the pebble into the fan. It gives a loud grind and spits the pebble back at him. Nemo yelps in fright.

GILL : Easy! Easy! Careful, Shark bait!

NEMO : I can't do it!

EXT. INT. FILTER

PEACH : Gill, this isn't a good idea.

GILL : He'll be fine. (to Nemo) Try again!

NEMO : OK. (scared)

He places the pebble next to the filter, gently nudges it into the fan.

GILL : That's it, Shark bait. Nice and steady.

With a loud crash, the pebble jams the fan blades. Up above, the water wheel stop turning.

NEMO : I got it! I got it!

The fish all breath a sigh of relief.

BLOAT : He did it!

GILL : That's great, kid! Now swim up the tube and out.

Nemo swims through the fan blade housing and up the narrow intake tube. He barely fits, but manages to inch forward. CLOSE ON PEBBLE IN THE FAN BLADES. It shudders... slips... then pops out. The filter roars back to life. The suction pulls Nemo backwards through the tube towards the blades.

니모는 팬에 접근한다. 그것은 그를 향해 윙윙 돌고 울린다. 그는 그 자갈을 팬 안으로 떨어뜨리려고 한다… 그것은 크게 가는 소리를 내며 자신에게 자갈을 다시 내뱉는다. 니모는 두려워서 비명을 지른다.

길 : 진정해! 덤비지 마! 조심해, 상어 밥!
니 모 : 난 못 해요!

외부. 내부. 필터

피 치 : 길, 이건 대책 없는 방법이야.
길 : 괜찮을 거야. (니모에게) 다시 해봐!
니 모 : 알았어요! (겁이 난다)

다시 그 자갈을 필터 옆에 놓고는 그것을 회전하고 있는 팬 속으로 부드럽게 조금씩 넣는다.

길 : 옳지, 상어밥. 떨지 말고 침착하게!

요란한 소리를 내면서 그 자갈은 팬 날개를 움직이지 않게 한다. 위쪽에서 물레바퀴가 돌기를 멈춘다.

니 모 : 됐어요, 됐어!

물고기들은 모두 안도의 한숨을 내쉰다.

블로트 : 해냈어!
길 : 장하다, 꼬마! 튜브로 들어가서 헤엄쳐 나와.

니모는 팬 날개 틈을 통해 좁은 흡입 튜브 위로 헤엄쳐 올라온다. 그는 겨우 크기가 알맞지만 용케도 조금씩 전진한다. 팬 날개 안의 자갈 클로즈 업. 그것이 떨리더니 미끄러지다가 튀어나온다. 필터는 다시 살아나 윙윙거린다. 그 흡인력이 니모를 튜브를 통해 날개 쪽으로 다시 끌어당긴다.

- **whir**
  윙윙 돌다, 소리 내며 회전하다
  to make a continuous low sound like the parts of a machine moving
- **growl**
  (천둥 등이) 울리다
- **yelp**
  비명을 지르다, 새된 소리를 하다
  to give a sudden short cry, usually of pain
- **nudge**
  조금씩 움직이다, 슬쩍 움직이다
- **crash**
  충돌, 쿵, 쾅, 와르르
- **blade**
  날개, 날
- **inch**
  조금씩 움직이다, 전진하다
- **suction**
  흡인력, 빨아들임

Easy! Easy!
명령문으로 쓰인 Easy!는 '늦춰라! 서두르지 마라! 진정해라!'의 뜻이다. Go easy!(서두르지 말고 편하게 해라, 태평스럽게 해라)와 유사한 표현이다. 보통 Take it easy! (서두르지 마라, 대범하게 생각해라, 덤비지 마라)를 쓴다.

Zoom In

Easy! Easy!
진정해!

NEMO : Oh, no! Gill! Gill!

GILL : Shark bait!

BLOAT : Oh my gosh!

GILL : (to gang) Get him outta there! Get him outta there!

(scrambles to pull a long plastic plant out of the tank bed)

TANK GANG : Oh, my gosh! Help him! - What do we do?

GILL : Oh, no! Stay calm, kid. Just don't panic!

NEMO : (continues to slip backwards) Help me!

The fish snake the plant up the tube...

GILL : Shark bait, grab hold of this!

As Nemo slips closer to the moving blades, the plant appears in the tube above him. He tries to bite down on it, but the leaf breaks off and is shredded by the machine.

NEMO : No! No!

GILL : (to gang) Feed me more!

GURGLE : That's it!

GILL : Come on, Shark bait! Grab it!

NEMO : (bites down on the very tip of the plant) I got it!

GILL : Pull!

The gang pulls hard. Nemo flies out of the tube. All the fish crash in a pile on the tank floor. Nemo is crying in Peach's arms. Gill looks as shaken as Nemo.

PEACH : Gill, don't make him go back in there.

GILL : No. We're done.

EXT. OPEN WATERS. DAY

CLOSE ON MARLIN, waking up, groggy. Disoriented.

니 모 : 아, 안 돼! 살려줘요, 길!
길 : 상어 밥!
블로트 : 맙소사!
길 : (무리에게) 꼬마를 저기서 꺼내! 꺼내 주라구! (수족관 바닥에서 긴 플라스틱 식물을 끌어내려고 급히 서두른다)
수족관 무리 : 맙소사! 도와줘! 어떤 수로?
길 : 안 돼! 겁 먹지 말고 침착해!
니 모 : (계속 뒤쪽으로 미끄러져 간다) 살려줘요!

물고기들은 그 식물을 튜브 위로 잡아 당긴다.

길 : 상어 밥, 이걸 붙잡아!

니모가 움직이고 있는 날개에 더 가깝게 미끄러져 갈 때 그 식물이 그 위쪽 튜브 속에 나타난다. 니모는 그것을 물려고 애를 쓰지만, 나뭇잎이 끊어져 기계에 의해 조각조각으로 찢어진다.

니 모 : 안 돼! 안 돼!
길 : (무리에게) 더 줘!
거 글 : 그게 다야!
길 : 상어 밥, 어서 붙잡아.
니 모 : (식물의 바로 끝을 문다) 물었어요!
길 : 당겨!

무리는 세게 당긴다. 니모는 튜브 밖으로 날아 나온다. 모든 물고기들은 수족관 바닥 위에 쌓이며 부딪친다. 니모는 피치의 팔에 안겨 울고 있다. 길은 니모만큼이나 동요된 것처럼 보인다.

피 치 : 길, 다신 거기에 보내지마.
길 : 그래, 계획을 중단하자.

외부. 탁 트인 바다. 낮
말린이 가까이 보인다. 녹초가 되어 깨어난다. 방향 감각을 잃었다.

- **scramble**
  기어오르다, 기어가다, 급히 서두르다, 긴급 출격하다
  to move quickly, especially with difficulty, using your hands to help you
- **snake**
  잡아당기다, 끌다
  to move like a snake, in long twisting curves; to go in a particular direction in long twisting curves
- **break off**
  끊어지다, 찢어지다
- **shred**
  조각조각으로 찢다(째다), 절단하다
  to cut or tear something into small pieces
- **groggy**
  비틀거리는, 그로기가 된
- **disoriented**
  혼란에 빠진, 방향감각을 잃은

Grab hold of this!
grab hold of는 '~을 갑자기 움켜잡다'는 뜻의 관용구다. grab 단독으로도 '움켜쥐다, 부여잡다'의 뜻이 있고 명사로 쓰인 hold도 '쥠, 붙잡음'의 뜻이어서 의미가 강조된다. catch hold of, get hold of 등도 유사한 표현이다.

Zoom In

Grab hold of this!
이걸 어서 붙잡아!

CRUSH : Duuude! Uhh. Duuude. Focus, Dude. Duuude…

MARLIN : (groggy) Oh-hhhh.

Marlin looks up at the head of a sea turtle slowly coming into focus. A big grin pasted on the leatherback's face.

CRUSH : Oh, he lives. Hey, dude!

MARLIN : (discovers he's lying on the turtle's shell) Ohh. What happened?

CRUSH : Oh, saw the whole thing, dude. First, you were all, like, "Whoa!"...and then we were all, like, "Whoa!"...and then you were, like, "Whoa."

MARLIN : What are you talking about?

CRUSH : You, mini-man. Takin' on the jellies. You got serious thrill issues, dude… Awesome.

MARLIN : Uhh. Oh, my stomach. Ohh!

CRUSH : (serious) Oh, man. No hurlin' on the shell, dude, OK? Just waxed it.

MARLIN : So, Mr. Turtle...

CRUSH : Whoa, dude. Mr. Turtle is my father. Name's Crush.

MARLIN : Crush? Really? OK, Crush. Listen. I need to get to the East Australian Current. E.A.C.?

CRUSH : (chuckles) Oh, dude. You're ridin' it, dude! Check it out! (gestures to look back)

Marlin turns around to see THE EAST AUSTRALIAN CURRENT filled with hundreds of sea turtles. They ride an endless ribbon of water weaving through the blue ocean. Passing fish merge into the current, like it was an interstate freeway, and zoom off.

CRUSH : OK, grab shell, dude!

크러쉬 : 이봐, 친구! 친구! 인제 그만. 기운 좀 차려봐.

말 린 : (그로기가 되어) 아…

말린은 천천히 초점에 들어오는 바다거북의 머리를 올려다본다. 큰 싱글 웃음이 그 장수거북의 얼굴에 발라져 있다.

크러쉬 : 깨어났구나! 이봐, 친구!

말 린 : (그가 거북의 껍질에 누워 있는 것을 발견한다) 아… 어떻게 된 거야?

크러쉬 : 난 다 봤어. 처음엔 '우와' 였는데, 담엔 '와우' 였다가 끝엔 '나 죽네' 였어.

말 린 : 무슨 소리야?

크러쉬 : 쪼끄만 게, 해파리와 싸우는 걸 다 봤어. 익스트림 스포츠가 네 취미니? 담력이 굉장했어.

말 린 : 아. 배가 아파. 아!

크러쉬 : (진지하게) 내 등에 토하지 마, 친구. 방금 왁스 칠 했어.

말 린 : 미스터 터틀.

크러쉬 : 친구, 그건 아버지 성함이야. 난 크러쉬지.

말 린 : 크러쉬? 정말? 그래, 크러쉬. 들어봐. 난 동호주 해류에 가야 해. EAC말이야?

크러쉬 : (껄껄 웃는다) 이봐, 친구. 해류를 타고 있잖아. 뒤돌아봐. (뒤를 돌아보라고 몸동작을 한다)

말린은 몸을 돌려 동호주 해류가 수백 마리의 바다거북으로 가득 찬 것을 본다. 그들은 푸른 대양을 통해 움직이는 끝없는 물리본을 타고 있다. 지나가는 물고기들이 마치 주간 고속도로인 것처럼 해류에 병합되었다가 급히 떠나간다.

크러쉬 : 좋아, 등을 꽉 잡아, 친구!

- **grin**
  싱글 웃음
  a wide smile
- **paste**
  풀칠하다, 풀로 바르다
  to stick something to something else using glue or paste
- **leatherback**
  (동물) 장수 거북
- **shell**
  (거북) 등딱지, 껍데기
  the hard outer part of eggs, nuts, some seeds and some animals
- **hurl**
  세게 내던지다, 퍼붓다
- **zoom off**
  (속) 급히 나가다, 떠나가다

Taking on the jellies.
take on은 여러 가지 뜻으로 쓰이지만 '대결하다, 대전하다, 말다툼하다'의 뜻도 있어 예문은 '해파리와 싸우다'의 뜻이다. My father took on a new challenger.(나의 아버지는 새로운 도전자와 대전(대결)했다)

Zoom In

Taking on the jellies.
해파리와 싸우는 걸 다 봤어.

MARLIN : Grab wh-a-a-at?!

The current dips and they rush downward as if they were on a giant roller coaster. Marlin holds tightly to Crush's shell as they corkscrew through the ascent.

CRUSH : Ha ha! Righteous! Righteous! Yeah!

MARLIN : Stop!

The current smooths out and Crush resumes his leisurely pace.

CRUSH : So... What brings you on this fine day to the E.A.C.?

MARLIN : Well, Dory and I need to get to Sydney. (gasps) Dory! Dory! Is she all right?

CRUSH : Huh? Oh, little blue. (points down) She is sub-level, dude.

Marlin spies a blue speck lying still on the back of one of the turtles far below them. It's Dory.

MARLIN : (gasps) Dory! Dory! Dory! (whispers) Oh, Dory.

She seems to be delirious on death's door. She mumbles unintelligibly.

MARLIN : I'm so sorry. This... this is all my fault.

DORY : (mumbles) Twenty-nine, thirty! Ready or not, here I come!

Suddenly Dory jumps up! She's fine. She darts off, peeking under turtle shells. A bunch of kid turtles pop out. They've been playing hide-and-seek.

말 린 : 뭘 꽉 잡으라고?!

그 해류가 아래로 기운다. 그들은 마치 거대한 롤러코스터를 탄 것처럼 아래쪽으로 달린다. 말린은 그들이 올라감을 통해 나사모양으로 나아갈 때 크러쉬의 등에 꽉 달라붙는다.

크러쉬 : 하하! 환상이야, 환상! 고럼!
말 린 : 정지!

해류가 잔잔해지고 크러쉬는 한가한 속도를 다시 찾는다.

크러쉬 : 그래서… 이렇게 멋진 날 EAC엔 왜 들어왔어?
말 린 : 도리랑 난 시드니에 가야 해. (헐떡거린다) 도리! 도리, 괜찮아?
크러쉬 : 아, 파란색 친구? (아래쪽을 가리킨다) 아래쪽에 있어.

말린은 파란 점 하나가 그들 아래 쪽 멀리 거북이 등 위에 아직 누워 있는 것을 엿본다.

말 린 : (헐떡거린다) 도리! 도리! 도리! (속삭인다) 아, 도리!

그녀는 죽음의 문턱에서 제정신이 아닌 것 같다. 그녀는 알기 어려운 말을 중얼거린다.

말 린 : 정말 미안해. 다 내 잘못이야.
도 리 : (중얼거린다) 29, 30! 꼭꼭 숨었니? 간다!

갑자기 도리가 뛰어오른다! 그녀는 이상이 없다. 그녀는 거북이 등 아래를 엿보면서 쏜살같이 달려나간다. 한 떼의 어린 거북들이 갑자기 튀어나온다. 그들은 숨바꼭질하고 있다.

- **dip**
  내려가다, 아래로 기울다, 급강하하다
  to go downwards or to a lower level; to make something do this
- **corkscrew**
  나사모양으로 나아가다
  to make a series of circular movements in a particular direction
- **smooth out**
  ~의 주름을 펴다, 잔잔해지다, 평탄해지다
  to make something smooth
- **delirious**
  정신착란의, 헛소리하는, 제정신이 아닌
  in an excited state and not able to think or speak clearly, usually because of fever
- **unintelligibly**
  이해할 수 없게, 알기 어렵게
- **dart off**
  쏜살같이 돌진하다, 날아가다
  to move suddenly and quickly in a particular direction

On death's door
on death's door는 '빈사 상태로, 죽음의 문턱에'의 뜻이다. at death's door로도 잘 쓰인다. He's at death's door.는 He is dying. He is at the point of death. He is near death. He is close to death. 즉 '그는 죽어가고 있다'의 뜻이다.

Zoom In

On death's door

죽음의 문턱에서

DORY : (gasps) There you are! Catch me if you can! (laughs)

Marlin slowly becomes aware of all the surrounding turtle families.

MARLIN : Dory?

Kids spin upside down on top of an adult's shell.

SQUIRT : Nice wave! Oh, wow!

KID TURTLE : Up you go!

Two adults swing a baby turtle between their flippers. A group of kids slide off an adult's back and are launched into the air by his back flippers. A chain of kids is whipped around by an adult. The smallest of the kid turtles (Squirt) is hurled off. Flies past Marlin.

SQUIRT : Whoa! Whoa! Whooooa!

도 리 : (헐떡거린다) 찾았다! 잡을 테면 잡아봐! (웃는다)

말린은 천천히 주변의 바다거북 가족 모두를 의식하게 된다.

말 린 : 도리?

바다거북 아이들은 어른의 등 꼭대기에서 거꾸로 돈다.

스쿼트 : 멋진 물결이야. 아, 와우!
어린 거북이 : 올라간다!

두 어른 거북이가 그들의 지느러미 모양의 발 사이에 새끼 거북이를 그네 태운다. 일단의 아이들은 어른의 등에서 미끄러져 내리며 그의 뒷발에 의해 공중으로 던져진다. 일련의 아이들은 한 어른에 의해 갑자기 움직이며 가르침을 받는다. 새끼 거북 중의 가장 작은 아이(스쿼트)가 내던져진다. 말리 옆을 지나 날라간다.

스쿼트 : 우와! 우와! 우 - 와-!

▪ **flipper**
바다거북의 발(지느러미 모양의 발)
a flat limb that is part of the body of some sea animals such as seals and turtles, used for swimming

▪ **a chain of**
일련의

▪ **whip**
자극하다, 갑자기 움직이게 하다, 홱 잡아채다
to move, or make something move, quickly and suddenly or violently in a particular direction

Key Expressions

170 How come it didn't sting you? 왜 넌 안 찔렸지?

how come은 구어체로 '어째서, 왜, ~은 어찌된 일인가'의 뜻으로 How did it come that ~의 단축형으로 시제와 인칭 등에 영향을 받지 않는다. 뒤에 그대로 절이 쓰일 수 있으며 이외의 일이 일어난 것에 대한 놀라움의 표현이다.

· How come she's late? 그녀가 왜 늦었지? (전혀 지각하지 않던 그녀가 늦는 건 도대체 왠 일이지?)

170 There seems to be more and more jellyfish quietly descending. 점점 더 많은 해파리가 조용히 내려오고 있는 것 같다.

there seem (to be) ~은 '~인 것처럼 생각되다, ~인 것 같은 생각이 들다'의 뜻으로 뒤에 오는 주어에 따라 seem의 수와 시제, 인칭 등이 영향을 받는다. 같은 표현으로 there appear (to be)~도 잘 쓰인다. More and more jellyfish seem to be quietly descending.라고 말할 수도 있다.

178 Who's busy inspecting X-rays.

그는 X-선 검사를 하느라고 바쁘다.

'be busy + ~ing'는 '~하기에 바쁘다, 바쁘게 ~하다'는 뜻이다. busy가 동사로 쓰이면 'busy oneself (in) + ~ing' 의 형태로 '~으로 바쁘다, 바쁘게 일하다'의 의미가 된다. busy oneself with (in, at, about) something으로 쓰기도 한다.

180 Once you get in 일단 들어가면

once가 접속사로 쓰일 경우 '일단 ~ 하면, 한 번 ~하면, ~하자마자'의 뜻이다. '언제 ~하더라도, ~의 때에는 언제라도'의 뜻도 있다. 이와 유사한 구문으로 쓰이는 어휘에는 now(이제 ~이니까, ~인 이상)같은 것도 있다.

180 It'll be a piece of kelp. 누워서 떡밥 먹기야.

It'll be a piece of cake.와 같은 표현이다. 그냥 줄여서 Piece of cake.이라고도 한다. 구어체에서 잘 쓰이는 a piece of cake은 '식은 죽 먹기, 누워서 떡 먹기, 쉬운 일, 즐거운 일'의 뜻이다. 여기서는 물고기들의 이야기이므로 사람들이 먹는 케익 대신에 해초(kelp)를 써서 표현한 것이다. It's nothing. It's duck soup for me. It's a walk in the park. It's easy as pie. It's a cinch. It's a snap. It's a breeze. It's child's play. It's a cake-walk. 등도 유사한 표현이다. 반대로 It's not a piece of cake. 는 It's no picnic.(쉬운 일이 아니다)이라고도 표현한다.

188 Ready or not, here I come! 준비가 되었든 안 되었든, 내가 간다!

not이 부정하는 문장, 동사, 형용사, 절 등의 대용어로서 사용되어 양보의 의미를 가질 때가 있다. 예문은 whether you are ready or not이 줄어든 표현으로 예문은 '준비가 되었든 안 되었든, 여기 내가 간다!'의 뜻이 된다. 구어체에서는 보통 'whether + 주어'를 생략할 때가 많다. Right or not, it is a fact. 옳건 옳지 않건 그것은 사실이다.

Chapter 7

바다 거북이들의 우정

Sea Turtles' Friendship

시간 00:53:58 ~ 01:03:18

Squirt breaks through the turbulent wall of the current, tumbles into the open waters outside. Marlin moves to rescue him when Crush's flipper stops him.

MARLIN : Oh my goodness.

CRUSH : Whoa. Kill the motor, dude. Let us see what Squirt does flying solo.

Squirt struggles furiously to match speed with the current, then bursts back into the flow. Beams with pride.

SQUIRT : Whoa! Whoa! That was so cool! Hey, Dad, did you see that? Did you see me? Did you see what I did?

CRUSH : You so totally rock, Squirt! (sees him paddle up) So give me some fin. (slap fins) Noggin! (bump heads)

CRUSH, SQUIRT : (in unison) Dude.

CRUSH : (remembers manners) Oh... intro. Jellyman, offspring. Offspring, Jellyman.

SQUIRT : Jellies?! Sweeeet!

스쿼트는 해류의 휘몰아치는 벽을 헤치고 나가며 밖의 탁 트인 바닷속으로 굴러떨어진다. 말린이 그를 구하러 움직이는데 크러쉬의 발 지느러미가 그를 멈춘다.

말 린 : 안 돼!

크러쉬 : 와우, 모터 좀 끄시지, 친구. 스쿼트가 혼자 헤엄치는 걸 한번 보자고.

스쿼트는 해류와 속도를 맞추기 위해 맹렬히 싸우다가는 그 흐름 속으로 갑자기 되돌아간다. 자긍심으로 밝게 미소 짓는다.

스쿼트 : 와우! 기분 짱이야. 아빠, 내가 한 묘기 봤어? 날 봤냐고요? 내가 한 묘기 봤어요?

크러쉬 : 짱에다가 캡이었어, 스쿼트! (발 지느러미를 휘젓는 것을 보며) 손바닥 내! (손 지느러미를 따닥 친다) 다음엔 이마! (머리를 따꿍한다)

크러쉬, 스쿼트 : (제창으로) 아주 멋졌어.

크러쉬 : (예의를 기억한다) 참, 소개… 이분은 해파리한테 물린 아저씨, 얘는 내 2세.

스쿼트 : 해파리에 찔렸다고요?! 그러고도 살아났다니 굉장했겠어요!

- **break through**
  헤치고 나아가다
  to make a way through something using force
- **turbulent**
  거친, 휘몰아치는
- **tumble**
  굴러 떨어지다, 굴러 들어가다
- **beam**
  밝게 미소 짓다, 빛을 발하다
  to have a big happy smile on your face
- **paddle**
  발 지느러미를 휘저어 가다
- **noggin**
  (구) 머리
- **offspring**
  (사람, 동물의) 자식, 새끼, 자손
  a child of a particular person or couple

CRUSH : Totally.

MARLIN : Well, apparently, I must've done something you all liked, uh, dudes.

SQUIRT : You rock, dude! (bumps heads with Marlin)

MARLIN : (rubs his head) Ow.

CRUSH : Curl away, my son. (to Marlin) Aw, it's awesome, Jellyman. When the little dudes are just eggs we leave 'em on a beach to hatch... and then, coo-coo-cachoo... they find their way back to the big ol' blue.

MARLIN : All by themselves?

CRUSH : (of course) Cha.

MARLIN : But, dude, how do you know when they're ready?

CRUSH : Well, you never really know. But when they know, you'll know, you know? (laughs)

Crush nods his head knowingly. Marlin does the same, catches himself.

DORY : Hey! (points) Look, everybody.

SQUIRT : I know that dude! It's the Jellyman!

DORY : Well, go on. Jump on him!

KID TURTLE #1 : (rushes Marlin with kids) Turtle pile!

MARLIN : Alright, wait! Kids!

They pig pile Marlin on top of Crush's shell, burying him from view.

SQUIRT, KID TURTLES : Are you funny? Where're you from? Where's your shell? Do your stripes come off? Are you running away? Did you really cross the jellyfish forest? Did they sting you?

크러쉬 : 그랬단다.
말 린 : 내가 분명 그렇게 멋지게 해냈나 보지?
스쿼트 : 캡짱 멋져요! (말린과 머리를 따꿍하고)
말 린 : (자신의 머리를 문지른다) 아야.
크러쉬 : 아들아, 맘껏 놀아라. (말린에게) 자식이 있다는 건 멋져! 바닷가 모래 속에 알을 낳아 놓으면 부화하여선 눈 깜짝 사이에 커서 바다로 돌아 와.
말 린 : 자기들끼리?
크러쉬 : (물론) 그럼!
말 린 : 하지만 다 컸는지 뭘 보고서 알아?
크러쉬 : 그건 아무도 몰라. 자기들이 컸다고 느끼면 우리도 느끼는 거야. (웃는다)

크러쉬는 영악하게 머리를 끄덕인다. 말린도 똑같이 한다. 자신을 감지한다.

도 리 : 이봐! (가리킨다) 애들아!
스쿼트 : 저분 알아요! 해파리한테 이긴 분이라죠!
도 리 : 가서 껴안아줘!
새끼 거북이 #1 : (아이들이 말린에게 달려간다) 겹겹이 껴안아!
말 린 : 좋아, 잠깐만! 애들아!

그들은 크러쉬의 등 꼭대기에서 우글우글 겹쳐 쌓이며 그를 시야에서 묻어버린다.

스쿼트, 새끼 거북이들 : 아저씨, 웃겨요? 어디서 왔어요? 껍질이 어디 있어요? 줄이 떨어져요? 도망치고 있나요? 해파리 숲을 진짜 빠져나왔어요? 찔렸어요?

- **curl**
  (수면을) 물결치게 하다, 굽이치다
  to form or make something form into a curved shape; to move while forming into a twisted or curved shape; to make something do this

- **hatch**
  알이 깨다, 부화하다, (암컷이) 알을 품다

- **knowingly**
  영악하게, 아는 듯이, 아는 체하는
  in a way that shows that you know or understand about something that is supposed to be secret

- **catch oneself**
  하던 일을 갑자기 멈추다, 자신을 알아채다, 파악하다, 이해하다

- **pig pile**
  돼지가 포개져 눕는 것처럼 포개져 쌓이다

They find their way back to the big ol' blue.
find one's way back to는 '~ 로 되돌아가다, ~로 찾아 돌아가다, ~로 가는 길을 찾아가다' 등의 뜻이다. Do you think you can find your way back to your hotel from here? (여기서 호텔로 돌아가는 길을 찾아갈 수 있나요?)

Zoom In

They find their way back to the big ol' blue.
바다로 돌아오는 길을 찾아서 돌아와.

MARLIN : (muffled) I need to breathe! That's fine… Alright, kids. One at a time! One at a time…

Marlin breaks free. Faces the kids, smiling. He misses this.

TINY TURTLE : Mr. Fish, did you die?

DORY : Sorry, I was a little vague on the details.

SQUIRT : So, where are you going?

MARLIN : Well, you see, my son was taken. My son was taken away from me.

The kids (and Dory) gasp. Huddle closer together, eyes wide.

DORY : No way.

SQUIRT : What happened?

MARLIN : No, no, no, no, kids. I don't want to talk about it.

ALL KID TURTLES : Aww, come on! Tell us!

SQUIRT : Please?

MARLIN : (sighs) Well, OK. (where to start?) I live on this reef, a long, long way from here…

DORY : Oh boy, this is gonna be good. I can tell.

MARLIN : …And my son Nemo... See, he was mad at me. And maybe he wouldn't have done it... if I hadn't been so tough on him. I don't know. Anyway, he swam out in the open water to this boat... and when he was out there, these divers appeared... and I - I tried to stop them, but the boat was too fast. So, we swam out in the ocean to follow them...

말 린 : (감싸진 목소리로) 숨 좀 쉬지! 좋아… 얘들아. 한 명씩! 한 번에 한 명씩!

말린은 자유로워진다. 애들을 맞대고 웃는다. 그는 이것이 그립다.

작은 거북이 : 죽었다 깨어났어요?
도 리 : 미안, 기억이 가물가물 하단다.
스쿼트 : 그래, 어디로 가죠?
말 린 : 저기, 내 아들이 잡혀갔어. 멀리 잡혀갔단다.

아이들(그리고 도리)은 헐떡거린다. 눈을 크게 뜨고 같이 더 가까이 밀치락달치락한다.

도 리 : 안 돼.
스쿼트 : 어쩌다가 그랬는데요?
말 린 : 아니, 안 돼, 얘들아. 그 얘기는 하고 싶지 않구나.
새끼 거북이들 모두 : 제발요! 말해줘요!
스쿼트 : 제발!
말 린 : (한숨을 쉰다) 그래, 해줄게. (어디서 시작하지?) 난 여기서 아득히 멀리 떨어진 해초에서 살고 있단다.
도 리 : 이런, 재미있는 얘기가 나오겠는걸.
말 린 : 내 아들 니모는… 내게 화가 나 있었어. 내가 심하게 안 했으면 아마 안 그랬겠지. 어쨌든, 그 애가 넓은 바다에 떠 있는 보트에 다가갔는데… 그 동안 잠수부가 나타났어… 구하려 했지만, 보트가 쏜살같이 사라졌어. 그래서 그들을 쫓아 근 바다까지 헤엄쳐 왔는데…

- **muffle**
(소리 내지 못하게) 머리를 덮어 씌우다, 싸다
to wrap or cover somebody/something in order to keep them/it warm

- **vague**
(이해, 생각 등이) 아주 희미한, 막연한, 모호한
not clear in a person's mind; not having or giving enough information or details about something

- **huddle**
모이다, 붐비다, 밀치락달치락 하다
(of people or animals) to gather closely together, usually because of cold or fear

He was mad at me.
mad는 구어체에서 '몹시 화난'의 뜻으로 잘 쓰인다. 보통 be mad at은 '~에게 화를 내다'의 의미이다. get mad at를 쓰기도 한다. She's mad at me for being late. 내가 늦었다고 그녀가 내게 몹시 화가 나 있어.

Zoom In

He was mad at me.
그는 내게 화가 나 있었어.

MONTAGE (DUSK TO DAWN). A kid turtle relays Marlin's story to some nearby fish.

KID TURTLE : ...but they couldn't stop 'em. And then Nemo's dad... he swims out to the ocean, and they bump into... three ferocious sharks...

Two fish, big one and the small one swim together.

SMALL FISH : (deep voice) ...three ferocious sharks. He scares away the sharks by blowing 'em up!

BIG FISH : (high voice) Golly, that's amazing.

SMALL FISH : (deep voice) And then dives thousands of feet... straight down into the dark.

A line of lobsters walk along the sea floor. The one in front tells the story.

LOBSTER : ...and then dives thousands of feet... straight down into the dark. It's wicked dark down there. You can't see a thing. (aside to a lobster in trap) How's it going, Bob? And the only thing they can see down there...

Two swordfish duel as they talk.

SWORDFISH : ...and the only thing they can see down there... is the light from this big, horrible creature... with razor-sharp teeth. (aside) Nice parry, old man. (continues) And then he has to blast his way out of a jellyfish forest.

몽타주(황혼부터 새벽까지). 새끼 거북 한 마리가 말린의 이야기를 근처에 있는 물고기들에게 전달한다.

새끼 거북이 : …하지만 그들을 멈출 수가 없었대. 그 후 니모 아빠가… 큰 바다에 나왔다가 무시무시한 상어 세 마리를 만났는데…

두 마리 물고기가 헤엄을 치는데 한 마리는 크고 한 마리는 작다.

작은 물고기 : (낮고 굵은 목소리) …무시무시한 세 마리 상어를. 그는 그놈들을 한 주먹에 날려 버렸대!

큰 물고기 : (높은 목소리) 어머나, 엄청난걸!

작은 물고기 : (낮고 굵은 목소리) 말린은 수천 피트 잠수해서 캄캄한 심해에 들어갔는데…

한 줄의 바닷가재들이 바다 바닥을 따라 걸어간다. 앞에 있는 가재가 이야기를 한다.

바닷가재 : …수천 피트 잠수해서 캄캄한 심해에 들어갔는데… 거긴 아주 깜깜해서 아무것도 보이질 않는 곳이래. (트랩에 있는 바닷가재에게 방백) 어떻게 지내나, 봅? 그곳에서 보이는 건…

두 마리의 황새치가 말하면서 싸움을 벌인다.

황새치 : …그곳에서 보이는 건… 크고 험악한 괴물이 뿜는 불빛뿐이었대. 그 괴물은 이빨이 면도날이었대. (방백) 잘 피했네, 친구. (계속한다) 그리곤 해파리 숲을 쑥대밭으로 만들고 빠져 나와야 했다는군.

- **golly**
  (구) 아이고, 저런, 어머나
- **wicked**
  (속) 매우, 참으로
- **trap**
  트랩(어두운 빛깔의 화성암, 석유, 천연가스가 모여 있는 지질구조)
- **parry**
  몸을 비킴, 받아넘김, 피함, 핑계
  defending yourself against somebody who is attacking you by pushing their hand, arm, weapon, etc. to one side
- **blast**
  폭발하다, 폭발시키다
  to violently destroy or break something into pieces, using explosives

How's it going?
'안녕하세요?'라는 인사말인데 How are you? How are you doing? How are things? How's life? 등으로도 말할 수 있다. How's it going with you?라고도 한다. 친한 사이일 때에는 What's up?도 많이 쓰인다.

Zoom In

How's it going?

어떻게 지내나?

Two dolphins repeatedly break the surface in perfect sync as one relays the story. Two albatrosses flying overhead listen in.

DOLPHIN : So, these two little fish have been... searching the ocean for days… on the East Australian Current… which means that he may be on…

One of the albatrosses tells the story to her flock as they fly into the sunset.

ALBATROSS INTO SUNSET : …which means that he may be on his way here right now. That should put him in Sydney Harbor...

The full moon silhouettes an albatross relaying the story to pelicans.

ALBATROSS ON LIGHTHOUSE : …Sydney Harbor... in a matter of days. I mean, it sounds like... this guy is gonna stop at nothing...

A flock of pelicans fly through the night sky, towards the skyline of the harbor.

LEAD PELICAN : ...it sounds like... this guy is gonna stop at nothing... till he finds his son. I sure hope he makes it. That's one dedicated father, if you ask me.

EXT. SYDNEY SEWAGE OUTLET. MORNING

At the mouth of harbor, near a red buoy, seagulls congregate on a rock. They pester a group of pelicans. Nigel is one of them. He is trying to eat a crab.

SEAGULLS : Mine! Mine! Mine! Mine! Mine!

NIGEL : Oh, would you just shut up?! You're rats with wings!

두 마리의 돌고래가 하나가 그 이야기를 전달하는 동안 완벽하게 동조하여 반복적으로 수면을 헤친다. 두 마리의 신천옹이 위에서 날아가면서 귀를 기울인다.

돌고래 : 거길 빠져 나온 작은 물고기 두 마리는… 여러 날 동안 큰 바다를 뒤지면서… EAC해류를 탔대… 그를 이리로 데려다 줄…

신천옹 중 한 마리가 그들이 일몰 속으로 날아갈 때 자기 무리에게 그 이야기를 말한다.

일몰 속 신천옹 : 그를 이리로 즉시 데려다 줄 해류지… 시드니 항에 데려다 줄 해류 말이야.

보름달이 등대 위에 앉아 있는 펠리컨들에게 그 이야기를 전달하는 것을 비추고 있다.

등대 위 신천옹 : 시드니 항에…며칠만 지나면. 이 자는 마치… 어떤 시련도 뛰어넘고…

한 무리의 펠리컨들이 밤하늘을 날아, 항구의 저녁 하늘을 향한다.

대장 펠리컨 : …어떤 시련도 뛰어넘고… 아들을 찾아낼 거야. 꼭 그러길 바래. 정말 헌신적인 아버지야.

외부. 시드니 하수 방출구. 아침
빨간색 부표 가까이 항구 어구에 바다갈매기들이 바위 위에 모여 있다. 그들은 한 떼의 펠리컨들을 괴롭힌다. 나이젤이 그들 중의 하나다. 그는 게 한 마리를 먹으려고 한다.

갈매기들 : 나 줘! 내 거야! 나 줘, 나 줘! 나 줘!
나이젤 : 닥치지 못해? 쥐새끼 같은 것들아!

- **dolphin** (동물) 돌고래
- **albatross** (조류) 신천옹, 앨버트로스
- **skyline** 하늘을 배경으로 한 윤곽
- **lead** 선도하는, 앞서가는
- **dedicated** 일신을 바친, 헌신적인
- **sewage** 오수, 하수(오물)
- **outlet** 출구, 방출구
- **buoy** 부표, 부이, 구명부표
- **congregate** 모이다, 군집하다
- **pester** 괴롭히다, 못살게 굴다, 들볶다

In a matter of days
'며칠 만에, 며칠 지나서, 며칠 있으면'의 뜻이다. in a matter of minutes는 '몇 분 있으면, 조금 있으면, 몇 분 지나면'의 뜻이다. English cannot be mastered in a matter of days.(영어는 하루 이틀에 마스터할 수 있는 것이 아니다)

Zoom In

In a matter of days.

며칠만 지나면

PELICAN #1 : ...and now this bloke's been looking for his boy Nemo.

NIGEL : Nemo?!

PELICAN #1 : He was taken off the reef ...by divers and this clownfish has been looking for his son all over the ocean...

To get rid of the noise, Nigel tosses his crab at the squawking seagulls.

NIGEL : There! Take it! You happy?

SEAGULLS : Mine! Mine! Mine! (chase after it)

NIGEL : (to Pelican#1) Hey, hey, hey. Say that again! You just said something about Nemo. What was it?

The crab lands on the rocks. Is pursued to the edge. It turns on the seagulls.

CRAB : (strikes defensive karate poses) Heeeeee—yaaa!

The seagulls stop dead in their tracks. The crab seizes the moment, and leaps into the water.

SEAGULL #1 : Mine?

On the other rock, the pelican finishes telling Nigel everything.

PELICAN #1 : ...last I heard, he's heading towards the harbor.

NIGEL : Ho ho! Brilliant! (takes to the air)

INT. DENTIST'S OFFICE. DAY

Nemo lies slumped in the helmet, defeated. He looks across the tank at the threatening picture of Darla. Sighs. Bloat, Deb, Bubbles and Gurgle quietly float down from above.

펠리컨 #1 : …이 친구가 지금까지 아들 니모를 찾아다녔대.

나이젤 : 니모?!

펠리컨 #1 : 해초에서 잠수부가 잡아갔대. 그래서 이 광대어가 대양을 누비며 아들을 찾아다녔다는군.

그 소음을 없애기 위해서 나이젤은 자기 게를 꽥꽥거리는 바다갈매기들에게 던져준다.

나이젤 : 자! 너희나 먹어! 됐냐?

갈매기들 : 나 줘! 내 거야! 나 줘! (그것을 쫓는다)

나이젤 : (펠리컨 #1에게) 이봐, 이봐. 다시 말해봐! 방금 니모에 관해 뭐라고 했어?

그 게는 바위 위에 떨어져 언저리까지 추격당한다. 그것은 바다갈매기들에게 돌아선다.

게 : (방어적인 가라데 자세를 취한다) 히이이—야!

바다갈매기들은 그 자리에 딱 선다. 그 게는 순간을 포착하여 물로 뛰어들어 간다.

갈매기 #1 : 내 거?

반대편 바위에 그 펠리컨이 나이젤에게 모든 것을 말한다.

펠리컨 #1 : 마지막으로 들은 바로는 그가 항구 쪽으로 향했대.

나이젤 : 히야! 거 참 놀랍군. (하늘로 날아오른다)

내부. 치과의사의 집무실. 낮
니모는 좌절한 채 헬멧에 떨어진다. 그는 수족관 건너 달라의 위협적인 사진을 바라본다. 안쪽으로 더 깊이 가라앉는다. 블로트, 뎁, 버블 그리고 거글이 위에서 조용히 떠내려온다.

- **bloke**
  (구) 놈, 녀석
  fellow, a man
- **strike**
  어떤 활동을 갑자기 시작하다, (어떤 태도를) 별안간 취하다
- **strike a pose**
  (그림, 사진의) 포즈를 취하다
- **slump**
  쿵 떨어지다, 쑥 빠지다
  to assume a drooping posture or carriage
- **defeat**
  패배시키다, 좌절시키다
  to win against somebody in a war, competition, sports game, etc

To get rid of the noise
get rid of는 '(원치 않는 것을)면하다, 제거하다, 죽이다, ~을 벗어나다'의 뜻이다. rid 단독으로 쓰여도 동사로 같은 뜻이 된다. Primitive people also danced to get rid of evil spirits.(원시시대 사람들은 또한 악한 영혼들을 없애기 위해서 춤을 췄다)

Zoom In

To get rid of the noise.
그 소음을 없애기 위해서

DEB : (whispers) Is he doing OK?

GURGLE : (loud whisper) I don't know, but whatever you do, Don't mention D-a-r...

NEMO : (swims past them) That's OK. I know who you're talking about.

Bloat smacks Gurgle upside the head. Nemo passes the filter to reach Gill's home: the plastic skull. Timidly, he peeks through the eye hole.

NEMO : Gill...? Gill?

GILL : (floats motionless) Hey, Shark bait.

NEMO : I'm sorry I couldn't stop the fi...

GILL : No, I'm the one who should be sorry. I was so ready to get out... so ready to taste that ocean... I was willing to put you in harm's way to get there. (beat) Nothing should be worth that. I'm sorry I couldn't get you back to your father, kid.

Gill finally looks at Nemo. ON NIGEL IN THE SKY. He is flying like a madman and slams full force into the closed window.

NIGEL : All right. Hey! Hey! Hey!

DENTIST : What the...?

The crash spooks the dentist, and he prematurely pulls the tooth from his patient... who naturally screams.

DENTIST : Well, that's uh... one way to pull a tooth. (chuckles)

The dentist walks over to the window. Empty. He opens the window, checks left and right.

뎁 : (속삭인다) 니모 괜찮아?

거 글 : (큰 소리로 속삭인다) 모르겠어. 하지만 뭘 하든, 달라의 얘기만은…

니 모 : (빠르게 헤엄치며 지나간다) 괜찮아요, 무슨 얘긴지 알아요.

블로트는 거글의 머리 옆을 친다. 니모는 불안하게 필터를 지나 길의 집인 플라스틱 해골에 이른다. 소심하게 그는 눈구멍을 통해 엿본다.

니 모 : 길…? 길?

길 : (꼼짝하지 않고 떠 있다) 어서 와, 상어 밥.

니 모 : 미안해요, 제가 필터를 멈추지…

길 : 미안한 건 내쪽이야. 나가는데 너무 급급해서… 큰 바다가 그리워서 내가 너무 성급했어. 위험한 방법에 널 밀어 넣었던 거야. (잠시) 무모한 짓이었어. 널 아빠한테 보내지 못해 미안해.

마침내 길이 니모를 본다. 하늘의 나이젤 쪽. 그는 미친 사람처럼 날아가고 있다가 닫힌 창문에 세차게 부딪친다.

나이젤 : 이런! 이런! 아이고!

치과 의사 : 깜짝이야…!

그 충돌 소리가 치과의사를 겁먹게 하여 그는 환자로부터 너무 급하게 이빨을 뽑는다. 환자는 당연히 비명을 지른다.

치과 의사 : 그게 어… 깜짝 쇼 방법으로 뽑는 것도 괜찮군요. (킬킬 웃는다)

치과의사는 창문으로 걸어간다. 텅 비었다. 그는 창문을 열고 좌우를 살핀다.

- **smack**
  찰싹 치다, ~에 쪽 키스하다
  to hit somebody with your open hand, especially as a punishment

- **upside**
  ~의 옆을

- **spook**
  떨리게 하다, 위협하다, 겁먹게 하다
  to frighten a person or an animal; to become frightened

- **prematurely**
  시기상조에, 조급하게, 너무 이르게

I know who you're talking about.
'나는 네가 누구에 대해 말하고 있는지 안다'의 뜻인데 about의 목적어가 whom인데, 즉 Whom are you talking about?지만 구어체에서는 목적격의 의문사 whom대신에 주격인 who를 주로 사용한다.

Zoom In

I know who you're talking about.

무슨 얘긴지 알아요.

DENTIST : Hunh… Darn kids. (walks back to the patient) Well, good thing I pulled the right one, eh, Prime Minister?

NIGEL : (peeks up over the sill) Hey, hey! Psst!

PEACH : Oh, Nigel! You just missed an extraction.

NIGEL : Oh, has he loosened the periodontal ligament with the elevator yet? Doh! What am I talking about? Nemo! Where's Nemo? I've got to speak with him.

The gang all congregate by Nigel. Nemo swims up to the glass.

NEMO : What? What is it?

NIGEL : Your dad's been fighting the entire ocean... Looking for you!

NEMO : My father? Really?

GILL : Really?

NIGEL : Oh yeah! He's traveled hundreds of miles. He's been battling sharks and jellyfish... and all sorts of…

NEMO : Sharks? (defeated) That can't be him.

NIGEL : Are you sure? What was his name? Some sort of sport fish or something... Tuna… Trout…?

NEMO : Marlin?

NIGEL : That's it! Marlin! The little clownfish from the reef!

Nemo's face lights up.

NEMO : It's my dad! He took on a shark!

NIGEL : I heard he took on three.

TANK GANG, NEMO : Three? Three sharks?

치과 의사 : 망할 꼬마들. (환자에게 돌아온다) 제대로 뽑아서 다행입니다, 수상님!

나이젤 : (창문턱 너머로 엿보며 안으로 몸을 기울인다) 어이, 이봐! 잠깐!

피 치 : 나이젤! 치아 뽑는 장면을 놓쳤어.

나이젤 : 치주 인대를 벌써 헐겁게 했어? 내가 웬 한가한 소릴! 니모! 니모 어딨어? 꼭 말할 게 있는데.

무리는 모두 나이젤 옆에 모여든다. 니모는 유리까지 헤엄쳐 올라온다.

니 모 : 왜 그래요?

나이젤 : 널 찾느라 네 아빠가 온통 바다와 씨름한대.

니 모 : 아빠가? 정말?

길 : 정말?

나이젤 : 그렇다니까! 수백 마일 헤치며… 상어, 해파리랑 싸우고 모든 종류의…

니 모 : 상어랑? (맥 빠진다) 그럼 아빠 아니에요.

나이젤 : 확신해? 이름이 뭐더라? 큰 낚싯감 물고기야… 참치? 송어?

니 모 : 말린?

나이젤 : 맞았어! 말린! 해초에서 온 작은 광대어!

니모의 얼굴이 밝아진다.

니 모 : 아빠 맞아요! 아빠가 상어랑 싸웠대요.

나이젤 : 그것도 1대 3으로 싸웠대!

수족관 무리, 니모 : 셋이랑? 상어 세 마리랑!

- **sill**
  문지방, 창 문턱
  window sill
- **extraction**
  발치, 뽑아 냄, 빼어 냄
  the removal of a tooth
- **periodontal**
  치주의, 치근막의
- **ligament**
  (해부) 인대
  a strong band of tissue in the body that connects bones, supports muscles, etc
- **elevator**
  지렛대, 물건을 올리는 장치 (해부) 거근
- **sport fish**
  스포츠로서의 낚싯감이 되는 큰 물고기

Some sort of sport fish or something.
구어체에서 자주 쓰이는 ~or something은 '(누구, 어디 등)뭐라더라, ~인지 무엇인지, 따위, 등등'의 뜻이다. 따라서 예문은 '뭐라더라 큰 낚싯감 물고기라던가'의 뜻이다. How about a cup of coffee or something?(커피 한 잔 어떨습니까?)

Zoom In

Some sort of sport fish or something.
큰 낚싯감 물고기라던가.

BLOAT : That's gotta be 4,800 teeth!

NIGEL : You see, kid, after you were taken by Diver Dan over there... your dad followed the boat you were on like a maniac.

NEMO : Really?

Nemo's face swells with pride.

NIGEL : He's swimmin', and he's swimmin' and he's giving it all he's got... Then three gigantic sharks capture him. He blows them up and then dives thousands of feet... where he gets chased by a monster with huge teeth! He ties this thing to a rock. What does he get for a reward? He gets to battle an entire jellyfish forest! But now he's riding with a bunch of sea turtles on the East Australian Current... and the word is he's headed this way right now... to Sydney!

TANK GANG : (look at each other in amazement) Wow! What a good daddy! Unbelievable...

GILL : He was looking for you after all, Shark Bait.

Nemo's not there. Gill looks across the tank to find the boy picking up a large fused pebble, and heading up to...

GURGLE : He's swimming to the filter!

TANK GANG : Shark Bait! Not again!

The fish swim after him. Nemo spits the pebble into the filter, and vaults in.

GILL : (Gill just misses him) Shark Bait!

TANK GANG : No! You've got your whole life ahead of you!

블로트 : 이빨이 무려 4,800개야!

나이젤 : 있잖아, 잠수부가 널 잡아가자… 네 아빠가 미치광이처럼 보트를 따라서…

니 모 : 정말?

니모는 자긍심으로 한껏 부풀어 오른다.

나이젤 : 헤엄치고 또 헤엄치며 죽을 힘을 다해 쫓다가 집채만 한 상어한테 붙잡혔대. 그가 상어를 물리치고 수천 피트 잠수하다가 거대한 이빨의 괴물에게 쫓겼다는군! 그 녀석을 바위에 묶었는데 그 보상이 뭐겠어? 해파리 떼 전체와 싸웠대! 하지만 지금은 EAC해류를 이용해서 한 패거리의 바다거북과 함께 시드니로 일방통행 오고 있대!

수족관 무리 : (모두 놀라서 서로를 쳐다본다) 와! 정말 멋진 아빠야! 믿을 수 없는 일이야.

길 : 아빠가 널 찾는단다, 상어 밥.

니모는 이미 거기에 없다. 길이 수족관 건너편을 바라보자 니모가 신관을 단 큰 자갈 하나를 들어 올려 달려가는 것을 발견한다.

거 글 : 필터를 향해 가고 있어!

수족관 무리 : 상어 밥! 제발 막아줘!

물고기들은 그를 쫓아간다. 니모는 그 자갈을 필터 속으로 뱉어내고는 안으로 뛰어든다.

길 : (그를 놓치고 만다) 상어 밥!

수족관 무리 : 안 돼! 목숨을 함부로 하지 마!

- **maniac**
  (구) 미치광이, 열광자, 매니아
  a person who behaves in an extremely dangerous, wild, or stupid way; a person who has an extremely strong desire or enthusiasm for something, to an extent that other people think is not normal

- **swell**
  부풀다, 팽창하다, 불룩해지다

- **East Australian Current**
  호주 동부 해류

- **fused**
  퓨즈를 단, 신관을 단

- **vault**
  뛰다, 도약하다, 뛰어내리다
  to jump over an object in a single movement, using your hands or a pole to push you

The word is he's headed this way right now.
보통은 word가 관사 없이 '기별, 소식, 전언' 등의 뜻으로 쓰인다. The word is that ~에서 접속사 that이 생략된 구문으로 '~라는 이야기가 있다'의 뜻이다. Now, the word on the street is that taxes have been raised.(현재 세금이 인상됐다는 시중에 이야기가 나돌고 있다)

Zoom In

The word is he's headed this way right now.

일방통행으로 오고 있대.

GILL : We'll help you, kid!

Like before, the gang grabs a plastic plant. INSIDE THE FILTER. A determined Nemo approaches the fan… gauges the size of the fused pebble in his fin. IN THE TANK. The fish shove the plastic plant into the intake tube.

TANK GANG : Get him out of there! Come on, kid! Grab the end!

SFX: GEARS GRIND NOISILY TO A HALT.

TANK GANG : (rush to the side of the filter) Shark bait! Are you okay? Oh, no!

GILL : Can you hear me, Shark bait? Nemo! Can you hear me?

NEMO : (pops up behind them, smiling) Yeah, I can hear you.

GILL, TANK GANG : Shark bait, you did it!

GURGLE : (hugs Nemo) Ahh! Shark bait, you're... (pulls away; horrified) … covered with germs! Aah!

GILL : Ha ha! That took guts, kid.

MOMENTS LATER. Gill has assembled everyone around Darla's picture.

GILL : All right, gang, we have less than 48 hours... before Darla gets here. This tank'll get plenty dirty in that time... but we have to help it along any way we can. Jacques?

JACQUES : Oui?

GILL : No cleaning.

JACQUES : I shall resist.

GILL : Everybody else? Be as gross as possible. Think dirty thoughts. We're gonna make this tank so filthy the dentist will have to clean it. (Bloat belches)

길 : 우리가 도울게, 꼬마!

전처럼, 무리는 플라스틱 식물을 잡는다. 필터 내부. 결연한 니모가 팬에 다가가서는, 자신의 지느러미에 신관이 달린 자갈의 크기를 측정한다. 수족관 안. 물고기들이 플라스틱 식물을 흡입 튜브 속으로 밀어 넣는다.

수족관 무리 : 저기서 꺼내! 어서 꺼내! 끝을 잡아!

특수효과: 기어들이 시끄럽게 갈아대며 멈춘다.

수족관 무리 : (필터의 옆으로 달려간다) 상어 밥! 괜찮아? 안 돼!
길 : 내 말 들려, 상어 밥? 니모, 내 말 들려?
니 모 : (웃으며 그들 뒤에서 튀어나온다) 들리고 말고요.
길, 수족관 무리 : 상어 밥, 네가 해냈어!
거 글 : (니모를 포옹한다) 아아! 상어 밥, 너… (몸을 뺀다; 겁에 질려) …세균이 덕지덕지 붙었잖아! 이런!
길 : 하하! 놀라운 용기였어.

잠시 후. 길은 달라의 사진 주위에 모두를 모이게 한다.

길 : 그래, 달라 출현은 48시간도 안 남았어. 그때까지 수족관이 탁해지도록 모두 함께 힘쓰자. 자크?
자 크 : 왜?
길 : 청소하지 마.
자 크 : 애써 볼게.
길 : 나머지들은? 가능한 한 무식하게 굴어. 더러운 생각들만 하도록 해. 수족관을 아주 더럽혀서 치과의사가 대청소하게 만들어. (블로트가 트림을 한다)

- **gauge**
  측정하다, 재다, 평가하다
  to make a judgment about something, especially people's feelings or attitudes; to measure something accurately using a special instrument

- **shove**
  밀다, 밀어 넣다, 밀어 제치고 나아가다
  to push somebody/something in a rough way; to put something somewhere roughly or carelessly

- **SFX**
  (영화, TV) 특수효과
  special effects

- **resist**
  참다, 삼가다, 저항하다

- **gross**
  (공기, 액체 등이) 탁한, 짙은, 불쾌한, 야비한
  very unpleasant; very rude; disgusting

- **belch**
  트림을 하다
  to let air come up noisily from your stomach and out through your mouth

Be as gross as possible.
'as~ as possible'은 'as ~ as + 주어 + can'과 같이 '가능한 한, 될 수 있는 한, 가급적'의 뜻이다. Let's knock this off as fast as we can. = Let's knock this off as fast as possible. (될 수 있는 대로 빨리 이 일을 마무리하자)

Zoom In

Be as gross as possible.
가능한 한 무식하게 굴어.

GILL : Good work!

EXT. EASTERN AUSTRALIAN CURRENT. AFTERNOON

The turtle caravan races by at top speed. Marlin and Dory ride Crush's back. Everyone has to yell over the roar of the current.

CRUSH : All right, we're here, dudes! Get ready! Your exit's coming up, man!

MARLIN : Where? I don't see it!

DORY : Right there! (points) I see it! I see it!

In the distance, a giant eddy branches off the current – an off-ramp.

MARLIN : You mean the swirling vortex of terror?

CRUSH : That's it, dude.

MARLIN : Of course it is.

CRUSH : OK, first, find your exit buddy.

Dory grabs Marlin real tight.

CRUSH : Do you have your exit buddy?

DORY : Yes!

CRUSH : Okay, Squirt here will now give you a rundown of proper exiting technique.

SQUIRT : (pops up from underneath his father) Good afternoon! We're gonna have a great jump today! (makes broad gestures) OK, crank a hard cutback as you hit the wall. There's a screaming bottom turn, so watch out! Remember: Rip it, roll it, and punch it!

길 : 옳지, 그렇게!

외부. 동호주 해류. 오후
거북이 대열이 전속력으로 달린다. 말린과 도리는 크러쉬의 등에 타고 있다. 모두가 해류의 포효 위로 소리를 질러야 한다.

크러쉬 : 좋아, 거의 다 왔어, 친구들! 준비해! 출구가 눈앞이야.
말 린 : 어디? 난 안 보여!
도 리 : 저기! (가리킨다) 난 보여, 바로 저기잖아.

멀리, 해류에서 벗어난 거대한 소용돌이 세류 – 출구로 가 있다.

말 린 : 집어삼킬 듯한 저 소용돌이 말야?
크러쉬 : 맞았어.
말 린 : 왜 아니겠어!
크러쉬 : 좋았어! 먼저, 각자 출구를 찾아.

도리는 말린을 아주 꽉 잡는다.

크러쉬 : 나갈 곳 정했어?
도 리 : 그래!
크러쉬 : 좋아, 스쿼트가 적절한 출구 요령을 설명할 거야.
스쿼트 : (그의 아버지 아래로부터 튀어나온다) 안녕하세요! 우린 오늘 대단한 도약을 할 겁니다! (과장된 몸짓을 한다) 좋아요, 가시는 목적지까지 급물살을 향해 방향을 180도 트세요. 밑바닥 파도는 회전이 크니까 조심해요! 꼭 명심해요. 비틀기, 미끄럼, 그리고 박차기!

- **caravan**
  대상, 여행자단, 마차여행
- **eddy**
  소용돌이, 역류, 회오리바람
  a circular movement of air, dust or water
- **off-ramp**
  출구로(고속도로에서 일반도로로 빠져나가는 차선)
- **vortex**
  소용돌이, 회오리바람
  a mass of air, water, etc. that spins around very fast and pulls things into its centre
- **rundown**
  각 항목별 검사(부석) 개요(보고)
- **crank**
  크랭크 모양으로 구부리다, 크랭크를 돌려 엔진을 걸다
- **cutback**
  컷백(서프보트를 파도마루를 향해서 회전함)

So watch out!
Watch out!은 명령형으로 '(위험하니까)조심해! 주의해, 위험해!'의 뜻이다. 명령형이 아닐 때엔 '망보다, 경계하다'의 뜻도 있다. Watch out! A city bus is in front of your car.(조심해요! 앞에 시내 버스가 있어요)

Zoom In

So watch out!
그러니까 조심 해요!

MARLIN : (stares at the boy for a beat) It's like he's trying to speak to me, I know it! (to Squirt) You know you're really cute, but I don't know what you're saying! Say the first thing again.

CRUSH : OK, Jellyman! Go, go, go!

Squirt shoves Marlin and Dory off Crush's shell, and into the off-ramp eddy. Marlin screams as they're sucked into the vortex. They ride the eddy like a waterslide, spinning around out of control… and shoot out the other end into calm open waters.

MARLIN : (screams into laughter) Whoa! Wahoo! That was... fun! I actually enjoyed that.

DORY : (spots turtles; points) Hey, look, turtles!

CRUSH : (treads water against the flow) Ha ha ha! Most excellent! Now, turn your fishy tails around...and swim straight on through to Sydney! No worries, man!

MARLIN : No worries! Thank you, dude Crush!

Crush is pelted with passing kids. Their weight slowly sends him downstream.

KID TURTLES : Bye! Bye, Jellyman! See ya!

CRUSH : You tell your little dude I said hi, OK?

SQUIRT : See ya later, dudes!

DORY : Bye, everyone!

MARLIN : (gives a sad smile) Oh, Nemo would have loved this. (remembers; calls out) Ooh! Hey! Crush, Crush! I forgot! How old are you?

CRUSH : 150, dude! And still young! Rock on!

말 린 : (잠깐 그 소년을 응시한다) 꼭 나한테 하는 말 같아. (스쿼트에게) 넌 앙증맞고 귀엽지만 무슨 말인지 모르겠어! 처음 것 다시 말해 봐.

크러쉬 : 이때야, 출발!

스쿼트는 말린과 도리를 크러쉬의 등에서 내던져 출구로 역류 속으로 보낸다. 말린은 소용돌이 속으로 빨려 들어가면서 비명을 지른다. 그들은 수상스키처럼 그 역류를 타서 제어할 수 없이 빙 돌아서는… 반대편 끝으로 내달려 잔잔한 공해로 나간다.

말 린 : (웃음으로 비명을 지른다) 우와! 와우! 정말 짜릿했어! 신 나게 즐겼고…

도 리 : (거북을 발견한다; 가리킨다) 여이, 거북이 친구들!

크러쉬 : (해류의 흐름에 역행해 물을 지나간다) 하하하! 프로처럼 잘했어! 이제, 핸들을 확 돌려서 시드니까지 곧장 달려가. 이젠 걱정하지 마!

말 린 : 걱정 없어! 고마웠어, 크러쉬!

크러쉬는 지나가는 아이들에게 내던져진다. 그들의 무게가 천천히 그를 바다 아래로 보낸다.

아리 거북이들 : 안녕! 해파리 아저씨! 또 봐요!

크러쉬 : 아들한테 내 인사 부탁해, 알았지?

스쿼트 : 또 만나요!

도 리 : 여러분, 안녕!

말 린 : (슬픈 미소를 보낸다) 니모도 끼었으면 얼마나 좋아했을까? (기억한다; 소리를 지른다) 아! 이봐! 크러쉬, 크러쉬! 잠깐만요! 참, 몇 살이야?

크러쉬 : 150살! 아직 새파란 나이야! 신 난다!

■ **waterslide**
물미끄럼타기, 물미끄럼을 타다(놀이공원이나 워터 파크에서 놀이시설을 이용해 물미끄럼을 타는 것을 말한다)

■ **pelt**
내던지다, 팔매질하다, ~에게 퍼붓다
to attack somebody by throwing things at them

■ **rock**
흔들리다, 진동하다, (흥분, 감동 등으로) 동요하다, 감동하다
to move gently backwards and forwards or from side to side; to make somebody/something move in this way

No worries, man!
No worries!는 '(흔히 고맙다는 말에 대한 대꾸로 쓰여) 괜찮아, 걱정 마라, 문제 없어' 등의 뜻으로 Don't worry. Don't you worry. Not to worry. No need to worry. There is nothing to worry about. Don't be so anxious. 등도 같은 표현이다.

Zoom In

No worries, man!
이봐, 걱정 마!

Crush and the other turtles fade off in the distance.

MARLIN : 150! 150! I gotta remember that.

The two fish turn, and confront a foreboding wall of murk.

DORY : Whoa. We going in there?

MARLIN : Yep.

DORY : (all business) P. Sherman, 42 Wallaby Way, Sydney?

MARLIN : Yep. We're gonna just swim straight. (heads fearlessly into the murky void)

DORY : Just keep swimming... just keep swimming... swi... (switches to humming)

MARLIN : Dory...

크러쉬와 다른 거북들이 멀리 사라진다.

말 린 : 150 살! 150 살? 잘 기억해 둬야지.

두 물고기는 돌아서서 불길한 전조의 어두운 벽을 마주한다.

도 리 : 와우, 저기로 가야 해?

말 린 : 맞아.

도 리 : (사무조로) P. 셔먼, 왈라비 가 42번지 시드니의 목적지로 이어져?

말 린 : 그래. 앞만 보고 똑바로 가면 돼. (어둠침침한 허공 속으로 두려움 없이 나아간다)

도 리 : 앞만 보고 똑바로… 앞만 보고 똑바로… (콧노래로 전환한다)

말 린 : 도리…

- **confront**
  직면하다, 맞서다, ~에게 들이닥치다
  to face somebody so that they cannot avoid seeing and hearing you, especially in an unfriendly or dangerous situation

- **foreboding**
  (불길한) 전조의
  a strong feeling that something unpleasant or dangerous is going to happen

- **murky**
  어둠침침한, 음울한
  (of air, light, etc.) dark and unpleasant because of smoke, fog, etc

Key Expressions

200 I must've done something you all liked.

내가 그렇게 멋지게 해냈나 보지?

'must have + pp'는 과거에 대한 당연한 추정을 나타내어 '~이었음에 틀림없다, 틀림없이 ~했을 것이다'의 표현이다. 즉 조동사 다음에 완료형이 오면 과거로 해석되기 때문에 must가 '~임(함)에 틀림없다, 틀림없이 ~일 것이다'는 현재의 추정이 과거의 추정이 되는 것이다. 그것의 부정은 can't (~일리가 없다, ~할 리가 없다)이다. 구어체에서는 must have를 단축해서 must've를 사용할 때가 많다.

202 No way. 안 돼!

사실 구어체에서 자주 쓰이는 No way.는 상황에 따라 뜻이 다양하다. 원래는 강한 거절이나 반대를 나타낼 때 쓰는 표현으로 단순히 No!라고 말하는 것보다 뜻이 강하다. There is no way~라는 말의 생략형인 셈이다. 대체로 제안이나 요구에 대한 단호한 거절을 표현하여 '절대로 안 돼. 어림도 없어, 필요 없어, 천만의 말씀, 안 돼' 등의 뜻이지만 No!의 뜻에 있는 것 같이 '(놀람, 의문 등을 나타내어)설마! 저런!, 아니, 그럴수가!' 등의 뜻이 되기도 한다.

202 He wouldn't have done it if I hadn't been so tough on him. 내가 심하게 안 했으면 아마 안 그랬겠지.

이는 '내가 그에게 그렇게 모질게 대하지 않았더라면 그는 그것을 행하지 않았을 것이다'의 뜻이다. 즉 조건절에 과거완료가 쓰이고 주절에 '조동사 과거 + have + pp'가 쓰이면 과거사실에 반대되는 상황을 가정한다. 따라서 예문은 As I was so tough on him, he did it.의 의미가 된다.

210 Nothing should be worth that. 무모한 짓이었어.

worth가는 형용사로 쓰일 때에는 '(금전 등의 면에서)~의 가치가 있는, (권고나 추천의 뜻에서) ~할 만 가치가 있는, (힘이 들거나 애를 써야 하지만) ~의(할만한)가치가 있는'의 뜻으로 그 뒤에 명사, 또는 동명사가 쓰인다. 따라서 It's worth nothing.은 '그것은 무가치하다'의 뜻이다. 따라서 예문은 '그것을 할만큼의 가치가 있는 것은 없을 것이다'의 의미가 된다.

216 We have to help it along any way we can.

그때까지 모두 함께 힘쓰자.

way는 '방법, 수단, 방침' 등을 나타내는 명사이지만 특히 구어체에서는 접속사의 역할로 잘 쓰이는데 the way(that)는 '~처럼, ~에 의하면, ~이므로, ~으로 판단하면, ~하는 방법'의 뜻이 된다.

220 Nemo would have loved this. 니모도 이것을 좋아했겠지.

가정법 구문에는 조건절 대신에 다른 말, 즉 주어, 형용사절, 부사구, 접속사 등이 쓰일 수도 있고 또 조건절이 완전히 생략된 구문도 사용된다. 물론 가정법 과거완료 시제인 would have loved를 보고 의미를 파악해야 한다. 조건절은 전후 관계로 그 내용을 판단할 수 있다. 예문은 '니모는 이것을 좋아했었을 것이다'의 뜻으로 조건절에 해당하는 if Nemo had seen this(니모가 이것을 보았더라면), 또는 if Nemo had been here(니모가 여기 있었더라면) 등이 생략되어 있는 것이다.

Chapter 8

마침내 시드니에 도착하다

Finally They Reach Sydney

시간 01:03:19 ~ 01:15:42

INT. MURKY VOID. LATER
Deep in the thick murk, Marlin and Dory fade into view.

MARLIN :	Boy, this is taking awhile.
DORY :	Hey, how about we play a game?
MARLIN :	OK.
DORY :	Uh, OK. I'm thinking of something orange... and it's small...
MARLIN :	It's me.
DORY :	Right! Okay, this one you'll never guess… (and out of view... back into view) It's like, orange and uh, small...
MARLIN :	It's me.
DORY :	All righty, Mr. Smarty Pants, now I'm thinking… (out of view... into view) It's orange… and small… and white stripes...
MARLIN :	Me. And the next one? Just a guess, me.
DORY :	Okay. That's just scary.

내부. 음울한 허공. 그 후
짙은 암흑 속 깊이 말린과 도리는 시야에 들어온다.

말 린 : 이런 식으로는 엄청나게 더디겠어!
도 리 : 이봐, 우리 퀴즈 놀이할까?
말 린 : 좋아.
도 리 : 좋아. 색깔은 오렌지 색이고… 체구가 작아.
말 린 : 나야!
도 리 : 정답! 이번 문제는 맞추지 못할 걸… (안 보였다가… 다시 보였다가) 오렌지 색 작은 몸뚱이…
말 린 : 그것도 나야.
도 리 : 좋았어, 미스터 똘망똘망. 자! 내가 생각한 건… (안 보였다가… 보였다가) 오렌지 색에 작은 몸매… 그리고 흰 줄무늬…
말 린 : 나야. 다음 답도 나!
도 리 : 맞아. 정말 놀라워.

■ **murky**
어두운, 어둠침침한, 음울한
not clear; dark or dirty with mud or another substance; dark and unpleasant because of smoke, fog, etc

■ **fade**
희미해지다, 꺼져가다
to become or to make something become paler or less bright; to disappear gradually

■ **awhile**
잠시, 잠깐. 구어에서는 for(after) a while 대신에 for(after) awhile 을 쓰기도 한다.

■ **all righty**
all right

■ **Mr. Smarty Pants**
someone who tries to appear intelligent; someone who displays intelligence in an annoying way

Marlin begins to look worried. He points to a particle in the water. As he speaks, he becomes more hysterical.

MARLIN : Wait, wait, wait. I have definitely seen this floating speck before. That means we've passed it before... and that means we're going in circles... and that means we're not going straight!

DORY : Hey, hey!

MARLIN : We gotta get to the surface. Come on, we'll figure it out up there. Let's go! Follow me!

DORY : Hey, hey, hey… Whoa whoa whoa… Hey! (grabs hold of Marlin) Relax. Take a deep breath.

They breathe together.

DORY : Now, let's ask somebody for directions.

MARLIN : Fine. Who do you want to ask, the speck? There's nobody here!

DORY : Well, there has to be someone. It's the ocean, silly. We're not the only two in here. (looks out into the murk) Let's see. (revolves) OK, no one there. Uh, nope…Nada.

A small dark blur of a fish slides into view. ...deep in the gray mist.

DORY : (gasps) There's somebody. (calls out) Hey! Excuse...

MARLIN : Dory, Dory, Dory! (gets in her face; whispers) Okay, now it's my turn. I'm thinking of something dark and mysterious. It's a fish we don't know. And if we ask it directions... it could ingest us and spit out our bones!

말린은 걱정스러워 보이기 시작한다. 그는 물속에 한 작은 조각을 가리킨다. 말을 하면서 그는 더 감정적이 된다.

말 린 : 잠깐, 잠깐. 분명 이 떠다니는 얼룩을 본 적 있어. 그건 같은 얼룩을 지나왔단 뜻이야. 그러니까 제자리걸음 한단 뜻이지… 똑바로 나아가지 않고 말이야!

도 리 : 이봐!

말 린 : 수면에 올라가야 해. 어서, 거기 가서 확인하자. 가자! 따라와 봐!

도 리 : 이봐, 이봐… 우와 우와 우와! 이보라고! (말린을 꽉 잡는다) 진정해. 숨을 크게 쉬어봐.

그들은 함께 숨을 쉰다.

도 리 : 방향이 어딘지 누구에게 물어보자.

말 린 : 좋아. 누구한테? 얼룩한테? 여긴 아무도 없잖아?

도 리 : 이 큰 바다에 누군가 있을 거야. 어디 우리 둘뿐이겠어? (어둠 속을 내다본다) 어디 보자. (회전한다) 아무도 없군. 전혀! 아무것도 안 보여.

작고 어두운 물고기의 얼룩이 시야에 들어온다. 회색 안개 속 같은 곳에…

도 리 : (헐떡거린다) 저기 누군가 있어. (소리친다) 이봐요! 실례…

말 린 : 도리, 도리! (그녀의 얼굴에 다가가 속삭인다) 좋아, 이번엔 내 차례야. 금시초문의 불길하고 의심스러운 물고기 같아. 길을 물으면 우릴 삼켜 뼈를 내뱉을 수 있어!

- **particle**
  아주 작은 조각, 입자, 극소량
  a very small piece of something; a very small piece of matter, such as an electron or proton, that is part of an atom

- **speck**
  작은 반점, 작은 얼룩, 흠
  a very small spot; a small piece of dirt, etc

- **grab hold of**
  ~을 갑자기 움켜잡다
  to take or hold somebody/something with your hand suddenly, firmly or roughly

- **nope**
  (구어) = no → yep

- **blur**
  더럼, 얼룩
  a shape that you cannot see clearly, often because it is moving too fast

- **ingest**
  섭취하다, 제트엔진으로 빨아들이다

We'll figure it out up there.
figure out은 미국에서 흔한 관용구로 '이해하다, 알아내다, 해결하다, 계산하다, 산출하다'의 뜻인데 특히 understand의 의미로 많이 쓰인다.
I wasn't able to figure out the first question. (나는 첫 번째 문제를 이해할 수 없었다.)

Zoom In

We'll figure it out up there.
거기 가서 확인하자.

DORY : What is it with men and asking for directions?

MARLIN : Look. I don't want to play the gender card right now. You wanna play a card? Let's play the... (makes quotes with his fins) "Let's Not Die" card.

DORY : You want to get out of here, don't you?

MARLIN : Of course I do.

DORY : Well, then how are we gonna do that unless we give it a shot and hope for the best? Hmm? Hmm?

MARLIN : But, but Dory, you don't fully understand...

DORY : Come on. Trust me on this.

MARLIN : (stops and sighs) All right.

DORY : (smiles) Excuse me! Whoo-hoo! Little fella?

The small dark blur of a fish just floats there. No response.

DORY : Hello! (to Marlin) Don't be rude. Say hi.

MARLIN : Ha. Hello.

DORY : His son Bingo...!

MARLIN : Nemo.

DORY : Nemo was taken to... uh...

MARLIN : Sydney.

DORY : Sydney! Yes. And it's really, really important... that we get there as fast as we can... so can you help us out?

The shape just sits there.

DORY : Come on, little fellah. Come on.

도 리 : 길 묻는 건 여성이 더 유리해.
말 린 : 이봐. 지금 성 카드놀이하고 싶지 않아. 카드놀이 하고 싶어? 그럼 우리… (지느러미로 인용부호를 만든다) "죽지 말자" 카드놀이나 하자.
도 리 : 여기서 빠져나가고 싶어?
말 린 : 당연하지!
도 리 : 그렇다면 일단 성심껏 한 번 부닥쳐 보고 최상의 결과를 바라는 게 상수잖아? 응?
말 린 : 근데 도리… 잘 이해를 못 하나 본데…
도 리 : 도리 없잖아. 이번엔 날 믿어봐.
말 린 : (멈추고, 한숨을 쉰다) 알았어.
도 리 : (미소를 짓는다) 실례해요! 후우! 작은 친구!

그 물고기의 작고 어두운 얼룩은 거기에 그냥 떠 있다. 응답이 없다.

도 리 : 여기 좀 봐! (말린에게) 상냥하게 인사 좀 해봐.
말 린 : 안녕!
도 리 : 아들 빙고가…!
말 린 : 니모!
도 리 : 니모가 잡혀갔어.
말 린 : 시드니에! 맞아, 우리의 급선무는 최대한 신속하게 찾는 일이야. 우릴 도와줄 수 있니?

어슴푸레한 그 형태는 그냥 거기에 앉아 있다.

도 리 : 대답 좀 해봐, 꼬마 친구. 어서!

▪ **gender**
성, 성별
the fact of being male or female

▪ **quote**
인용부호, 인용문

▪ **hope for the best**
최상을 바라다

▪ **Hope for the best!**
또 좋을 때가 있겠지! 비관하지 마라! 최상을 바라라!

▪ **shape**
모양, 꼴, (어슴푸레한) 물건의 형태
the form of the outer edges or surfaces of something; an example of something that has a particular form

Unless we give it a shot
shot은 '시도, 해보기'의 뜻으로 give ~a shot은 '한번 시도해 보다'는 뜻의 관용표현이며 give it a try, go for it과 같다. give one's best shot은 '최선의 노력을 다하다'의 뜻이다. 예문은 '우리가 한 번 시도도 하지 않는다면'의 뜻이다.

Zoom In

Unless we give it a shot.
한 번도 부닥쳐 보지 않고.

MARLIN : Dory, I'm a little fellah. I don't think that's a little fellah.

The shape unfurls. Emits a distant whale cry.

DORY : Oh, oh, oh... Big fellah. Big fell... Whale! OK. Maybe he only speaks "whale."(in "whale") Weeee neeeeeed to fiiiiiiind his sooooon...

MARLIN : Uh, Dory? What are you doing? What are you doing? Are you sure you speak whale?

DORY : Caaaaan yooooouuuu giiiive uuuus diiireeeeeec tiooooonsss?

MARLIN : Dory! Heaven knows what you're saying!

The whale turns away into the murk, and disappears.

MARLIN : See, he's swimming away.

DORY : Cooome baaack.

MARLIN : He's not coming back. You offended him.

DORY : Maybe a different dialect. (makes whale noises)

MARLIN : Dory! Dory, this is not whale. You're speaking... like, upset stomach.

As they debate, the whale slowly appears behind them out of the murk. They don't see it. It grows bigger and bigger.

DORY : Maybe I should try humpback. (speaks humpback) MOOOOOOOOO! MOOOOAAAAAAA!

MARLIN : No, don't try humpback...

DORY : WAAAAAAAAAAAAAOOOOOOOOOOO!! WAAAAAAAAOOOOOO!!

말 린 : 도리, 작다는 건 날 두고 하는 소리야. 저건 작은 물고기 같지 않아.

그 형태는 펴진다. 멀리서 고래의 울음소리가 들린다.

도 리 : 오, 엄청 큰 친구잖아? 큰 친…고래야! 아마도 고래는 고래 말밖에 모를 거야. (고래 말로) 우리는… 그의 아들을… 찾아야 해…

말 린 : 도리. 뭐 하는 거야? 뭐 하느냐고? 고래 말로 하는 거 확실해?

도 리 : 길을… 가르쳐… 줄 수… 있어?

말 린 : 도리! 아무도 못 알아들을 소리야.

그 고래는 돌아서 어둠으로 들어가 사라진다.

말 린 : 봐, 가버리잖아.

도 리 : 돌아와…

말 린 : 그는 안 돌아와. 기분이 상했어.

도 리 : 딴 사투리 해볼게. (고래 소음을 낸다)

말 린 : 도리! 이건 고래가 아니야. 고래고래 소리만 지르고 있잖아.

그들이 논쟁을 벌이고 있는 동안 고래가 천천히 어둠 속에서 그들 뒤에 나타난다. 그들은 그걸 보지 못한다. 그것은 점점 커진다.

도 리 : 그럼 혹등고래 말을 해봐야지. (혹등고래 말을 한다) 무우우우우우! 무우우우우우 아아아아!

말 린 : 아니, 하지 말래도…

도 리 : 와아아아아아아오오오오!! 와아아아오 오오오!!

- **unfurl**
  펴지다, 오르다
  to open, or to make something open, that is curled or rolled tightly
- **offend**
  성나게 하다, ~의 감정을 상하게 하다, 불쾌하게 하다
  to make somebody feel upset because of something you say or do that is rude or embarrassing
- **dialect**
  방언, 지방 사투리
- **upset stomach**
  배탈
- **humpback**
  혹등 고래, 곱사등이

Heaven knows what you're saying!
직역하면 '네가 뭐라고 말하는지 하늘만이 안다'의 뜻이다. Heaven knows는 '하느님만이 아신다, 아무도 모른다'의 뜻으로 Nobody knows.와 같은 표현이다. 물론 구문에 따라 '하느님께 맹세코, 틀림없이'의 뜻도 있다.

Zoom In

Heaven knows what you're saying!

아무도 못 알아들을 소리야.

MARLIN : Alright. You actually sound sick...

DORY : Maybe louder, huh? (speaks loud humpback) RAAAAAH! EAAAAAH!

MARLIN : Don't do that!

DORY : Too much orca. Didn't it sound a little orca-ish?

MARLIN : It doesn't sound orca! It sounds like nothing I've ever heard.

DORY : MOOOOO– MOOOOOOOOOO!!

MARLIN : Oh, it's just as well. He might be hungry.

DORY : Don't worry. Whales don't eat clownfish. They eat krill.

A hundred tiny screaming krill swim past.

KRILL : (tiny voices) Swim away!

DORY : Oh, look, krill!

Marlin slowly turns around. The whale opens its mouth...

MARLIN : (gasps) Move! Dory! Move!

INT. TANK. DAY

Gill and Nemo float before an entire tank wall of algae.

GILL : Look at that. Would you look at that? Filthy. Absolutely filthy. And it's all thanks to you, kid. You made it possible... Jacques, I said no cleaning.

Jacques turns from the glass. Caught. Green algae covers his face, like a kid eating chocolate.

말 린 : 좋아. 병자 소리 같아.

도 리 : 좀 더 크게? (큰 혹등고래 소리로 말한다) 라아아아아아! 라아아아아아아!

말 린 : 하지 마.

도 리 : 너무 범고래 같아. 어린 범고래 말 같았어?

말 린 : 범고래 말처럼 안 들려. 난생처음 들어보는 소리야.

도 리 : 무우우우우- 무우우우우우우!!

말 린 : 마찬가지야. 배고파서 가버린 거 같아.

도 리 : 걱정하지 마. 고래는 광대어 안 먹어. 크릴을 먹어.

수많은 작은 크릴 새우들이 미명을 지르며 지나간다.

크 릴 : (작은 목소리) 도망쳐!

도 리 : 저것 봐, 크릴이야!

말린은 천천히 돌아선다. 고래가 입을 벌리고…

말 린 : (헐떡거린다) 도리! 도망쳐! 피해! 빨리!

내부. 수족관. 낮

길과 니모는 바닷말의 수족관 벽 앞에 떠 있다.

길 : 세상에, 저걸 좀 봐. 흠잡을 데 없이 더러워. 이게 전부 네 덕분이야. 자크. 청소하지 말랬잖아.

자크는 유리로부터 돌아선다. 완전히 급습을 당했다. 푸른 바닷말이 초콜릿을 먹고 있는 어린아이처럼 그의 얼굴을 덮고 있다.

- **orca**
  (동물) 범고래, 바다의 괴물

- **krill**
  (동물) 크릴 새우(고래의 먹이)
  very small shellfish that live in the sea around the Antarctic and are eaten by whales

- **algae**
  바닷말, 해조, 말류, alga의 복수
  very simple plants with no real leaves, stems or roots that grow in or near water, including seaweed

It's all thanks to you.
thanks to는 '~의 덕택으로, ~덕분에, ~때문에'의 뜻으로 나쁜 일에도 쓴다. 여기서 thanks는 물론 명사형이다. I met a lot of nice people, thanks to you. (당신 덕분에 좋은 사람들도 많이 만났어요)

Zoom In

It's all thanks to you.

이게 전부 네 덕분이야.

JACQUES : I am ashamed.

Peach, up on the glass, waves her arms, smearing the algae.

PEACH : Hey, look! Scum angel!

Gurgle weaves his way through an obstacle course of floating scum, flinching in horror. He passes Bubbles at the treasure chest. It opens and releases a disgusting mass of green bubbles.

BUBBLES : Bubbles! I love the bubbles! Cough! Cough! Ptui!

DEB : (swims past the glass, searching) Flo! Has anybody seen Flo? Flooooo!

Peach unsticks. The office clock is visible through the clear spot she's left.

PEACH : 9:00 and cue dentist.

IN THE LOBBY. The door chime rings as the dentist enters. The fish track him as he rushes into the exam room…

DENTIST : Hello, Barbara. Sorry I'm late.

PEACH : OK, OK, here we go. Here we go, OK.

To a boy waiting in the dentist's chair.

DENTIST : Little Davey Reynolds...

PEACH : Okay. Walks to the counter, drops the keys...

Gurgle watches Bloat wallow like a pig in the muck.

자 크 : 미안해.

유리 위쪽에 피치가 바닷말을 더럽히며 팔을 흔든다.

피 치 : 이봐! 쓰레기 천사 같지?

거글은 무서워 위축된 채 떠있는 찌꺼기 장애물을 이리저리 나아간다. 그는 보물 상자에 있는 버블즈를 지나친다. 그것이 열리며 역한 푸른 거품을 내뿜는다.

버블즈 : 거품! 사랑스러운 내 거품! 콜록! 콜록! 퉤!

뎁 : (찾으며 그 유리를 지나간다) 플로! 누구 플로 못 봤어? 플로…!

피치가 몸을 뗀다. 사무실 시계가 그녀가 남긴 깨끗한 지점을 통해 보인다.

피 치 : 아홉 시, 의사 등장!

로비 안. 치과의사가 들어오자 문 초인종이 울린다. 그가 검사실로 달려들어 가자 물고기들이 그를 추적한다.

치과 의사 : 안녕, 바바라. 늦어서 미안해요.

피 치 : 착착. 좋아.

그는 치과의사의 의자에서 기다리고 있는 소년에게 간다.

치과 의사 : 꼬마 데이비 레이놀즈.

피 치 : 좋아. 접수 창구로 가서, 열쇠를 떨어뜨리고…

거글은 블로트가 마치 외양간에 돼지처럼 뒹굴고 있는 것을 지켜본다.

- **smear**
  바르다, 칠하다, 더럽히다, 문질러 못 알아보게 하다
  to spread an oily or soft substance over a surface in a rough or careless way; to make something dirty or greasy

- **scum**
  (액체 위에 뜨는) 찌끼, 더껑이, 거품
  a layer of bubbles or an unpleasant substance that forms on the surface of a liquid

- **flinch**
  겁내어 피하다, 위축되다
  to make a sudden movement with your face or body as a result of pain, fear, surprise, etc

- **wallow**
  뒹굴다, 몸부림치다
  (of large animals or people) to lie and roll about in water or mud, to keep cool or for pleasure

- **muck**
  외양간, 비료, 퇴비, 오물
  waste matter from farm animals; dirt or mud

Gurgle weaves his way through an obstacle course.
weave one's way through는 '~를 헤치며(뚫고) 누비고 지나가다'의 뜻이다. 동사에 따라 뜻만 다를 뿐 이런 표현이 아주 많다. push one's way through(길을 밀어 제치면서 나아가다, 길을 뚫고 나아가다) elbow one's way through (팔꿈치로 밀치면서 나아가다)등이 좋은 예이다.

Zoom In

Gurgle weaves his way through an obstacle course.

거글은 무서워 위축된 채, 장애물 코스를 이리저리 나아간다.

GURGLE : Bloat, that's disgusting!

PEACH : Turns to the tank…

BLOAT : (swallows a floater) Tastes pretty good to me. (Belch!)

GURGLE : Eeww! Don't you people realize we are swimming in our own...

PEACH : Shh! Here he comes!

THE DENTIST'S HAND juts into the water. The fish scatter. Nemo hides in the fake plastic shipwreck. The dentist slides his index finger up the glass, making a clear line through the algae. Pulls his hand out of the tank and inspects the scum.

DENTIST : Crikey. What a state. (calls out) Ohh. Barbara, what's my earliest appointment tomorrow?

RECEPTIONIST : Uh,10:00, luv.

DENTIST : Leave it open, would you? I've gotta clean the fish tank before Darla gets here.

IN THE TANK. The fish slowly emerge from hiding, except Nemo.

GILL : He he he… Did you hear that, Shark Bait?

NEMO : Yay! He's gonna clean the tank! He's gonna clean the tank!

Nemo pops out the ship's porthole, covered in green scum.

NEMO : Yay, we're gonna be clean!

GILL : Are you ready to see your dad, kid?

NEMO : Uh-huh.

They both look out the window to the harbor.

거 글 : 블로트, 더러워, 먹지 마!
피 치 : 수족관으로 돌아가…
블로트 : (부유물을 삼킨다) 맛만 좋은걸! (트림!)
거 글 : 으! 오물통에서 허우적대는 기분이야.
피 치 : 쉬! 그가 온다!

치과의사의 손이 물속으로 쑥 들어온다. 물고기들은 흩어진다. 니모는 모조 플라스틱 난파선에 숨는다. 치과의사는 유리 위로 그의 집게손가락을 미끄러뜨리며 바닷말을 통해 분명한 선을 긋는다. 그의 손을 수족관에서 꺼내 찌꺼기를 검사한다.

치과 의사 : 엉망진창 흙탕물이군. (소리친다) 바바라, 내일 예약 몇 시죠?
접수원 : 10시요!
치과 의사 : 좀 비워 놓아요. 달라 오기 전에 수족관을 대청소해야겠어요.

수족관 안. 물고기들이 천천히 은신처에서 나타나는데 니모만은 예외다.

길 : 저 소리 들었니, 상어 밥?
니 모 : 그럼요! 수족관을 청소하겠대요! 수족관을 청소하겠다잖아요!

니모는 그 배 옆문에서 나오는데 녹색의 찌꺼기로 덮여 있다.

니 모 : 우린 다 깨끗해질 거에요.
길 : 아빠 만날 준비는 됐니?
니 모 : 그럼요.

그들 둘 다 창 밖으로 항구를 내다본다.

- **jut**
  튀어 나오다, 돌출하다
  to stick out further than the surrounding surface, objects, etc.; to make something stick out
- **index finger**
  집게 손가락
  the finger next to the thumb
- **crikey**
  이크, 에이(놀람이나 짜증스러움을 나타내는 소리)
- **luv**
  (친밀한 호칭으로 love 대신 써서) 당신, 자기, 그대; 편지의 맺음말과 같이 격식을 차리지 않는 경우에 love 대신 쓰임
- **porthole**
  현창, 현문
  a round window in the side of a ship or an aircraft

What a state.
감탄문인 이 표현은 '이게, 무슨 꼴인가!'의 뜻으로 What a state it is in!이 준 표현이다. 이처럼 감탄문이 'what a+명사'로만 표현될 때가 많다. What a life!(살맛 안 나네! 아이고!) What a shame! (유감이군! 그거 안됐네! 너무 괘씸한 걸!) What a pity! (애석해라! 불쌍해라!)

Zoom In

What a state.

이게 뭐야!

GILL : Of course you are. You know, I wouldn't be surprised if he's out there... in the harbor waiting for you right now.

NEMO : Yeah.

EXT. SYDNEY HARBOR. DEEP OCEAN. MONTAGE

The whale appears, moving with weightless grace. The giant mammal gently rolls past, its massive shape blotting out the light. Slowly it moves towards us.

INT. WHALE'S MOUTH

It is a vast, dim, red, sinewy cavern, full of water. Everything undulates back and forth with haunting creaks and moans. UNDER THE SURFACE. Marlin shoots past, hurtling towards the front of the mouth. He crashes hard into the baleen with no effect. Dory twirls up to him, enjoying the ride. He ignores her. The swells carry them away from the baleen. Marlin swims forward for another attempt. Slams into the baleen. No good. Dory twirls by him again, swimming upside-down, laughing with glee.

DORY : Here comes the big one. Ooh! Come on! You gotta try this!

MARLIN : Would you just stop it?

DORY : Why? What's wrong?

MARLIN : We're in a whale, don't you get it?

DORY : (looks around) A whale?

MARLIN : A whale! 'Cause you had to ask for help! And now we're stuck here!

DORY : Wow, a whale. You know I speak whale.

MARLIN : No, you're insane! You can't speak whale! (pounds furiously on the baleen) I have to get out! I have to find my son! I have to tell him how old sea turtles are!

Marlin breaks down, exhausted. Slides to the bottom. Dory spins up to the baleen, laughing. Looks around for Marlin. Finds him far below, lying on the tongue.

길 : 물론이겠지. 이미 부두에 와 널 기다리신다 해도 전혀 안 놀랄 거야.

니 모 : 네.

외부. 시드니 항구. 깊은 바다. 몽타주
고래가 나타나 우아하게 움직인다. 그 거대한 포유동물은 부드럽게 굴러 지나치는데 그것의 육중한 형태는 빛은 보이지 않게 한다. 천천히 그것이 앞쪽으로 움직인다.

내부. 고래의 입
그것은 넓고, 어둠침침하며, 붉고, 건질의 물로 가득 찬 동굴이다. 모든 것이 삐걱거리고 신음하는 소리와 더불어 앞뒤로 물결친다. 표면 아래. 말린은 쏜살같이 지나쳐 입 앞쪽을 향해 내달린다. 그는 고래수염에 세게 충돌하지만 아무런 효과가 없다. 도리는 타고 있음을 즐기며 그에게 빙빙 돌며 올라온다. 그는 그녀를 무시한다. 큰 물결은 그들을 고래수염에서 멀리 떨어지게 한다. 말린은 다시 한 번 시도하기 위해 앞으로 헤엄을 친다. 고래수염에 부딪친다. 소용이 없다. 도리는 다시 그 옆에서 빙빙 돌아 거꾸로 헤엄을 치면서 기뻐서 웃는다.

도 리 : 이 물살은 아주 커. 우와! 너도 해봐.

말 린 : 그만 좀 하지 못해?

도 리 : 왜 그래?

말 린 : 고래 뱃속이란 거 몰라?

도 리 : (주위를 둘러본다) 고래?

말 린 : 그래! 네가 도움을 청하러 나서는 바람에 이 꼴 됐잖아!

도 리 : 와우, 고래구나. 난 고래 말도 해.

말 린 : 미쳤어! 넌 고래 말 못해. (고래수염을 맹렬히 두들긴다) 난 여길 나가야 해! 아들을 찾아야 한다고! 바다 거북이 몇 살인지도 말해줘야 한단 말이야!

말린은 지쳐서 주저앉는다. 바닥까지 미끄러진다. 도리는 웃으면서 고래수염으로 돌아 오른다. 말린을 찾아 둘러본다. 그가 저 아래 혀 위에 누워있는 것을 본다.

- **blot out**
  ~을 감춰 보이지 않게 하다, 지우다
- **sinewy**
  힘줄이 많은, 건질의, 근골이 건장한
- **undulate**
  물결치다, 파도치다, 굽이치다
  to go or move gently up and down like waves
- **hurtle**
  휙 소리 내며 나아가다, 돌진하다
- **baleen**
  고래 수염
- **twirl**
  빙빙 돌다
  to move or dance round and round; to make somebody do this
- **glee**
  큰 기쁨, 환희

I wouldn't be surprised if he's out there.
가정법 구문에서 wouldn't는 현재나 미래의 사항에 관한 귀결절에서 의지의 가정을 나타낸다. 물론 예문에서처럼 '그가 실제로 그곳에 나와 있다고 해도' 즉 그럴 수도 있으니까 조건절은 현재시제를 쓸 수도 있다.

Zoom In

I wouldn't be surprised if he's out there.

나는 전혀 안 놀랄 거야.

DORY : (serious) Hey... You OK? (gently lowers) There, there. It's all right. It'll be OK.

MARLIN : No. No, it won't.

DORY : Sure it will. You'll see.

MARLIN : No. I promised him I'd never let anything happen to him.

DORY : (considers this statement) Hm. That's a funny thing to promise.

MARLIN : What?

DORY : Well, you can't never let anything happen to him. Then nothing would ever happen to him.

He looks at Dory. That actually made sense.

DORY : Not much fun for little Harpo.

Suddenly the whale lurches to a stop. Everything goes quiet.

DORY : Hmm.

MARLIN : What's going on?

DORY : Don't know. I'll ask him. (in whale) Whaaat's goooing onnn?

MARLIN : Dory. Dory. Dory.

The whale responds with deafening moans.

DORY : I think he says we've stopped.

MARLIN : Well, of course we've stopped. Just stop trying to speak whale. You're gonna make things worse.

A low rumble.

도 리 : (진지하게) 이봐… 괜찮아? (조용히 내려온다) 자, 자. 걱정하지 마. 다 괜찮아질 거야.
말 린 : 아냐, 그렇지 않아.
도 리 : 안 그렇긴! 두고 보면 알아.
말 린 : 아냐. 아들한테 어떤 일도 안 일어나게 하겠다고 약속했어.
도 리 : (이 말을 생각해본다) 음. 그건 좀 웃기는 약속이야.
말 린 : 뭐?
도 리 : 아무것도 안 일어나게 하면 아들한테 아무 일도 안 일어나.

그는 도리를 바라본다. 그 말은 사실 이해가 간다.

도 리 : 아들한텐 아들의 인생이 있어.

갑자기 고래가 비틀거리며 멈춘다. 모든 것이 조용해진다.

도 리 : 흠.
말 린 : 이번엔 뭐야?
도 리 : 몰라, 물어볼게. (고래 말로) 무슨… 일이죠?
말 린 : 도리, 도리, 도리.

고래가 귀청이 터질 것 같은 신음으로 응답을 한다.

도 리 : '뚝' 하란 소리 같아.
말 린 : 거봐, 뭐라고 했어? 엉터리 통역 때문에 진퉁만 겪고 있잖아.

낮은 소음.

- **statement**
  진술, 말해진 것, 성명
  something that you say or write that gives information or an opinion
- **lurch**
  갑자기 기울어지다, 비틀거리다
  to make a sudden, unsteady movement forward or sideways
- **deafen**
  귀머거리로 만들다, ~의 귀를 먹먹하게 하다
- **rumble**
  우르르 소리, 덜커덕 소리, 소음
  a long deep sound or series of sounds

Sure it will.
Sure it will be OK.가 준 표현이다. 이것은 I'm sure it will.또는 It sure will.의 두 가지 의미가 다 가능하다. 전자는 sure가 형용사이고 후자는 부사이다. It sure is.(확실히 그래) (I'm) Sure he will live to 100.(틀림없이 그가 100살까지 살 거다)

Zoom In

Sure it will.
확실히 그래.

MARLIN :	What is that noise? (looks up. the water level is lowering) Oh, no. Look what you did. The water's going down. It's... It's going down!

The water in the mouth sloshes.

DORY :	Really? You sure about that?
MARLIN :	Look! Already it's half empty!
DORY :	Hmm? I'd say it's half full.
MARLIN :	Stop that! It's half empty!

The whale voice booms again.

DORY :	OK, that one was a little tougher. He either said, we should go to the "back of the throat," or he wants "a root beer float."
MARLIN :	Of course he wants us to go there! That's... eating us! (rubs against a tastebud) How do I taste, Moby? Huh? Do I taste good? You tell him I'm not interested in being lunch!
DORY :	OK. (in whale) Heeeeees nooooooot...
MARLIN :	Stop... talking to him!

Without warning the mammoth tongue leaps out of the shallow water, thrusting Marlin and Dory up near the roof of the mouth. They hang vertically from the tastebuds, screaming.

MALIN :	What is going on?
DORY :	I'll check. (in whale) Whaaat...
MARLIN :	No! No more whale! You can't speak whale!

말 린 : 이번엔 무슨 소리야? (위를 쳐다본다. 수면이 낮아지고 있다) 안 돼. 너 때문에 속이 뒤틀리나 봐. 물이 아래쪽으로 내려가. 내려가고 있어!

입속의 물이 출렁거린다.

도 리 : 정말이야? 확실해?
말 린 : 봐! 벌써 반이나 줄었잖아!
도 리 : 흠? 반이나 남았잖아.
말 린 : 닥쳐, 반이나 줄었다니까!

고래 목소리가 다시 붕하고 운다.

도 리 : 이런 말은 통역이 더 힘들겠어. 우리더러 목구멍 뒤쪽에 가란 소리 같으면서… 탄산음료 달라는 소리 같기도 해.
말 린 : 물론 목구멍 뒤로 가란 소리겠지! 우릴 삼키겠다는 뜻이! (미뢰에 대고 문지른다) 어떤 맛이야, 백경? 맛 좋아? 난 도시락이 되고 싶지 않다고 말해줘!
도 리 : 좋아. (고래 말로) 그는– 절대–
말 린 : 그만… 하지 마!

느닷없이 그 거대한 혀가 얕은 물에서 뛰어올라 말린과 도리를 입천장 가까이 밀어 올린다. 그들은 비명을 지르며 미뢰에서 수직으로 걸려 있다.

말 린 : 어떤 상황이야?
도 리 : 물어볼게. (고래 말로) 어떤–
말 린 : 그만! 통역 그만! 고래 말 못 하잖아.

▪ **slosh**
물을 튀기다, 출렁거리다
(of liquid) to move around making a lot of noise or coming out over the edge of something; to make liquid move in a noisy way; to use liquid carelessly

▪ **boom**
쿵하고 울리다, 붕하고 울다

▪ **root beer**
루트 비어 (생강과 다른 식물 뿌리로 만든 탄산음료)

▪ **root beer float**
바닐라 아이스크림 위에 루트 비어를 뿌려 만든 디저트. 그래서 아이스크림이 떠다님.

▪ **tastebud**
(해부) 머리

▪ **roof of the mouth**
입천장, 구개

He either said, we should... or he wants...
either ~or ~는 상관접속사로 '~거나, ~거나'의 뜻으로 단어와 단어, 구와 구, 절과 절을 이어주는 것이 보통이지만 특히 구어체에서는 문법적으로 다른 품사 또는 다른 구조를 가진 단어나 어군이 올 수도 있다.

Zoom In

He either said, we should... or he wants...

우리에게 …하란 소리 같으면서… 아니면 원하는…

DORY : Yes, I can!

MARLIN : No, you can't! You think you can do these things, but you can't, Nemo!

Marlin catches himself. Goes quiet. The tongue reaches its peak. They dangle high over the whale's undulating throat. Again the whale moans. So loud the fish shake from the reverberation. Dory listens intently. Nods.

DORY : Okay. (lets go)

MARLIN : Dory!

Marlin grabs her by the fin. Still clings to the tongue.

DORY : He says it's time to let go. Everything's gonna be all right.

MARLIN : How do you know? How do you know something bad isn't gonna happen?

DORY : I don't!

Beat. Marlin looks down at the bottomless throat... gulps... and lets go. The tiny orange and blue fish tumble down the dark esophagus. Then... WATER erupts from every direction. Filling the frame. Rushing upwards. No more Marlin. No Dory. Just water.

EXT. SYDNEY HARBOR. NIGHT

The whale breaches the surface, shooting a jet of water from its spout. Marlin and Dory are thrown high in the air. They pop their heads out of the water.

MARLIN : Ha ha ha! We're alive!

DORY : Look!

The stern of a passing boat reads; SYDNEY HABOR. In fact, they are surrounded by boats all labeled with the same words.

도 리 : 아냐, 해!

말 린 : 아냐, 넌 못해. 자신감만 앞섰지, 넌 절대 못해, 니모!

말린은 자신을 파악하고 잠잠해진다. 혀가 가장 높이 올라간다. 그들은 고래의 출렁이는 목 위에 높이 매달려 있다. 다시 고래가 신음을 한다. 그 소리가 하도 커서 물고기들은 그 진동으로 흔들린다. 도리는 의도적으로 듣는다. 고개를 끄덕인다.

도 리 : 알았어. (쥐었던 것을 놓는다)

말 린 : 도리!

말린은 그녀의 지느러미를 움켜쥔다. 아직 혀에 달라붙어 있다.

도 리 : 고래가 우리더러 지느러미 놓으래. 모든 게 다 무사할 거야.

말 린 : 뭐로 장담해? 나쁜 일 안 생길지 어떻게 알아?

도 리 : 난들 어떻게 알겠어!

잠시. 말린은 밑바닥이 없는 목구멍을 내려다보며… 숨을 들이켜고는… 손을 놓는다. 작은 오렌지 색 물고기와 푸른 색 물고기는 어두운 식도 아래로 굴러떨어진다. 그리고는… 물이 사방으로 솟아오른다. 화면을 가득 채운다. 위쪽으로 돌진한다. 이제는 말린도 도리도 없다. 그냥 물 뿐이다.

외부. 시드니 항구. 밤

고래는 분수 구멍으로부터 물을 사출하면서 수면을 희게 만든다. 말린과 도리는 공중을 높이 내던져진다. 그들은 물 밖으로 머리를 내민다.

말 린 : 하하하! 우리가 살았어!

도 리 : 봐!

지나가는 배의 선미에 다음과 같이 쓰여 있다. 시드니 항. 사실은 그들은 배에 의해 둘러싸여 있는데 모두가 같은 말이 쓰여 있다.

- **reverberation**
  반향, 반사, 영향
- **gulp**
  꿀꺽꿀꺽 마시다, 숨을 들이키다, 숨을
- **esophagus**
  (해부, 동물) 식도
- **erupt**
  분출하다, 폭발하다
- **breach**
  희게 하다, 표백하다
- **spout**
  (고래의) 분수구멍
- **stern**
  고물, 선미, 뒷부분
  the back end of a ship or boat

It's time to let go.
'놓아줄 시간이다'의 뜻으로 let go는 '놓아주다, 해방하다, 석방하다, 묵과하다, 해고하다'의 뜻이다. It's time for us to let go. It's time we let go.로 쓸 수도 있다. 놓아줄 대상이 올 때에는 let go of 를 쓴다.

Zoom In

It's time to let go.

놓아줄 시간이야.

DORY : (reads) S-s-sid-knee. S-y-d-ney... Uh, Sydney! Sydney! Sydney again!

Their eyes fall on the Sydney Opera House.

MARLIN : You were right, Dory! We made it! We're gonna find my son!

They turn to the whale, whose tail is gracefully submerging.

MARLIN : (in whale) Thaaank yoouuu, sirrr!

DORY : Wow. I wish I could speak whale.

MARLIN : Okay, all we gotta do is find the boat that took him.

DORY : Right!

MARLIN : Come on, Dory. We can do this!

INT. TANK. MORNING

Close up of Peach as she wakes up. Yawns. Squints at the bright sun. Smacks her lips.

PEACH : Morning. It's morning, everyone! Today's the day! The sun is shining, the tank is clean... and we are getting out... (gasps) The tank is clean.

WIDE ON THE ENTIRE TANK. It's crystal clear. Not a speck of algae.

PEACH : The tank is clean!

ON BRAND NEW FILTER. MOMENTS LATER

The high-tech filtration system with brushed metal and no moving parts towers over the tank gang. They stare in silent horror at the monolithic monster.

도 리 : (읽는다) 시… 드… 니… 시드니야. 시드니! 시드니야. 시드니가 확실해.

그들의 눈이 시드니 오페라 하우스에 멈춘다.

말 린 : 네가 옳았어, 도리! 우린 해냈어! 이젠 내 아들을 찾을 테야!

그들은 고래에게 돌아서는데 고래의 꼬리가 우아하게 물 밑으로 잠긴다.

말 린 : (고래 말로) 고-마-워-요!
도 리 : 와우. 나도 고래 말 좀 배워둘걸!
말 린 : 자, 이젠 납치해 간 보트를 찾아야 해.
도 리 : 맞아!
말 린 : 가자, 도리. 우린 꼭 찾을 거야.

내부. 수족관. 아침
피치는 잠에서 깬다. 하품한다. 빛나는 태양을 잠깐 바라본다. 입술을 움직여 입맛을 다진다.

피 치 : 상쾌한 아침, 기다리던 날이 왔어. 해는 반짝, 수족관은 깔끔, 우리는 자유… (헐떡거린다) 수족관이 깨끗해졌어.

전체 수족관을 넓게 비춘다. 아주 깨끗하다. 한 점의 바닷말도 없다.

피 치 : 수족관이 깔끔해졌어!

신형 새 필터. 잠시 후
잔털이 있는 금속으로 된 첨단 기술의 여과 시스템과 움직이지 않는 부품들이 수족관 무리 위로 솟아있다. 그들은 조용한 공포 속에서 그 단일체의 괴물을 응시한다.

- **submerge**
  물에 잠그다, 물 속에 넣다
- **squint**
  곁눈질을 하다, 실눈을 하다, 잠깐 보다
- **smack**
  입술을 움직여 입맛을 다시다, 혀를 차다
- **high-tech**
  첨단기술의, 고도기술의
- **filtration**
  여과법(작용)
  the process of filtering a liquid or gas
- **brushed**
  잔털이 있는
- **monolithic**
  한 덩어리로 뭉친, 단일체의, 단일 결정으로 된 모놀리식

All we gotta do is find the boat.
직역하면 '우리가 해야 할 전부는 보트를 찾는 것이다'의 뜻인데 all(that)이 이끄는 절은 단수로 받을 뿐 아니라 뒤에 보어로 쓰인 to부정사도 보통 to를 생략한다. gotta는 have to, have got to가 준 표현이다.

Zoom In

All we gotta do is find the boat.
이젠 우리가 해야 하는 일은 보트를 찾는 거야.

DEB : But how?

GILL : Boss must've installed it last night while we were sleeping.

NEMO : W- what are we gonna do?

GILL : What's it say, Peach?

Peach reads the filter manual, lying open on the counter top, but her voice is muffled.

GILL : I can't hear you, Peach.

PEACH : (unsticks; reads) The Aqua Scum 2003 is an all-purpose, self-cleaning... maintenance-free, salt water purifier... that is guaranteed to even extend the life of your aquarium fish.

BLOAT : (inflates) Stop it!

PEACH : The Aqua Scum is programmed to scan... your tank environment every five minutes?!

GURGLE : Scan? What does that mean?

A red laser beam shoots out of the Aqua scum. It rapidly scans the entire tank with a high-tech hum. Gurgle covers his body. The laser disappears.

AQUA SCUM : (automated voice) Temperature... 82 degrees... PH balance... normal.

TANK GANG : (impressed) Ooooohhh.

PEACH : Nice.

GURGLE : Ooh... Oh! Curse you, Aqua Scum!

BLOAT : That's it for the escape plan. It's ruined.

NEMO : Then what are we gonna do about...

TANK GANG : (gasps) Darla!

뎁 :	하지만 어떻게 했지?
길 :	우리가 자는 사이에 두목이 어젯밤 필터를 교체했나 봐.
니 모 :	이젠 어쩌죠?
길 :	뭐라고 적혀 있어, 피치?

피치는 카운터 위에 펼쳐져 있는 필터 설명서를 읽는다. 하지만 그의 목소리는 막혀 잘 안 나온다.

길 :	잘 안 들려, 피치.
피 치 :	(몸을 뗀다; 읽는다) 소금물이 재료인 '아쿠어스컴 2003'은 만능이며, 자정식이고, 정비가 필요 없는 해수 정화장치입니다… 수족관 물고기의 생명을 연장해줄 것을 보장합니다.
블로트 :	(몸을 부풀린다) 그만!
피 치 :	아구어스컴은 5분마다 수족관 환경을 탐지하도록 설계되어 있습니다.
거 글 :	탐지한다고? 무슨 뜻이야?

빨간 레이저 광선이 아쿠어스컴에서 발사된다. 그것은 재빨리 첨단기술의 윙윙 소리를 내며 수족관 전체를 탐지한다. 거글은 자신의 몸을 가린다. 레이저 광선이 사라진다.

아쿠어스컴 :	(자동화된 목소리) 수온 27도, 수소 이온 농도 정상.
수족관 무리 :	(감명을 받아) 와 – 아.
피 치 :	끝내주는군!
거 글 :	오! 널 미워할 테야, 아쿠아스컴!
블로트 :	탈출 계획은 실패야. 망했어.
니 모 :	그럼 어쩌죠?
수족관 무리 :	(헐떡이며) 달라!

- **install**
  장치하다, 설치하다
  to fix equipment or furniture into position so that it can be used
- **manual**
  소책자, 취급 설명서, 안내서
  a book that tells you how to do or operate sth, especially one that comes with a machine, etc. when you buy it
- **all-purpose**
  만능의, 다목적의
  having many different uses; able to be used in many situations
- **maintenance-free**
  정비(보수, 관리)가 필요 없는
- **inflate**
  부풀다, 팽창하다, 고장하다
  to fill something or become filled with gas or air

That's it for the escape plan.
That's it for ~는 '~은 끝이다, 그만 하자'의 뜻이다. That's it for the day. 하면 '오늘은 이만 합시다, 오늘은 일과 끝이다'의 의미로 구어체에서 자주 사용된다. Wow. It's already nine o' clock. That's it for the day.(와! 9시네. 오늘은 이만 끝내세)

Zoom In

That's it for the escape plan.
그게 탈출 계획이야.

GILL : Stay down, kid!

Gill shoves Nemo into a fake plastic barrel. ON LOBBY. A nervous little boy enters with his mother. The gang sighs with relief.

BLOAT : False alarm. Whew.

GURGLE : My nerves can't take much more of this.

Nemo peeks out from the barrel. He doesn't see A NET silently lowering behind him.

BLOAT : What are we gonna do when the little brat gets here?

GILL : I'm thinking. I'm thinking.

NEMO : (O.S.) Oh! Gill! Help me! Help me!

The gang whips around to see Nemo caught up in the net.

GILL : Nemo! Hold on! I'm coming!

Gill races over. Jumps in the net. The rest of the gang does the same.

GILL : Swim down! C'mon, kid! Swim down! C'mon!

TANK GANG : Everybody jump in! Swim down! That's it!

DENTIST : What the...? (the net falls to the tank floor)

GILL : Good work!

They all cheer. But Nemo backs out of the net... right into a plastic bag. He's lifted out of the tank.

NEMO : Gill!

GILL : Nemo!

BLOAT : Shark bait!

길 : 몸을 숨겨!

길은 니모를 모조 플라스틱 통에 밀어 넣는다. 로비 쪽. 불안한 어린 소년이 어머니와 함께 들어온다. 무리는 안도의 한숨을 쉰다.

블로트 : 달라가 아냐. 휴우.
거 글 : 이러다 돌아버리겠어.

니모는 통에서 밖을 내다본다. 그는 보지 못한다. 그물이 조용히 그 뒤에서 내려오는 것을.

블로트 : 그 악동이 오면 우린 어쩐다?
길 : 생각 중이야.
니 모 : (무대 밖) 오, 길! 살려줘! 살려 줘요!

무리는 휙 돌아서서 니모가 그물에 잡혀 있는 것을 본다.

길 : 니모! 기다려! 내가 구해줄게!

길은 달려가 그물 속으로 뛰어들어간다. 나머지들도 똑같이 한다.

길 : 밑으로 헤엄쳐! 어서! 아래로 헤엄쳐!
수족관 무리 : 전부 들어와! 밑으로 헤엄쳐! 바로 그거야!
치과 의사 : 뭐야…? (그들은 수족관 바닥에 떨어진다)
길 : 잘했어!

그들은 모두 환호한다. 그러나 니모는 그물 밖으로 나와 비닐백으로 다시 들어간다. 그는 수족관 밖으로 들려진다.

니 모 : 길!
길 : 니모!
블로트 : 상어 밥!

- **shove**
  난폭하게 밀다, 떼밀다, 밀어내다
  to push somebody/something in a rough way
- **false alarm**
  허위(잘못된) 화재 신고, (구) 근거 없는 헛 (위기) 경보
- **brat**
  (경멸) 애새끼, 꼬마녀석
  a person, especially a child, who behaves badly
- **whip**
  급히 움직이다, 돌진하다
  to move, or make something move, quickly and suddenly or violently in a particular direction

I'm coming!
누가 부를 때 '가요, 갑니다, 곧 간다'의 뜻으로 잘 쓰이는 표현으로 왕래, 발착 동사는 진행형을 써서 미래를 나타내기도 한다. 따라서 I'm coming on foot. 하면 '걸어서 갈 거다'와 '걸어서 가고 있다'는 두 가지 의미가 있을 수 있다.

Zoom In

I'm coming!
내가 갈게!

The tank gang watch the dentist plop Nemo, in the tied plastic baggie, down on the counter, and then walk away.

TANK GANG : Roll, kid! Lean! Lean!

Nemo pounds against the bag. Slowly, he wobbles his way over to the open window... the sill... almost there... when the dentist returns. He grabs the bag, and places it in a shallow tray next to the tank.

DENTIST : Whooops. That would have been a nasty fall.

Nemo swims frantically back and forth in his bag.

NEMO : Gill! Don't let me go belly up! Don't let me go belly-up!

GILL : Just calm down, Nemo. You won't go belly-up. I promise. You're gonna be OK.

ON LOBBY. The door slams open. The silhouette of a cute little girl with ponytails and headgear stands menacingly in the doorway.

TANK GANG : (gasps) Darla!

수족관 무리는 치과 의사가 니모를 묶인 비닐백에 풍덩 떨어뜨리고는 카운터 위에 놓고 걸어가는 것을 지켜본다.

수족관 무리 : 굴러! 구르라고! 어서! 굴려! 굴리라고!

니모는 비닐백을 마구 친다. 천천히 그는 열린 창문 쪽으로 굴러 나아가며… 창틀 쪽으로… 거의 다 목적지에 가는데… 그때 치과의사가 돌아온다. 그는 백을 움켜잡고는 그것을 수족관 옆에 있는 얕은 쟁반 위에다 놓는다.

치과 의사 : 요런, 하마터면 추락할 뻔했구나.

니모는 비닐백 안에서 왔다 갔다 미친 듯이 헤엄을 친다.

니 모 : 길! 난 죽기 싫어요! 죽게 놔두지 마세요!

길 : 침착해, 니모. 죽게 놔두지 않을게. 약속해. 괜찮을 거야.

로비 쪽. 문이 쾅하고 열린다. 포니테일(말총) 머리를 하고 헤드기어를 쓴 귀여운 소녀의 모습이 문간에 위협하듯이 서 있다.

수족관 무리 : (헐떡거린다) 달라다!

- **plop**
  풍덩 떨어뜨리다, 풍덩 떨어지다
  to fall, drop, or move suddenly with a sound like that of something dropping into water
- **pound**
  마구 치다, 때리다
  to hit something/somebody hard many times, especially in a way that makes a lot of noise
- **headgear**
  머리 장식물, 헤드기어, 머리 덮개
  anything worn on the head, for example a hat

Key Expressions

230 How about we play a game?

우리 퀴즈놀이 할까?

How about~?는 보통 질문이나, 권유, 제안 등으로 '~하면 어떨까?, ~하지 않겠니? ~에 대해 어떻게 생각하냐? ~을 (빌려) 주겠냐?' 등의 뜻으로 뒤에 명사나 대명사만 오는 것이 아니라 절도 올 수가 있다. 예문은 절이 온 구문으로 '우리 게임을 하는 게 어때?'의 뜻이다. 관용적으로 How about that!은 구어로 '그건 정말 훌륭해! 바로 그거야!, 정말 멋지다, 아주 잘 했어! 어때 놀랐지?'의 뜻이다.

240 Here we go. 자, 시작한다.

이것은 구어체에서 흔히 쓰이는 관용표현으로 그 쓰임이 매우 다양하다. 보통 '자, 간다, 시작한다, 또 시작이다, 시작하려나 보군' 등의 뜻이다. Here we go again!로 쓰기도 하며 '(지겹게도) 또 시작이군!'의 뜻이 된다.

246 That actually made sense. 그 말은 사실 이해가 간다.

make sense는 '이치에 닿다, 일리가 있다, 의미가 통하다, 이해가 되다, 타당하다, 말이 되다, 이해하기 쉽다'의 뜻으로 보통 That makes sense. It makes sense.로 쓰인다. 그냥 Make sense.(이해가 돼)로 쓰이기도 한다. 동의를 나타내는 말로는 I see. You're right. You said it. That's it. 등 다양하다. 그 반대로 '말도 안 돼'는 Oh! That's ridiculous. That doesn't make any sense. I can't believe that. Unbelievable. 등이 쓰인다.

246 The whale lurches to a stop. 고래가 비틀거리며 멈춘다.

동사 다음에 to a stop이 와서 '~하며 멈춘다, 멎다, 서다'의 뜻을 나타내는 표현들이 매우 다양하다. 예문에서 lurch는 '갑자기 기울어지다, 비틀거리다'의 뜻이므로 '갑자기 기울어지며 멈춘다'의 뜻이다. screech to a stop은 '끽끽 소리를 내며 멈춘다'의 뜻이다. bring ~to a stop은 '멈추게 하다, 멈추다', come to a stop도 '멈추다'의 뜻이다. Stop대신 halt가 쓰이기도 한다.

250 Marlin grabs her by the fin. 말린은 그녀의 지느러미를 움켜쥔다.

상대방의 신체 일부를 '잡다, 때리다, 보다, 들다' 등의 뜻을 표현할 때에는 '동사 + 목적어 + 전치사(by, on, in) + the +목적어의 일부분'으로 표현한다. 따라서 예문은 '말린은 그녀의 지느러미를 잡는다'의 뜻이다. Marlin grabs her fin.과 같은 표현이다. catch, take, seize, hold, grab, lift, pull 등의 동사는 전치사 by를 쓴다.

252 I wish I could speak whale. 나도 고래말을 할 수 있다면 좋겠어.

동사 wish는 실현할 수 없는 소망을 나타내어 뒤에 따르는 that절에서 가정법의 동사를 택한다. 즉 과거가 올 경우 현재 사실의 반대를 나타내고 과거완료가 쓰이면 과거 사실의 반대를 나타낸다. 보통 that은 생략하고 쓴다. 예문은 '내가 고래 말을 할 수 있으면 좋겠는데'의 뜻으로 I'm sorry I can't speak whale.의 의미이다. 구어체에서는 were대신 was를 쓸 때도 있다.

· I wish I had bought it then. 그 때 그것을 사두었더라면 좋았을 텐데.

Chapter 9

니모의 대탈출

Nemo Escapes

시간 01:15:43 ~ 01: 24:58

EXT. MARINA. SUNRISE

Endless rows of sailing boats line the docks, rocking in sync with the mild swells. Marlin and Dory pop to the surface. Marlin, still in overdrive, scans the row of boats, but Dory looks tired and haggard. Birds cawing.

DORY : Alright, do any of these boats look familiar to you?

MARLIN : No, but the boat has to be here somewhere. Come on, Dory. We're gonna find it.

DORY : (almost asleep) I'm totally excited. Are you excited? (lists to the side)

MARLIN : (slaps her awake) Dory, wake up. Wake up, come on.

DORY : (eyes flutter open) Duck!

Marlin turns to see a black pelican gliding towards them.

MARLIN : (calm) That's not a duck. It's a... pelican! Whoa! Aah!

The bird swoops down, opens its beak, and scoops them up.

외부. 모터보트 정박지. 일출
요트들이 끝없이 선창에 줄지어 정박해서는 온화한 파도를 타고 같이 흔들리고 있다. 말린과 도리는 수면으로 머리를 내민다. 말린은 여전히 집중적 활동상태로 요트의 열을 살피지만 도리는 피곤하고 초췌한 것 같다. 새들이 까악까악 운다.

도 리 : 그래, 이들 중에 눈에 익은 배 있어?

말 린 : 아니, 하지만 그 배가 어딘가 있을 거야. 어서, 도리. 우린 꼭 찾게 될 거야.

도 리 : (거의 졸린 상태다) 난 굉장히 흥분돼. 너도 그래? (옆으로 기운다)

말 린 : (그녀를 때려 깨운다) 도리, 잠들면 안 돼. 어서 일어나.

도 리 : (눈이 실룩거리며 떠진다) 오리다!

말린은 돌아서 한 마리의 검은 펠리컨이 그들을 향해 미끄러져 오는 것을 본다.

말 린 : (침착하다) 저건 오리가 아니야, 펠리컨이야. 우와! 아아!

그 새가 공중에서 내리 덮치며 그 부리를 벌리고 그들을 퍼올린다.

- **extrication**
  구출, 탈출
- **marina**
  (요트, 모터보트의) 정박지, (해안의) 산책길
  a specially designed harbor for small boats and yachts
- **overdrive**
  집중적 활동 상태, 과열상태
- **haggard**
  여윈, 초췌한, 수척한
  looking very tired because of illness, worry or lack of sleep
- **flutter**
  (눈꺼풀이) 실룩거리다, 떨리다
- **swoop**
  내리 덮치다
- **beak**
  부리
  the hard pointed or curved outer part of a bird's mouth

EXT. DOCKS

The pelican lands on a piling. Throws its head back to swallow its breakfast.

INT. INSIDE THE BEAK

The pelican tries to swallow them. Both fish scream as they slide down the tongue, and into the throat. Marlin twists sideways, wedging himself tight. Dory lands on top of him.

MARLIN : No! I didn't come this far to be breakfast!

EXT. DOCKS

The pelican's eyes go wide. Makes spastic jerks. He tries to hack his meal onto the dock. ON THE OPPOSITE END OF THE PIER. A row of pelicans are perched on the roof of a nearby pub. Nigel is among them, sleeping. The rest notice the black pelican stumbling on a pier like a drunken sailor.

PELICAN #1 : (nudges Nigel) Hey, Nigel. Will you look at that?

NIGEL : What? What?

PELICAN #1 : Sun's barely up and already Gerald's had more than he can handle.

NIGEL : Yeah. Reckon somebody ought to help the poor guy.

PELICANS : Yeah, you're right. Yeah.

NIGEL : Aw, well, don't everybody fly off at once. (swoops down to Gerald) All right, Gerald. What is it? Fish got your tongue?

Gerald nods desperately. Opens his mouth to show a screaming Marlin and Dory, holding onto his tongue.

NIGEL : Aah! Love a duck!

Nigel whacks him on the back. The fish fly onto the dock, and flap about, gasping for water.

외부. 선창
그 펠리컨은 말뚝 위에 내려앉는다. 아침을 삼키기 위해 머리를 뒤로 젖힌다.

내부. 부리 내부
펠리컨은 그들을 꿀꺽 삼킨다. 두 물고기는 혀 아래로, 목구멍으로 미끄러져 내려가면서 비명을 지른다. 말린은 옆으로 몸을 비틀어 자신을 쐐기로 움직이지 않게 한다. 도리가 그 위에 앉는다.

말 린 : 안 돼! 아침밥 되려고 여기까지 온 게 아니야!

외부. 선창
펠리컨의 눈이 크게 떠진다. 돌발적인 경련성 동작을 한다. 그는 자신의 식사를 선창에다 난도질하려 한다. 부두의 반대편 끝. 펠리컨들이 한 줄로 근처 술집의 지붕에 걸터앉아 있다. 나이젤이 그들 사이에 끼어 잠을 자고 있다. 나머지들은 그 검은 펠리컨이 술 취한 선원처럼 부두 위를 비틀거리며 걷고 있는 것을 목격한다.

펠리컨 #1 : (나이젤을 쿡 찌른다) 나이젤, 저 녀석 꼴 좀 봐.
나이젤 : 뭐야? 뭐?
펠리컨 #1 : 제럴드가 이른 새벽부터 배 터지게 포식했나 봐.
나이젤 : 맞아, 저 친구 누가 좀 도와줘야겠는걸.
펠리컨들 : 그래, 네 말이 맞아.
나이젤 : 저기, 한꺼번에 나서진 마. (제럴드에게 날아내려간다) 좋아, 제럴드. 왜 그래? 물고기가 목에 걸렸어?

제럴드는 필사적으로 고개를 끄덕인다. 입을 열어 비명을 지르고 있는 말린과 도리를 보여준다. 그들은 그의 혀에 달라붙어 있다.

나이젤 : 이런! 세상에나!

나이젤은 그의 등을 탁 때린다. 물고기들이 선창 위에 날아 떨어져 물을 찾아 헐떡거리며 이리저리 퍼덕거린다.

- **piling**
  말뚝, 파일
- **wedge**
  ~에 쐐기를 박아 죄다, 쐐기로 움직이지 않게 하다
- **spastic**
  경련성의, 돌발적인
- **jerk**
  갑자기 던짐, 경련성 동작
  a sudden quick sharp movement
- **hack**
  난도질하다, 잘게 썰다
  to cut somebody/something with rough, heavy blows
- **whack**
  세게 치다, 탁 때리다
  to hit somebody/something very hard
- **flap**
  퍼덕거리다, 날개를 치다

Reckon somebody ought to help the poor guy.
앞에 주어가 생략된 표현으로 I reckon that somebody ought to ~의 뜻이다. reckon은 구어체에서 뒤에 that절을 취해 '~라고 생각하다, 추정하다, 평가하다, 간주하다'의 뜻이다. 보통 영국에서 많이 쓴다.

Zoom In

Reckon somebody ought to help the poor guy.
누군가 저 불쌍한 자를 도와야 한다고 생각해.

MARLIN : I gotta find my son Nemo!

NIGEL : Nemo? (to Gerald) Hey! Hey! Hey! He's that fish! You know, the one we've been talking about. The one that's been fighting the whole ocean! (to Marlin) Hey, I know where your son is...

Marlin and Dory have flopped down on the pier. Nigel waddles after them.

NIGEL : Hey! Wait! Come back! Stop!

MARLIN : Dory, keep going! He's crazy!

NIGEL : I've got something to tell you!

Nigel is gaining on the fish when BIRD POOP lands in front of Marlin and Dory. All three freeze. A FLOCK OF SEAGULLS are perched all over the pier.

SEAGULL : Mine?

NIGEL : (ever-so-slowly lowers his beak) Okay. Don't make any sudden moves. Hop inside my mouth if you want to live.

MARLIN : Hop in your mouth, huh? And how does that make me live?

SEAGULL : (lands beside them) Mine?

NIGEL : (quiet) Because I can take you to your son.

MARLIN : (quiet) Yeah, right.

More seagulls land.

NIGEL : No. I know your son. He's orange. He's got a gimpy fin on one side.

MARLIN : (loud) That's Nemo!

말 린 : 내 아들 니모 찾아야 해!

나이젤 : 니모? (제럴드에게) 이봐! 이봐! 바로 그 물고기야! 우리가 이야기했던 바로 그 물고기. 전 바다와 싸운 아빠! (말린에게) 이봐, 내가 아들 있는 델 알아.

말린과 도리는 부두에서 아래로 뛰어내린다. 나이젤이 그들을 쫓아 어기적어기적 걸어간다.

나이젤 : 이봐! 기다려! 돌아와! 거기에 서!

말 린 : 도리, 계속 뛰어! 미친 펠리컨이야!

나이젤 : 꼭 할 얘기가 있다니까!

나이젤이 그 물고기들에 접근하는데 버드 풉이 말린과 도리 앞에 내려앉는다. 셋 모두가 그 자리에 얼어붙는다. 한 무리의 바다 갈매기들이 부두위에 온통 걸터앉아 있다.

바다갈매기 : 내 거?

나이젤 : (아주 천천히 자기 부리를 내린다) 좋아. 갑자기 움직이면 위험하니까 살고 싶으면 내 입 속에 뛰어들어 와.

말 린 : 입에 뛰어들라니? 잡아먹겠다는 협박보다 더 치사하군!

바다갈매기 : (그들 옆에 내려앉는다) 나 줘!

나이젤 : (조용히) 널 아들한테 데려다 줄 수 있단 말이야.

말 린 : (조용히) 어련하시겠어!

바다갈매기가 더 내려 앉는다.

나이젤 : 네 아들 알아. 한쪽이 절름발이 지느러미에다가 오렌지 색이잖아.

말 린 : (큰 소리로) 니모야!

- **flop**
  풍덩 뛰어들다, 털썩 쓰러지다
  to sit or lie down in a heavy and sudden way because you are very tired; to fall, move or hang in a heavy or awkward way, without control

- **waddle**
  (오리나 다리가 짧은 뚱보 등이) 뒤뚱거리며 걷다, 어기적거리며 걷다
  to walk with short steps, swinging from side to side, like a duck

- **freeze**
  (공포, 충격, 놀람, 긴장 등으로) 얼어 붙다, 굳어져 그 자리에서 움직이지 않다

- **ever so**
  매우

Nigel is gaining on the fish.
gain on은 '(상대를) 접근하다, (쫓고 있는) ~에 점점 가까워지다, 추격하다, (추적자, 경쟁 상대를) 앞서다'는 뜻의 관용어다. 아직 잡는 동작이 마무리는 되지 않았으나 잡아가고(gaining=get closer to a person) 있다는 그림을 그린다.

Zoom In

Nigel is gaining on the fish.
나이젤이 그 물고기에 점점 가까워지고 있다.

SEAGULLS : (attack) Mine! Mine! Mine! Mine!

Marlin leaps from beak to beak, while Dory is pulled in four different directions. Nigel snatches them both from the fray... dives off the dock, grabbing a mouthful of ocean water... and takes to the air.

NIGEL : Fasten your seat belts!

The seagulls fill the sky, as Nigel flies perilously through the maze of masts.

SEAGULLS : Mine! Mine! Mine! Mine!...

The pelican veers sharply... heads straight towards a sailboat crossing their path.

NIGEL : (mouth full) Everybody hold on!

At the last second, Nigel tilts sideways, and flies between the boat's two sails. The seagulls all slam into the canvas, their beaks punching through.

SEAGULLS : Mine! Mine! Mine! Mine! Mine!

Nigel heads for Wallaby Way.

INT. TANK. MORNING
CLOSE ON DARLA, banging her finger on the tank glass. She smiles sweetly at the fish. They are deafened by the thuds.

TANK GANG : Ow!... Whoa! Whoa! Too loud! Too loud for me!

DARLA : (taps at Peach on the glass) Twinkle, twinkle, little star...

PEACH : Find a happy place! Find a happy place!

바다갈매기들 : (공격 한다) 나 줘! 내 거야! 내 거! 나 줘!

말린은 부리 사이를 이리저리 뛰어다니는데 그 사이 도리는 사방으로 끌려진다. 나이젤은 그 소동으로부터 그들을 잡아채 선창에서 물에 뛰어들며 바닷물을 한입 가득 물고 공중으로 날아오른다.

나이젤 : 안전벨트 채워!

나이젤이 돛대들의 미로를 통해 위험하게 날아가는데 바다갈매기들은 하늘을 가득 채운다.

바다갈매기들 : 나 줘! 내 거야! 내 거! 나 줘!

그 펠리컨은 급격하게 발행을 바꾸어… 그들이 가던 길을 건너한 요트를 향해 달려간다.

나이젤 : (입을 가득 채운 채) 모두 꽉 잡아!

마지막 순간에, 나이젤이 옆으로 기울이며 배의 두 돛 사이를 날아간다. 바다갈매기들은 모두 캔버스에 부딪혀 그들의 부리들이 구멍을 뚫고 지나간다.

바다갈매기들 : 나 줘! 내 거야! 나 줘! 내 거야!

나이젤은 왈라비 가를 향해 달린다.

내부. 수족관. 아침
달라가 보인다. 그녀는 수관관 유리에 손가락을 탕 탕 친다. 그녀는 물고기들에게 상냥하게 미소를 짓는다. 그들은 쿵 소리에 의해 귀가 먹먹하다.

수족관 무리 : 아유! 우와! 이거 고막 터지겠어.

달 라 : (유리 위로 피치를 바로 두드린다) 반짝반짝 작은 별!

피 치 : 불가사리 살려! 불가사리 살려!

- **snatch**
  잡아채다, 와락 붙잡다
- **fray**
  소동, 싸움
  a fight, competition or argument, especially one that is exciting or seen as a test of your ability
- **perilously**
  위험하게, 모험스럽게
- **maze**
  미로, 복잡하게 얽히고 설킴
- **veer**
  방향을 바꾸다, 길을 벗어나다
  to change direction suddenly
- **thud**
  쿵, 쿵하는 일격
  a sound like the one which is made when a heavy object hits something else

Marlin leaps from beak to beak.
from ~to의 경우 같은 명사를 두고 표현할 때 관사 없이 사용된다. 즉 from place to place(여기 저기, 이리저리), from side to side(좌우로, 옆으로), from time to time(때때로, 이따끔) 등 여러 표현들이 있다.

Zoom In

Marlin leaps from beak to beak.
말린은 부리 사이를 여기저기 뛰어다닌다.

RECEPTIONIST : (opens her window) Darla, your uncle will see you now.

INT. EXAM ROOM. MOMENTS LATER

Darla sits in the chair, while the dentist adjusts her bib.

DENTIST : All right, let's see those pearly whites.

DARLA : (bites his hand) Raah! I'm a piranha. They're in the Amazon.

DENTIST : And a piranha's a fish, just like your present.

He moves to get Nemo. Darla bounces and claps in her chair a little too enthusiastically.

DARLA : (sing-song) *I GET A FISHIE! FISHIE!*

The tank gang helplessly watch the dentist lift the plastic bag from the tray, and gasp in horror. Nemo floats belly up in the bag.

DENTIST : Oh no. Poor little guy.

TANK GANG : Oh, no! He's dead. Shark bait!

The dentist hides the bag behind his back. Turns to Darla.

DARLA : Yeah! Fishie! Fishe, fishie, fishie…

DENTIST : Must've left your present in the car, sweetie. (nervous laugh) I'll go and get it.

Darla whines. CLOSE ON THE BAG. Nemo opens his eyes and winks at the tank gang.

GILL : (gasps) He's still alive!

접수원 : (창문을 연다) 달라! 삼촌이 곧 치료하자고 하신다.

내부. 검사실. 잠시 후

달라가 의자에 앉아 있는 동안 치과의사가 그녀의 턱받이를 조정한다.

치과 의사 : 자, 진주처럼 하얀 치아를 볼까?

달 라 : (자기 손을 문다) 으흐! 난 아마존 식인 물고기 피라니아야.

치과 의사 : 네 선물처럼 파라냐도 물고기란다.

그는 니모를 가지러 움직인다. 달라는 뛰어오르며 다소 지나치게 열성적으로 의자에서 박수를 친다.

달 라 : (노래한다) *와, 신 난다! 물고기가 생겼네!*

수족관 무리는 치과의사가 쟁반에서 플라스틱 백을 드는 것을 무력하게 지켜보면서 두려움에 헐떡거린다. 니모는 백 속에서 배를 드러내 놓고 떠 있다.

치과 의사 : 이런. 가여운 녀석.

수족관 무리 : 이런, 쯧쯧! 죽었어. 상어 밥!

치과의사가 자신의 등 뒤에 비닐백을 숨긴다. 달라에게 돌아선다.

달 라 : 야! 물고기! 물고기, 물고기, 물고기…

치과 의사 : 네 선물을 차 안에 뒀구나, 얘야. (불안한 웃음) 내 가져올게.

달라가 푸념을 한다. 비닐백이 가까이 보인다. 니모가 눈을 뜨고는 수족관 무리에게 윙크를 한다.

길 : (헐떡거린다) 니모가 아직 살아있어!

■ **adjust**
(약간) 조정하다, 적응하다, (매무새 등을) 바로잡다

■ **bib**
턱받이, 가슴부분
a piece of fabric or plastic that you put under babies' chins to protect their clothes while they are eating

■ **whine**
푸념하다, 투덜대다, 흐느끼다
to complain in an annoying, crying voice; to make a long high unpleasant sound because you are in pain or unhappy

I'll go and get it.
I'll go to get it. 또는 I'll go get it.과 같이 표현할 수 있다. 이처럼 go나 come은 뒤에 바로 동사원형을 취할 수 있다. 종종 'go + 동사원형'은 '(빨리, 충동적으로, 각오하고) ~하다'라는 뜻으로 go는 해석되지 않을 때도 있다.

Zoom In

I'll go and get it.

가서 그거 가져올게.

PEACH : He's not dead!

BLOAT : What's happening? Why is he playing dead?

GILL : He's gonna get flushed down the toilet. He's gonna get out of here!

DEB : Yeah!

BLOAT : He's gonna get flushed!

GURGLE : What a smart little guy!

NEMO'S POV: The dentist walks toward the bathroom. Behind the open door, we can see the toilet, when suddenly the dentist turns and heads for THE TRASH CAN. The fish all gasp.

GILL : Oh, no! Not the trash can!

BUBBLES : Nemo! No!

Just then Nigel lands at the window, carrying Marlin and Dory in his mouth.

NIGEL : (mouth full) Hey! Hey! I found his dad!

MARLIN : Where's Nemo? Where is he?

TANK GANG : Dentist! Dentist! He's over there!

MARLIN : What's a dentist? What is that?

Marlin looks across the room to where the fish are pointing. The dentist is about to drop Nemo into the trash can.

MARLIN : (gasps) Nigel, get in there!

NIGEL : (mouth full) I can't go in there!

MARLIN : Yes, you can! Charge!

Marlin yanks on Nigel's tongue, using it like a rudder. Nigel squawks as he is pulled inside. Darla turns, sees the rabid bird, and screams!

피 치 : 안 죽었어!
블로트 : 어떻게 된 거야? 왜 죽은 척해?
길 : 변기의 배수구로 탈출하려는 거야. 여기서 빠져 나가는 거야!
뎁 : 정말 대단해!
블로트 : 그는 배수구로 탈출할 거야!
거 글 : 똘똘한 녀석!

니모의 시점: 치과의사가 욕실을 향해 걸어간다. 열린 문 뒤에서 변기가 보이는데 그때 갑자기 치과의사가 돌아서서 쓰레기통을 향한다. 물고기들이 모두 헐떡거린다.

길 : 안 돼! 쓰레기통엔 안 돼!
버 블 : 니모! 안 돼!

바로 그때 나이젤이 창문에 내려앉는데 말리과 도리를 입안에 물고 있다.

나이젤 : (입에 가득 담고) 이봐! 아빠 찾았어!
말 린 : 니모가 어디 있어? 어디 있냐고?
수족관 무리 : 치과의사! 저쪽!
말 린 : 치과의사가 뭔데? 그게 뭐냐고?

말린이 물고기들이 가리키고 있는 쪽 방을 건너본다. 치과의사가 막 쓰레기통에 니모를 버리려고 하는 찰나다.

말 린 : (헐떡거린다) 나이젤, 병원 안에 들어가!
나이젤 : (입에 가득 담고) 그건 못해!
말 린 : 못하긴! 이륙!

말린이 나이젤의 혀를 확 잡아당겨 마치 키처럼 사용한다. 나이젤은 안으로 끌려들어 가면서 꽥꽥 소리를 지른다. 달라가 돌아서서 미쳐 날뛰는 그 새를 보고는 비명을 지른다!

- **yank**
  홱 잡아당기다

- **rudder**
  키, 방향타
  a piece of wood or metal at the back of a boat or an aircraft that is used for controlling its direction

- **rabid**
  과격한, 미쳐 날뛰는
  (of a type of person) having very strong feelings about something and acting in an unacceptable way; (of feelings or opinions) violent or extreme

Why is he playing dead?
play dead는 동사로 '죽은 척 하다, 가만히 있다'의 뜻이며 play possum(자는 척하다, 모르는 체하다)이라고도 한다. I decided it was safer to play dead. (나는 죽은 척하는 것이 더 안전하다고 판단했다)

Zoom In

Why is he playing dead?
왜 그가 죽은체하고 있지?

DENTIST : What the...? Darla, sweetie... Look out!

Nigel dives at the dentist (still holding the bag), who lunges for the bird. They chase each other around the room, knocking tools and equipment everywhere. ON LOBBY. The nervous little boy, who entered earlier, looks up from his magazine. Through the tank he can see a flurry of limbs, punctuated by the sound of screaming, drilling and squawking.

DENTIST : Hold still! Easy! Easy!

His jaw drops in terror. BACK IN THE EXAM ROOM. The dentist and Nigel collide over Darla in the exam chair. The bag drops onto the tool tray. Nemo sees Darla looming over him, and defensively plays dead.

DENTIST : Hold still! Nobody's gonna hurt you! Oof!

At that exact moment, Marlin peers out of Nigel's beak... sees the image of his dead son... and he shuts down. Time slows.

MARLIN : (gasps) Nemo.

DORY : Oh, my goodness....

DENTIST : Gotcha! Keep down!

MARLIN : (inside beak) Nemo!

NEMO : (opens eyes) Daddy?

But the dentist shoves Nigel out of the window.

DENTIST : Out with you! And stay out! (shuts the window)

NEMO : Daddy! (gasps)

DARLA : (picks up Nemo's bag and shakes it hard) Fishie? Fishie! Wake up! Wake up!

The tank fish realize they must act.

치과 의사 : 저 녀석이…? 달라, 조심해!

나이젤은 치과의사(아직도 백을 들고 있다)에게 달려 내려가는데 그는 그 새에게 돌진한다. 그들은 방 이리저리 서로 추격하면서 사방에 있는 도구들과 시설물을 넘어뜨린다. 로비 쪽, 앞에서 들어왔던 불안한 어린 소년은 잡지를 본다. 수족관을 통해서 그는 사지들의 혼란을 볼 수 있는데, 그것은 비명으로 지르고 빨리 달리며, 꽥꽥거리는 소리에 의해 중지된다.

치과 의사 : 가만있어! 진정해!

그의 털이 공포에 휩싸여 내려앉는다. 다시 검사실. 치과의사와 나이젤은 검사실 의자에 있는 달라를 충돌한다. 비닐백이 도구 쟁반위로 떨어진다. 니모는 달라가 그 위에 어렴풋이 나타나는 것을 보고 방어적으로 죽은체 한다.

치과 의사 : 진정해! 아무도 널 해치지 않아! 우와!

바로 그 순간에 말린은 나이젤의 부리 밖을 엿보며 자기 아들의 죽은 모습을 목격하고는 눈앞이 깜깜해진다.

말 린 : (헐떡거린다) 니모...

도 리 : 어쩜 좋아…

치과 의사 : 잡았다, 꼼짝 마!

말 린 : (부리 내부에서) 니모!

니 모 : (눈을 뜬다) 아빠?

하지만 치과의사가 나이젤을 창문 밖으로 내던진다.

치과 의사 : 썩 꺼져! 다신 나타나지 마! (창문을 닫는다)

니 모 : 아빠! (헐떡거린다)

달 라 : (백을 들고는 그것을 세차게 흔들기 시작한다) 내 물고기! 일어나, 깨어나란 말이야!

수족관 무리는 자신들이 행동해야만 한다는 것을 깨닫는다.

- **lunge**
  돌진하다

- **flurry**
  질풍, 광풍, 혼란, 동요
  an occasion when there is a lot of activity, interest, excitement, etc. within a short period of time; a small amount of snow, rain, etc. that falls for a short time and then stops

- **squawk**
  (오리, 갈매기 등이) 거억거억 울다, 자꾸만 불평을 말하다
  (of birds) to make a loud sharp sound; to speak or make a noise in a loud, sharp voice because you are angry, surprised, etc

Out with you!
out이 감탄사로 쓰일 때에도 '나가! 꺼져버려!'의 뜻이다. 또 구어에서 Out with it! 하면 '다 말해버려, 말 해라!'의 뜻이 된다. 예문은 구어체에서 잘 쓰이는 Out you go!와 유사한 표현으로 역시 '나가! 꺼져 버려!'의 뜻이다.

Zoom In

Out with you!
썩 꺼져!

DEB : Oh no!

GILL : To the top of Mount Wannahockaloogie!

DARLA : (to Nemo) Why are you sleeping?

Gill shoves himself inside the mouth of the volcano...

PEACH : Hurry!

GILL : Bloat!

Bloat, wedged at the bottom, inflates, tipping the volcano at an angle. The other fish strain to help push it over.

GILL : Ring of Fire!

DARLA : Fishie!

Jacques cranks the control valve, and Gill is rocketed out of the tank by the pressure. Gill arcs across the room... lands on Darla's head... She screams... throws the bag high into the air... It falls onto the tray and explodes. Nemo flops on the dental mirror.

DENTIST : Crikey! All the animals have gone mad!

He rushes to save his niece, and slams his head on the X-ray machine. Falls over unconscious. ON LOBBY. Now all the waiting patients stare nervously through the tank at the chaos.

DARLA : Aaaaah! Get it out!

GURGLE : (in the tank) Smack her in the head!

BLOAT : Go, Gill, go!

DARLA : Fish in my hair!

Gill flips off of Darla's head onto the tray. Makes eye contact with Nemo.

덴 : 안 돼!

길 : 전부 '와나호카루기'산의 정상에 집결!

달 라 : (니모에게) 왜 잠만 자는 거야?

길은 자신을 화산의 어구 속으로 내던진다.

피 치 : 서둘러!

길 : 블로트!

바닥에 끼어 있는 블로트는 부풀어져 비스듬히 화산을 기울인다. 다른 물고기들은 그것을 넘어뜨리는 걸 돕기 위해 잡아당긴다.

길 : 표적을 향해 발사!

달 라 : 내 물고기야!

자크는 콘트롤 밸브를 돌린다. 길은 그 압력에 의해 수족관 밖으로 쏘아진다. 길은 방을 가로질러 호를 이루며… 달라의 머리에 내려앉는다… 그녀는 비명을 지르며… 비닐백을 공중으로 높이 내던진다… 그것은 쟁반 위에 떨어져 터진다. 니모는 치과용 거울 위에 뛰어내린다.

치과 의사 : 물고기! 동물들이 모조리 미쳤나 봐!

그는 자기의 생질을 구하기 위해 달려가다가 X레이 기계에 머리를 박는다. 의식이 없는 상태로 쓰러진다. 로비 쪽. 대기하는 모든 환자가 무질서하게 수족관을 불안하게 응시한다.

달 라 : 아아! 저리 가!

거 글 : (수족관 속) 머릴 물어 뜯어!

블로트 : 길, 어서!

달 라 : 내 머리에 물고기 붙었어!

길은 달라의 머리에서 쟁반 위로 뛰어내린다. 니모와 눈을 마주친다.

- **at an angle**
  비스듬히, 굽어서
- **strain**
  잡아 당기다, 팽팽하게 하다
  to push hard against something; to pull hard on something
- **chaos**
  혼돈, 혼란, 무질서
- **flip**
  홱 움직이다
  to turn over into a different position with a sudden quick movement; to make something do this

Smack her in the head!
smack이 '찰싹 치다, 혀를 차다, ~에 쪽 키스하다'의 뜻이므로 목적어(her) 다음에 '전치사(in) + the 신체의 일부분'이 와서 Smack her head!와 같은 표현을 하고 있다. 만일 단지 때린다는 의미이면 in the가 아니라 on the가 왔을 것이다.

Zoom In

Smack her in the head!

그녀의 머리를 물어 뜯어!

NEMO : (out of breath) Gill!

GILL : (gasps for air) Shark bait... tell your dad... I said... hi.

Gill leaps onto the handle of the dental mirror, catapulting Nemo off of the tray, past Darla's grabby hands... and into the spit sink. Nemo swirls down the drain.

GILL : (losing consciousness) Go get 'em!

DENTIST : (panics at the sight of Gill lying on the tray) Ohh!

The dentist gets up from the floor. Panics at the sight of Gill lying on the tray. IN THE TANK. Gill is dropped into the water. The gang surrounds him, cheering.

BLOAT : He did it! Ha ha!

DEB : Yah!

BUBBLES : I'm so happy...

GURGLE : Is he gonna be OK, Gill?

GILL : Don't worry. All drains lead to the ocean.

ON DARLA. She leans into the spit sink, looking for her lost fish.

DARLA : Fishie!

The sink breaks, and a jet of water spurts in her face.

INT. SEWER SYSTEM

Sewer water hurls Nemo through the piping. It's the ultimate flume ride.

NEMO : Daddy!

Nemo is dumped into the main flow pipe. He and the rest of the city's debris rush under a concrete overhang, labeled: "SYDNEY WATER TREATMENT."

니 모 : (숨이 차다) 길!

길 : (숨을 쉬려 헐떡거린다) 상어 밥, 아빠 만나거들랑 나도 거들었다고 전해라.

길은 치과용 거울의 손잡이에 뛰어내려 니모를 쟁반에서 발사한다. 달라의 탐욕스러운 손을 지나쳐… 침 뱉는 싱크대로 보낸다. 니모는 하수 아래로 빙빙 돌며 내려간다.

길 : (의식을 잃으며) 아빠 꼭 만나!

치과 의사 : (쟁반 위에 누워있는 길을 보고 허둥댄다) 어라!

치과 의사는 바닥에서 일어난다. 길은 선반에 누워 걱정스럽게 본다. 수족관 안. 길은 물로 떨어진다. 무리는 환호하며 그 주위를 둘러싼다.

블로트 : 녀석이 해냈어. 하하!

뎁 : 그래!

버블즈 : 정말 행복해…

거 글 : 꼬마가 괜찮을까, 길?

길 : 걱정 마. 모든 하수구는 바다로 연결돼.

달라 쪽. 그녀는 침 뱉는 싱크대에 기대어 잃어버린 물고기를 찾는다.

달 라 : 내 물고기!

싱크대가 부서지며 물줄기가 그녀의 얼굴에 뿌려진다.

내부. 하수 시스템
하수물이 니모를 파이프를 통해 내던진다. 그것은 최대의 급류 타기다.

니 모 : 아빠!

니모는 주 유수 파이프 속으로 던져진다. 그와 도시의 쓰레기 나머지가 '시드니 하수 처리구'라고 쓰여 있는 콘크리트 돌출 부분 아래를 달려간다.

- **catapult**
  발사하다, 투석기로 쏘다
  to throw somebody/something or be thrown suddenly and violently through the air
- **grabby**
  탐욕스러움, 욕심 많은, 이기적인
- **panic**
  허둥대다, 공포에 휩싸이다, 허둥대다
- **spurt**
  내뿜다, 분출시키다
- **flume**
  가파르고 좁은 골짜기
  a narrow channel made to carry water for use in industry
- **overhang**
  내물림, 돌출(부분)
  the part of something that sticks out over and above something else

Tell your dad I said hi.
물론 Tell your dad that I said hi.로 that이하가 직접 목적절이다. say hi는 '안부 전하다, 인사하다'의 뜻으로 say hello와 같다. 바꾸어 말하면 Say hi to your dad.인데 여기서 시제가 said, 즉 과거로 된 것은 자신이 행동한 것을 암시하는 것이다.

Zoom In

Tell your dad I said hi.
네 아빠에게 내 안부를 전해.

EXT. MOUTH OF THE HARBOR. OCEAN FLOOR

A crab scuttles over the pipe that lays along the ocean floor. Perforated holes run along its top, blowing up jets of particles. The piping goes on forever into the murk. Other crabs can be seen in the distance scurrying all over it. ABOVE WATER. Drizzle falls from the overcast skies. Nigel lands on the red buoy. Gently drops Marlin and Dory in the water. No one knows what to say.

NIGEL : I'm… I'm so sorry. Truly, I am.

Quietly, Nigel takes off. The fish submerge. UNDER THE SURFACE. The two fish float in silence. Marlin stares into space. Dory moves to console him.

DORY : Hey.

MARLIN : Dory... if it wasn't for you... I never would've even made it here. So, thank you.

Dory is touched, then surprised when Marlin begins to simply swim away.

DORY : (makes him stop) Hey, hey, wait a minute. Well, well… Wait. Where are you going?

MARLIN : It's over, Dory. We were too late. (beat) Nemo's gone, and I'm going home now. (swims past her)

DORY : (in a panic) No. No, you can't. Stop!

He stops. Keeps his back to Dory. She waits, afraid to tip the fragile balance out of her favor.

DORY : Please don't go away. Please? No one's ever stuck with me for so long before. And if you leave… if you leave… (tries to hold it together) I just... I remember things better with you. I do. Look...

외부. 항구의 어구. 바다 바닥
게 한 마리가 바다 바닥에 놓여 있는 파이프 위로 바삐 간다. 관통된 구멍들이 꼭대기를 따라 쭉 나 있는데 입자들의 분출을 뿜어낸다. 파이프는 어둠 속으로 끝없이 뻗어있다. 다른 게들이 멀리서 보이는데 파이프 위로 온통 허둥지둥 달리고 있다. 수면 위. 이슬비가 우중충한 하늘에서 떨어진다. 나이젤은 빨간 부표 위에 앉아 있다. 부드럽게 말린과 도리를 물속에 떨어뜨린다. 아무도 뭐라고 말해야 할지 모른다.

나이젤 : 참 안 됐어. 정말 안 됐어.

조용히, 나이젤은 날아간다. 물고기들은 잠수한다. 수면 아래 두 물고기는 말없이 떠다닌다. 말린은 아무 곳도 보지 않는다. 도리는 그를 위로하기 위해 움직인다.

도 리 : 이봐.

말 린 : 도리… 너 아니었으면 여기 오지 못했을 거야. 정말 고마워.

도리는 감동을 하다가 말린이 그냥 헤엄쳐 멀리 가기 시작하자 놀란다.

도 리 : (그를 멈추게 한다) 이봐, 잠깐! 기다려. 어딜 가는 거야?

말 린 : 다 끝났어, 도리. 너무 늦게 온거야. (잠시) 니모는 죽었어. 이제 돌아갈래. (그녀를 지나 헤엄친다)

도 리 : (공포에 휩싸인다) 가면 안 돼. 거기 서봐!

그가 멈춘다. 도리에게 등을 대고 있다. 그녀는 기다린다. 자기 열정에서 연약한 균형을 뒤집어엎어 버릴까 두렵다.

도 리 : 부탁이야, 부디 가지 말아줘. 누구도 나랑 이렇게 오랫동안 가까운 적 없었어. 네가 가버리면… 네가 떠나가면… (결합하려고 애를 쓴다) 난 그냥… 너랑 있을 때 모든 게 더 좋았어. 그래.

- **scuttle**
  바삐 가다, 허둥지둥 달아나다
  to run with quick short steps
- **perforate**
  구멍을 내다, 관통시키다
  to make a hole or holes through something
- **scurry**
  잰걸음으로 서두르다, 허둥지둥 달리다
  to run with quick short steps
- **drizzle**
  이슬비, 가랑비
  light fine rain
- **overcast**
  흐린, 우중충한
  covered with clouds; dull

No one's ever stuck with me for so long before.
'stick with +사람'은 '~의 곁에 머물다'의 뜻이고 사물이 오면 '~을 계속하다'의 뜻이다. No one's ever stuck ~는 No one has ever stuck ~이므로 현재완료 계속 용법이 되고 있다. I'm gonna stick with you.(난 계속 네 곁에 머물겠어)

Zoom In

No one's ever stuck with me for so long before.

전에는 아무도 내 곁에 그렇게 오래 머문 자가 없었다.

(chants) ***P. SHERMAN, FORTY...TWO... FORTY... TWO... OHH...*** (can't remember; desperate) I remember it. I do. It's there. I know it is because when I look at you... I can feel it. And... and... I - I look at you and I... I'm home. (no response) Please...I don't want that to go away. I don't want to forget.

MARLIN : I'm sorry, Dory, but I do.

Marlin swims into the murk... Gone. AT THE OUTFLOW PIPE. Two crabs (Bernie and Baz) are greedily snatching bits from one of the perforated holes.

BERNIE : (mouth full) Manna from heaven!

BAZ : (mouth full) Sweet nectar of life!

Both Bernie and Baz turn to a passing crab. They raise their claws in the air, and posture to defend their territory. The passing crab automatically does the same.

BERNIE, BAZ : Hey! Hey! Heeeey!

PASSING CRAB : Hey! Hey! Heeeey!

BERNIE : This is our spot!

BAZ : Go on. Get outta here!

The passing crab moves on. Bernie and Baz resume their eating. Marlin appears in the distance.

BERNIE, BAZ : Hey! Hey! Heeeey!

Marlin ignores them. Continues out to the ocean.

BERNIE : Yeah, that's it, fellah! Just keep on swimmin'! You got that!

BAZ : Too right, mate!

(노래 한다) *42번지… P.셔만… 42번지…*

(기억할 수 없다; 필사적이다)

내가 그걸 다 기억하는 건… 너만 보면 생각나기 때문이야. 널 바라보면 난… 마음이 아늑해져 (아무런 반응이 없다) 가지 마. 그런 감정 잃어버리기 싫어. 잊고 싶지 않아.

말 린 : 미안하지만, 도리. 난 다 잊고 싶어.

말린은 어둠 속으로 헤엄쳐 들어간다… 사라진다. 유출 파이프. 두 마리 게(버니와 바즈)가 관통된 구멍에서 나온 조각을 탐욕스럽게 잡아채고 있다.

버 니 : (입을 가득 채운 채) 웬 떡이야!

바 즈 : (입을 가득 채운 채) 이래서 힘이 솟아!

버니와 바즈 둘 다가 지나가는 게에게 몸을 돌린다. 그들은 자기 발을 공중으로 높이 쳐들고는 자신들 영역을 지키려고 자세를 취한다. 지나가던 게는 자동적으로 같은 자세를 취한다.

버니, 바즈 : 이봐! 어---이!

지나가는 게 : 이봐! 어—이!

버 니 : 여긴 우리 구역이야.

바 즈 : 썩 꺼져!

지나가는 게는 움직여 간다. 버니와 바즈는 다시 먹기 시작한다. 말린이 멀리서 나타난다.

버니, 바즈 : 이봐! 어---이!

말린은 그들을 무시한다. 계속 대양으로 헤엄친다.

버 니: 그래, 바로 그거야! 그렇게 계속 헤엄쳐. 잘하는 거야!

바 즈 : 썩 꺼져!

- **desperate**
필사적인, 발악하는, 자포자기하는
- **greedily**
게걸스럽게, 탐욕스럽게
- **manna**
만나(이스라엘 민족이 40일 동안 광야를 방랑하고 있을 때 여호와가 내려 주었다고 하는 양식)
- **territory**
영역
- **resume**
다시 시작하다, 재개하다

Manna from heaven!
성격에서 유래된 이 표현은 '예상 밖의 행운, 뜻밖의 도움이나 위로, 예상 밖의 벌이나 편의' 등의 의미를 갖는다. The arrival of the rescue team was like manna from heaven to them. (구조대의 도착은 그들에게는 예상 밖의 행운이었다)

Zoom In

Manna from heaven!

이게 웬 떡이냐!

Just then Nemo pops out of the outflow pipe between them.

BAZ : Oh, oh! I got a live one here!

NEMO : (pants) Hey! Have you seen my dad?

The crabs snap at Nemo. He dodges their attacks, and swims…

BAZ : Gotcha! Hey! Hey! Come back here!

BERNIE : (Bernie hits Baz on the head) You let him go!

BERNIE, BAZ : (fight) Hey! Hey! Heeeey!

FURTHER DOWN THE PIPING. Nemo slows. Tries to get his bearings…

NEMO : (calls out) Dad! Dad! Dad! (hears someone crying)

DORY swims in circles above him around the red buoy's anchor chain, visibly fretting and upset. Nemo swims up to her.

NEMO : Um, excuse me. Are you all right?

DORY : I don't know where I am… I don't know what's going on… I think I lost somebody… but I – I can't remember… and… I need to remember.

NEMO : It's OK. It's OK… I'm looking for someone, too. Hey, we can look together. (leads her away from the buoy)

DORY : (sniffles) I'm Dory.

NEMO : I'm Nemo.

DORY : Nemo? (long beat) That's a nice name.

EXT. OPEN OCEAN

Marlin swims out to sea towards schools of groupers, nothing but pain in his eyes. ABOVE THE SURFACE a fishing boat rocks with the swells. Fishermen cast a large net into the water.

바로 그때 니모가 그들 사이의 유출 파이프로부터 튀어나온다.

바 즈 : 오! 또 웬 떡이야!
니 모 : (헐떡거린다) 이봐요! 우리 아빠 봤어요?

게들은 니모를 문다. 그는 그들의 공격을 요리저리 피하여 헤엄쳐…

바 즈 : 잡았다! 어이! 냉큼 나한테 와!
버 니 : (머리를 친다) 그냥 가게 내버려 둬!
버니, 바즈 : (싸운다) 이봐! 어--이!

파이프 멀리 아래쪽. 니모가 천천히 헤엄친다. 방향을 알려고 애를 쓴다.

니 모 : (소리친다) 아빠! 아빠! 아빠! (누군가가 울고 있는 소리를 듣는다)

도리가 빨간 부표의 정박 사슬 주위에서 빙빙 돌며 헤엄을 친다. 눈에 띄게 초조하고 불안하다. 니모가 그에게 헤엄쳐 간다.

니 모 : 저, 실례해요, 괜찮아요?
도 리 : 여기가 어딘지… 뭐가 뭔지 모르겠어. 누군가 잃어버렸는데 기억이 안 나. 기억해야 해.
니 모 : 괜찮아요. 저도 누군가를 찾고 있어요. 우리 함께 찾아요. (부표에서 그녀를 이끈다)
도 리 : (코를 훌쩍인다) 난 도리.
니 모 : 전 니모예요.
도 리 : 니모? (한참 후에) 멋진 이름이구나.

외부. 탁 트인 바다
말린은 눈에 온통 고통만을 담은 채 농어 떼들을 향해 바다로 헤엄쳐 나온다. 물 위. 어선 한 척이 파도를 타고 흔들린다. 어부들이 물에다 큰 그물을 던진다.

- **snap**
  덥석 물다
  to try to bite somebody/something
- **get one's bearings**
  (구) 환경에 익숙해지다, 방향을 알다
  to make yourself familiar with your surroundings in order to find out where you are or to feel comfortable in a place
- **fretting**
  조바심하는, 안달하는, 조마조마한
- **grouper**
  (어류) 그루퍼(농어과의 식용어)
- **rock**
  (앞뒤 · 좌우로 살살) 흔들다, 움직이다

Key Expressions

272 **Fasten your seat belts.** 안전 벨트를 매라

항공기나 버스를 탔을 때 흔히 듣는 표현으로 '안전 벨트를 매라'가 있다. 위 표현이 가장 일반적인 표현으로 Buckle up. 또는 Buckle up your seat belts.라고도 한다. Seat belt대신 safety belt를 써서 Buckle up your safety belt.라고도 한다. Fasten은 '단단히 동여매다, 고정시키다, 묶다'의 뜻이다.

272 **The seagulls all slam into the canvas, their beaks punching through.**

바다갈매기들은 모두 캔버스에 부딪혀 그들의 부리들이 그것을 뚫어 구멍을 낸다.

부대 상황을 나타내는 분사구문의 일종으로 The seagulls all slam into the canvas and their beaks punch through. 또는 The seagulls all slam into the canvas, with their beaks punching through.와 같다. 이처럼 동시성을 나타내는 부대상황 분사구문에서는 접속사 and나 전치사 with를 생략하고 분사를 써서 표현한다.

276 **Marlin looks across the room to where the fish are pointing.** 말린은 물고기들이 가리키고 있는 쪽으로 방을 건너다 본다.

where의 선행사가 room이 아니다. 따라서 Marlin looks across the room to the place where the fish are pointing.의 의미이다. 따라서 where 앞에 to가 붙었을 때와 없을 때를 잘 구별해야만 한다.

284 If it wasn't for you, I never would've even made it here. 네가 없었다면 난 결코 여기에 오지 못했을 거야.

원래 가정구문에서는 관용적으로 if it were not for you, were it not for you, but for you(네가 없었다면, 네가 아니라면) 등으로 표현하는 것이 원칙이지만 구어체에서는 이처럼 were대신 was가 쓰이기도 한다. 또 주절과 종속절의 시제가 이처럼 일치하지 않는 경우도 있다. 원래는 If it had not been for you가 되어야 주절의 시제인 가정법 과거완료의 시제와 일치한다. 물론 make it은 '도착하다, 성공하다'의 뜻이다.

284 She waits, afraid to tip the fragile balance out of her favor.

그녀는 자기 열정에서 연약한 균형을 뒤집어 엎어버릴까 두려워하며 기다린다.

역시 afraid to tip the fragile balance out of her favor는 분사구문으로 앞에 being이 생략되어 있는 것으로 보면 된다. as she is afraid to tip the fragile balance out of her favor를 분사구문으로 표현한 것이다.

288 Nothing but pain in his eyes. 그의 눈에는 고통만이 있다.

이 표현은 There is nothing but pain in his eyes.와 같다. But은 접속사나 전치사로 쓰여 '~이외에는, ~을 제외하고는'의 뜻이 되어 nothing but은 '~ 이외에는 아무 것도 ~ 않다'이므로 '단지, 오직, 맨, 다름이 아니라'의 뜻이다.

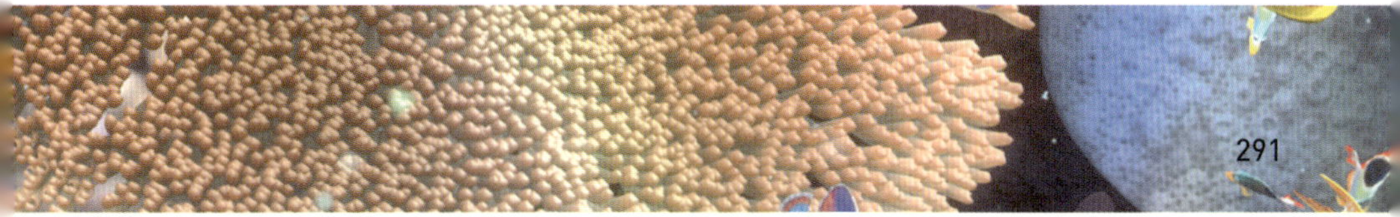

Chapter 10

말린, 니모를 찾다

Marlin Finds Nemo

시간 01:24:59 ~ 01:33:02

EXT. MOUTH OF THE HARBOR. BELOW THE SURFACE
Nemo and Dory continue searching. Come across another section of the piping.

NEMO : Dad! Daaaad!

DORY : Dad?! Dad?! Wait a minute. Is it your dad or my dad?

NEMO : My dad.

DORY : Got it. (calls out again) Daaad! Daaad! Daaa…

NEMO : Where are we, anyway?

Dory looks at the piping, labeled: "SYDNEY WATER TREATMENT." She leans in to read it.

DORY : Uh? Sss… Sil… shiny… sid… Sydney. (gasps) P. Sherman, 42 Wallaby Way, Sydney.

QUICK FLASH INSIDE DORY'S MIND: Images of her entire journey with Marlin fast forward at a blinding rate, building to a climax until finally…

외부. 항구 어구. 수면 아래
니모와 도리는 계속해서 찾고 있다. 파이프의 다른 쪽을 횡단한다.

니 모 : 아빠! 아—빠!

도 리 : 아빠!? 아빠라고?! 잠깐, 네 아빠? 내 아빠?

니 모 : 제 아빠요!

도 리 : 알았어. (다시 소리친다) 아빠! 아—빠! 아…

니 모 : 근데 여긴 어디죠?

도리는 '시드니 하수 처리구'란 글자가 새겨져 있는 파이프를 본다. 그녀는 그것을 읽기 위해 몸을 구부린다.

도 리 : 어? 시이… 시니… 시드… 시드니. (헐떡거린다) P. 셔먼, 왈라비 가 42번지, 시드니.

도리의 마음속에 재빠르게 번쩍 떠오른다: 말린과 했던 전 여정의 이미지가 현혹하는 속도로 빨리 지나가 정점에 이르더니 마침내…

■ **label**
라벨(표)을 붙이다, 라벨로 나타내다
to fix a label on something or write information on something

■ **treatment**
(화학 약품에 의한) 처리
a process by which something is cleaned, or protected against something

■ **fast forward**
촉진하다, 나아가게 하다, 진척시키다, 전송하다
to proceed rapidly forward, especially in time

■ **blinding**
눈을 멀게(부시게) 하는, 현혹시키는
very bright; so strong that you cannot see

■ **rate**
속도, 진도, 정도

■ **at a rate**
속도로

DORY : Aaaah! Nemo!!

NEMO : What?

DORY : (grabs his face) It's you! Aah! You're Nemo!

NEMO : (squished) (muffled) Yes, yes, I'm Nemo!

DORY : Oh, you're Nemo! ...and... you were dead?! I saw you. And then I... oh... here you are! I found you... You're not dead. And your father... oh, your father!

NEMO : My father?! You know my father?! Where is he?

Dory isn't listening. She's scanning the water. Instinctively stops midway.

DORY : (confident) This way! He went this way. Quick!

They go racing out of the harbor. ON OUTFLOW PIPE, FARTHER DOWN. Bernie and Baz are feasting once again.

DORY : Hey! Hey, hey, hey!

BERNIE, BAZ : Heeeey! Heeeeeeey!

DORY : Have you seen an orange fish swim by? (points to Nemo) It looks just like him!

NEMO : But bigger!

BAZ : (gets in her face) Yeah, I saw him, Blue-y. But I'm not tellin' you where he went... and there's no way you're gonna make me.

Dory frowns. He just messed with the wrong fish. ON THE SURFACE. Baz is thrust out of the waves, held up by Dory's fin. Nearby seagulls, perched on a rock, take notice.

SEAGULL : Mine. (seagulls come after him)

도 리 : 아!!! 니모!
니 모 : 뭐요?
도 리 : (그의 얼굴을 잡고 꼭 껴안는다) 너였구나! 아아! 네가 니모야!
니 모 : (찌그러진 채) (목멘 소리로) 맞아요, 제가 니모에요!
도 리 : 니모 맞구나! 죽은 줄 알았는데. 여기 네가… 안 죽고 살아있다니! 네 아빠가… 참, 네 아빠!
니 모 : 아빠요? 제 아빠를 아세요? 어디 있죠?

도리는 듣고 있지 않다. 그녀는 물속을 찾는다. 본능에 따라 중도에 멈춘다.

도 리 : (확신 하며) 이쪽이야! 이리로 갔어. 서둘러!

그들은 항구를 달려나간다. 멀리 아래의 유출 파이프 쪽. 버니와 바즈가 다시 한번 잔치를 벌이고 있다.

도 리 : 여봐! 여기, 이봐!
버니, 바즈 : 어—이! 어---이!
도 리 : 혹시 오렌지 색 친구 지나가는 거 못 봤어? (니모를 가리키며) 여기 얘를 닮았는데!
니 모 : 더 커요!
바 즈 : (그녀 얼굴에 다가온다) 그래, 보긴 봤지만 어디로 갔는지 말 안 해줄 거야. 나한테 어떻게 해도 안 알려줘.

도리가 이마를 찌푸린다. 그는 잘못된 물고기를 상대한 것이다. 수면 위쪽. 바즈는 도리의 지느러미에 붙들려 파도 밖으로 밀어 올려진다. 바위 위에 앉아 있던 근처 바다갈매기들이 목격한다.

바다갈매기 : 나 줘! (바다갈매기들이 그를 쫓는다)

- **squish**
  찌그러뜨리다
  to crush something out of shape when it is pressed
- **feast**
  실컷 먹다, 잔치를 벌이다
  to eat a large amount of food, with great enjoyment
- **frown**
  눈살을 찌푸리다, 얼굴을 찡그리다
  to make a serious, angry or worried expression by bringing your eyebrows closer together so that lines appear on your forehead
- **mess**
  물장난 치다, 놀다
  to make someone angry or argue with them

Here you are!
원래 구어체에서 잘 쓰이는 이 표현은 상대방에게 무엇을 내 주면서 '자 여기 있다'의 뜻으로 Here it is, Here you go. 등의 뜻이지만 때에 따라 글자 그대로 '여기 네가 있구나!, 오 너로구나!' 등으로 해석될 때도 있다.

Zoom In

Here you are!

여기 있구나!

BAZ : (screams) Aah! All right! I'll talk! I'll talk! He went to the fishing grounds! Aah!

The crab is pulled back under the water just in time.

EXT. FISHING GROUNDS. UNDERWATER
Marlin joins the schools of groupers, flowing out into deeper waters. Numb. Not caring where he's going. He bumps into one of them.

GROUPER : Hey, look out!

MARLIN : I'm sorry. Just trying to get home.

NEMO : (distant) Dad! Dad…!

MARLIN : Nemo? (snaps out of his trance)

Nemo swims towards him. Marlin, at first, thinks it's a mirage.

NEMO : Daddy!

MARLIN : Nemo?!

NEMO : Dad!

Until Dory suddenly appears. It's for real.

DORY : Nemo's alive!

MARLIN : Dory? Nemo!

NEMO : Daddy!

MARLIN : Nemo! I'm coming, Nemo!

Father and son collide. Tumble out of the school.

NEMO : Dad!

MARLIN : Nemo! Oh, thank goodness! It's all right, son. It's gonna be okay.

바 즈 : (비명을 지른다) 아아! 알았어! 말할게! 말한다고! 어장 쪽으로 갔어! 아아!

그 게는 제시간에 맞춰 물 아래로 다시 당겨진다.

외부. 어장. 수중
말린은 농어 떼에 가담하며 더 깊은 바닷속으로 헤엄쳐 나간다. 멍한 상태다. 자신이 어디 가고 있는지 관심 없다. 그는 그들 중 한 마리와 부딪친다.

농 어 : 이봐, 조심해!
말 린 : 미안해. 집에 가는 거야.
니 모 : (멀리서) 아빠! 아빠!
말 린 : 니모? (혼수상태에서 딸각하고 빠져나온다)

니모가 그를 향해 헤엄쳐 온다. 처음에 말린은 그것이 신기루라고 생각한다.

니 모 : 아빠!
말 린 : 니모?!
니 모 : 아빠!

마침내 도리가 갑자기 나타난다. 꿈이 아니고 현실이다.

도 리 : 니모가 살아있어!
말 린 : 도리? 니모!!!
니 모 : 아빠!
말 린 : 니모! 아빠가 간다, 니모야!

아버지와 아들은 충돌한다. 농어 떼로부터 굴러떨어진다.

니 모 : 아빠!
말 린 : 니모! 오 주여! 이젠 괜찮아. 다 잘 될 거야.

- **fishing ground**
  어장
  a part of a body of water where the fishing is usually good.
- **just in time**
  겨우 시간에 맞춰, 때 맞추어
- **numb**
  (슬픔, 피로 등으로) 감각을 잃은, 마비된
  unable to feel, think or react in the normal way
- **mirage**
  신기루, 망상, 공중 누각
  an effect caused by hot air in deserts or on roads, that makes you think you can see something, such as water, which is not there

It's for real.
for real은 구어체에서 잘 쓰이는 표현으로 '진짜의, 정말의, 정말로, 실제로'의 뜻이다. 물론 여기서 real은 명사형으로 '현실, 실체, 실물, 진실, 실재'의 뜻이다. Are you for real? (정말이야?) It's for real. (정말이야)

Zoom In

It's for real.

(꿈이 아니고) 현실이다

Dory looks on, beaming with joy, when a school of fish swim past her. A HUGE FISHING NET moves ominously towards her, scooping up groupers.

GROUPERS : Turn around! You're going the wrong way!

DORY : (screams) Aah! Look out!

Dory, Nemo and Marlin collide with the mass exodus of groupers. ON THE SURFACE. The fishing boat winch reels up the line. UNDERWATER. The net begins to rise, taking hundreds of screaming fish with it. Out of the swarm of groupers that were not caught Marlin and Nemo appear, still holding onto one another.

MARLIN : Oh my...

DORY : Help! He-e-elp!

MARLIN : (sees the net taking her up) Dory!

NEMO : Come on! (swim to the net)

Dory is mashed against the netting, but is very quickly sucked into the mob of fish.

NEMO : Dory!

DORY : Help! Help! Help! Get us out! Aah!

MARLIN : No, no, no! Dory!

NEMO : (think fast) Dad, I know what to do!

He quickly swims straight into the net; he's smaller than the holes.

MARLIN : (grabs his tail) Nemo! No!

NEMO : We have to tell all the fish to swim down together!

MARLIN : Get out of there now!

NEMO : I know this will work!

MARLIN : No, I am not gonna lose you again!

도리는 기쁨으로 빛나며 이들을 보는데 그때 한 고기 떼가 그녀를 지나 헤엄을 쳐간다. 거대한 어망이 불길하게 그녀를 향해 움직여서는 농어 때를 퍼 올린다.

농어들 : 돌아가! 방향이 틀렸어!
도 리 : (비명을 지른다) 아아! 조심해!

도리, 니모 그리고 말린은 농어들의 집단 이동과 충돌한다. 수면 위. 어선의 윈치가 밧줄을 감아올린다. 수중. 그물이 비명을 지르는 수백 마리의 고기를 담아 올라가기 시작한다. 붙잡히지 않은 농어 떼 밖에 말린과 니모가 여전히 서로 부둥켜 안은 채 나타난다.

말 린 : 이런…
도 리 : 살려줘! 구해줘!
말 린 : (그물이 도리를 수면으로 끌고 가는 것을 본다) 도리!
니 모 : 어서! (그물로 헤엄쳐 간다)

도리는 그물에 기대여 눌러져 있다. 하지만 재빨리 물고기 집단 속으로 빨려 들어간다.

니 모 : 도리!
도 리 : 도와줘! 살려줘! 우릴 꺼내줘! 아아!
말 린 : 안 돼! 도리!
니 모 : (빨리 생각한다) 아빠, 구출방법을 알아요!

니모는 그물 안으로 곧장 헤엄쳐 들어간다. 그는 그물 구멍보다 더 작다.

말 린 : (그의 꼬리를 잡는다) 니모! 안 돼!
니 모 : 다 함께 아래쪽으로 헤엄치라고 해!
말 린 : 그물에서 나와!
니 모 : 성공할 수 있어요!
말 린 : 안 돼, 또 잃고 싶지 않아!

- **ominously**
  불길하게, 나쁜 징조로, 험악하게
- **exodus**
  이동
  a situation in which many people leave a place at the same time
- **winch**
  윈치, L자형 손잡이, 권양기
  a machine for lifting or pulling heavy objects using a rope or chain
- **mash**
  짓이기다, 짓찧다
  to crush food into a soft mass
- **mob**
  (비슷한 사람, 동물의) 무리, 군중
  a large crowd of people, especially one that may become violent or cause trouble

I know what to do!
'의문사 + to 부정사' 는 절을 대신하는 표현으로 예문은 I know what I should do.의 뜻이다. 이런 종류의 구문은 where to~, when to~, how to~, whom to~, which to~ 이외에 whether to~구문도 쓰인다.

Zoom In

I know what to do!

무엇을 해야 하는 지 알아요!

NEMO : Dad! There's no time! It's the only way we can save Dory! (panting) I can do this.

Marlin stares in his son's eyes. Nothing but confidence.

MARLIN : You're right. I know you can. (lets go)

NEMO : (pokes his little fin out of the net) Lucky fin! (high five)

MARLIN : Now, go! Hurry!

NEMO : Tell all the fish to swim down!

Nemo disappears into the fish.

MARLIN : (to the screaming groupers) Well?! You heard my son! Come on!

INSIDE THE NET. Nemo weaves through the writhing mass.

NEMO : (finds Dory) Dory, we have to tell everybody to...

MARLIN : (back outside) ...swim down together! Do you understand what I'm saying to you? Swim down!

ON THE SURFACE. The top of the net breaks the surface of the ocean. INSIDE THE NET.

NEMO, DORY : Everybody, swim down! Come on, you have to swim down! Swim down! Okay?

BACK UNDERWATER. The groupers begin to catch on to Marlin's instructions.

MARLIN : Down! Swim down! Swim down!

ON THE SURFACE. The winch continues to pull up the net.

니 모 : 아빠! 시간 없어요! 도리를 구할 유일한 길이야! (헐떡거리며) 난 할 수 있어.

말린은 아들의 눈을 응시한다. 오직 믿음뿐이다.

말 린 : 네가 옳아. 넌 해낼 수 있어. (내버려 둔다)

니 모 : (그물 밖으로 자기의 조그만 지느러미를 내민다) 행운의 지느러미! (하이파이브를 한다)

말 린 : 자, 가! 서둘러!

니 모 : 고기들한테 아래쪽으로 헤엄치라고 말해줘!

니모는 물고기 속으로 사라진다.

말 린 : (비명을 지르고 있는 농어들을 바라본다) 내 아들 하는 말 들었지? 어서!

그물 내부. 니모는 몸부림치는 물고기 떼를 뚫고 헤엄친다.

니모, 도리 : (도리를 발견한다) 모든 물고기한테 말해야…

말 린 : (다시 바깥쪽) …아래쪽으로 헤엄쳐! 내 말 알아들었어? 밑으로 밀어!

수면 위. 그물 꼭대기가 대양의 표면을 가른다. 그물 안쪽

니모, 도리 : 모두, 밑으로 헤엄쳐 내려가! 힘껏 아래쪽으로 밀어붙여!

다시 수중. 농어들이 말린의 지시를 알아듣기 시작한다.

말 린 : 다 같이 영차! 다 같이 영차!

수면 위. 윈치가 계속해서 그물을 끌어올리고 있다.

- **confidence**
  신뢰, 자신(감), 확신
  the feeling that you can trust, believe in and be sure about the abilities or good qualities of somebody/something

- **writhe**
  몸부림 치다, 몸을 뒤틀다
  to twist or move your body without stopping, often because you are in great pain

- **catch on**
  뜻을 깨닫다, 알아듣다
  to understand something

- **instruction**
  지시사항, 설명, 명령

There's no time!
We have no time! We have no time to lose!나 There's no time to lose! (우물쭈물할 시간 없다)와 같은 표현이다. Hold it! There's no more time. (멈춰요! 이젠 시간이 없어요) 반면에 No time to die.는 '죽을 때가 아니다'의 뜻이다.

Zoom In

There's no time!
시간 없어요!

MARLIN : (underwater) Swim down! Swim down!

ON THE SURFACE. Nemo and Dory are pulled out of the water. They flap about, gasping for air. BACK UNDERWATER.

MARLIN : Don't give up! Keep swimming! Just keep swimming!

ON THE NET PULLEY. Creaking. Tension. It stalls. The net begins to move back down... UNDERWATER.

MARLIN : That's it!

ON THE SURFACE. Nemo and Dory are pulled back underwater...

NEMO : It's working!

The fishermen rush to the side of the boat, looking incredulously at the sinking net. UNDERWATER. All the fish join in, swimming against the line.

GROUPERS : Keep swimming! Keep swimming!

MARLIN : Just keep swimming! Keep swimming!

Nemo and Dory push their way to the front. Face to face with Marlin.

NEMO : Come on, Dad!

MARLIN : You're doing great, son!

NEMO : (to nearby grouper) That's my dad!

MARLIN : Come on, let's get to the bottom! Keep swimming!

GROUPERS : Just keep swimming!

DORY : (sings) *JUST KEEP SWIMMING, JUST KEEP SWIMMING!*

MARLIN : Almost there! Keep swimming!

말 린 : (물속) 영차! 영차!

수면 위. 니모와 도리가 물 밖으로 끌려 나온다. 그들은 공기를 마시려 헐떡거리며 이리저리 펄떡거린다. 다시 수중.

말 린 : 포기하지 마! 계속 떠밀어! 계속 떠밀어!

그물 도르래 쪽. 삐걱거리는 소리. 팽팽하다. 그것이 멈춘다. 그물은 아래로 움직이기 시작한다. 수중.

말 린 : 바로 그거야!

수면 위. 니모와 도리는 물 밑으로 끌려 내려간다.

니 모 : 잘 되고 있어요!

어부들은 어선 옆으로 달려가 가라앉고 있는 그물을 의심스럽게 바라본다. 수중. 모든 물고기가 합세해 그물에 대고 헤엄을 친다.

농어들 : 계속 끌어당겨! 계속 잡아당겨!
말 린 : 쉬지 말고 계속해! 계속 헤엄치라고!

니모와 도리는 앞쪽으로 밀고 나온다. 말린과 얼굴을 맞댄다.

니 모 : 힘내, 아빠!
말 린 : 장하다, 내 아들아!
니 모 : (근처의 농어에게) 제 아빠예요!
말 린 : 어서, 밑으로! 계속 헤엄쳐!
농어들 : 계속 끌어 당겨!
도 리 : (노래한다) *계속 헤엄쳐! 계속 헤엄쳐!*
말 린 : 거의 다 됐어! 계속해!

- **pulley**
  도르래, 활차
  a wheel or set of wheels over which a rope or chain is pulled in order to lift or lower heavy objects

- **stall**
  멎다, 꺼지다, 꼼작 못하다
  (of a vehicle or an engine) to stop suddenly because of a lack of power or speed; to make a vehicle or engine do this

- **incredulously**
  쉽사리 믿지 않고, 회의적으로; 의심스러운 듯이, 못 믿겠다는 듯이

It's working!
work은 자동사로 쓰여 '(계획 등이) 잘 되어 가다, (약 등이)잘 듣다, 효력이 있다, (기계 등이)작동하다'의 뜻이다. It really works.(정말 효과가 있군요) I hope it works. (효과가 있으면 좋겠다) I'm using the same computer, and it works just fine.(나도 같은 컴퓨터를 쓰는데, 잘 돌아가는데)

Zoom In

It's working!
잘 되어가고 있어요!

ON THE SURFACE. The fishing boat starts to tip over. UNDERWATER. They're almost to the ocean floor.

GROUPERS : Keep swimming!

ON THE BOAT. The winch motor smokes. The fishermen leap back as the winch breaks off, and plunges into the water. The boat kicks back, righting itself. BACK UNDERWATER. The line goes slack and unravels. The net strikes the sandy bottom. Fish pour out. Jubilant. Marlin fights against the retreating mob. Collides with Dory.

DORY : Hey!

MARLIN : Dory! Where's Nemo? (weaves through the fish)

DORY : (points) There!

Nemo is barely visible underneath the tangled fishing net, piled on the ocean floor.

MARLIN : (gasps) Oh, no. Nemo!

They race down to him. Push the heavy net off. Nemo groans.

MARLIN : Nemo? Nemo?

FLASHBACK – SIX YEARS AGO

MARLIN : It's OK. Daddy's here. Daddy's got you.

Marlin's fin gently cradles the egg. Turns it over. The other side is scarred but intact. PRESENT. Nemo's eyes flutter open. A weak smile of recognition.

NEMO : (coughs) Daddy?

MARLIN : Oh, thank goodness.

수면 위. 어선은 옆으로 기울기 시작한다. 수중. 그들은 거의 바다 바닥까지 왔다.

농어들 : 밑으로 힘껏!

어선 위. 윈치 모터가 연기를 내뿜는다. 어부들은 그 윈치가 파열하자 뒤로 뛰어 물러서서 물 속으로 뛰어든다. 어선은 뒤로 반동하며 자세를 바로잡는다. 다시 수중. 그물 밧줄이 느슨해지더니 풀어진다. 그물은 모래바닥에 부딪친다. 물고기들은 쏟아져 나온다. 환성을 울리며 좋아한다. 말린은 물러가는 고기 떼들과 싸움을 벌인다. 도리와 부딪친다.

도 리 : 어이!

말 린 : 도리, 니모는 어딨어? (물고기들을 통해 헤엄을 치며)

도 리 : (가리킨다) 저기!

니모는 바다 바닥에 쌓여 있는 헝클어진 어망 아래에서 겨우 눈에 보인다.

말 린 : (헐떡거린다) 안 돼, 니모!

그들은 그에게 달려 내려간다. 무거운 그물을 밀어 치운다. 니모는 신음을 한다.

말 린 : 니모? 니모?

플래시 백 – 6년 전

말 린 : 괜찮아, 아빠가 바로 네 곁에 있단다.

말린의 지느러미가 부드럽게 그 알을 살짝 안는다. 그것을 돌린다. 반대편은 상처가 남아 있지만 손상되지는 않았다. 현재. 니모의 눈이 펄럭 떠진다. 희미한 미소를 짓는다.

니 모 : (기침한다) 아빠!?

말 린 : 오, 하느님!

- **unravel**
풀린다, 풀어지다
to become separated into loose threads; (of a system, plan, relationship, etc.) to start to fail or no longer stay together as a whole

- **jubilant**
기쁨에 넘치는, (환성을 울리며) 좋아하는
feeling or showing great happiness because of a success

- **tangle**
얽히게 하다, 엉키게 하다
to twist something into an untidy mass; to become twisted in this way

- **cradle**
살짝 안다, 양손으로 안듯이 들다
to hold somebody/something gently in your arms or hands

- **scar**
흉터가 남다, 상처를 남기다, 자국을 남기다
(of a wound, etc.) to leave a mark on the skin after it has healed

- **intact**
손상되지 않은, 완전한
complete and not damaged

The line goes slack.
go는 뒤에 형용사 보어가 쓰여 '(어떤 상태로) ~되다, (어떤 상태에) 있다, (어떤 상태를) 계속하다'의 뜻이다. go bad(잘못되다, 썩다), go mad(미치다), go blind(눈이 멀다), go flat(터지다), go hungry(굶주려 있다), go thirsty(목말라 있다), go naked(벗고 있다)

Zoom In

The line goes slack.
그 밧줄이 느슨해진다.

NEMO : Dad... I don't hate you.

MARLIN : Oh, no, no, no. I'm... I'm so sorry, Nemo.

Nemo offers his little fin. Marlin reaches out. Touches it. Smiles.

MARLIN : Hey, guess what?

NEMO : What?

MARLIN : Sea turtles... I met one. And he was 150 years old.

NEMO : 150?

MARLIN : Yep.

NEMO : 'Cause Sandy Plankton said they only live to be 100.

MARLIN : Sandy Plankton? Do you think I would cross the entire ocean... and not know as much as Sandy Plankton? Ha ha ha! He was 150! Not 100! Who is this Sandy Plankton who knows everything wrong?

INT. ANEMONE HOME. WEEKS LATER
The bright morning sunshine from underneath the water's rippling surface.

MARLIN : (sticks his head into frame) Time for school! Time for school! (jumps on a sleeping Nemo) Get up! Let's go! Let's go!

EXT. CUL DE SAC CORRIDOR. MOMENTS LATER
Marlin and Nemo race through the coral, laughing.

MARLIN : I'm gonna win!

NEMO : Oh, no, you're not!

They zoom into the schoolyard. Nemo wins.

니 모 : 아빠… 안 미워해.
말 린 : 아니, 아니란다. 미안한 건 아빠지. 니모.

니모는 작은 지느러미를 내민다. 말린은 손을 내밀어 그것에 댄다. 미소를 짓는다.

말 린 : 얘야, 상상할 수 있겠니?
니 모 : 뭔데요?
말 린 : 바다거북 친구를 하나 만났었어. 자그마치 나이가 150살이래.
니 모 : 150살?
말 린 : 그래.
니 모 : 샌디 플랑크톤이 100살까지만 산댔어.
말 린 : 샌디 플랑크톤이? 넓은 바다를 모두 관통한 아빠가 샌디 플랑크톤보다 모를까 봐? 하하하! 그는 100살이 아니고 150살이었어. 엉터리만 아는 샌디 플랑크톤이 도대체 누구야?

내부. 말미잘 집. 몇 주 후
바닷물이 찰랑찰랑 흔들리는 수면 아래로부터 밝은 아침 햇살이 비친다.

말 린 : (머리를 내민다) 학교 갈 시간이야! 학교 갈 시간이라고! (자고 있는 니모에게 뛰어오른다) 어서 일어나! 가자! 가자고!

외부. 막다른 길 복도. 잠시 후
말린과 니모가 웃으면서 산호를 헤엄쳐 달려간다.

말 린 : 내가 이길 거야.
니 모 : 아냐, 어림없어.

그들은 학교 마당으로 달려간다. 니모가 이긴다.

- **ripple**
  잔물결이 일다, 찰랑찰랑 흔들리다
  to move or to make something move in very small waves
- **cul de sac**
  막다른 길(골목), 복도, 회랑
- **corridor**
  복도, 회랑
  a long narrow passage in a building or train, with doors that open into rooms on either side
- **zoom**
  질주하다
  to move or go somewhere very fast

Sandy Plankton said they only live to be 100.
주절의 동사가 과거(said) 이므로 시제의 일치에 의해 종속절의 동사(live)가 과거가 되어야 하지만 이렇게 변하지 않는 진리나 사실은 예외가 되어 그냥 현재시제로 표현한다. I acted in the conviction that time is money. (난 시간이 돈이라는 신념으로 행동했다)

Zoom In

Sandy Plankton said they only live to be 100.

샌디 플랭크톤이 그들은 100살까지만 산대요.

NEMO : I did it! Woohoo!

MARLIN : Aw, my own son beats me!

EXT. SCHOOLYARD

MR. RAY : (loads up the kids) Climb aboard, explorers.

Marlin is telling a joke to the three fathers, who hang on his every word.

MARLIN : ...So just then the sea cucumber looks over to the mollusk and says... "With fronds like these, who needs anemones?!"

The fathers laugh as if it's the funniest joke ever told. Nemo and Squirt (the sea turtle) board Mr. Ray.

MR. RAY : Well, hello, Nemo. Who's this?

NEMO : Exchange student.

SQUIRT : I'm from the E.A.C., dude!

MR. RAY : Sweet!

NEMO, SQUIRT : Totally.

The fathers are still reeling from Marlin's joke.

BOB : (chuckling) But seriously, Marty... (completely sober) Did you really do all the things you say you did?

BRUCE : Uh, pardon me.

An ominous shadow looms over them. Bruce, Anchor and Chum appear.

니 모 : 내가 이겼어! 우우우!
말 린 : 오, 아들한테 지다니!

외부. 학교 운동장

레이 선생님 : (아이들을 태운다) 탑승해, 탐험가들아!

말린은 세 명의 아버지들에게 농담을 말한다. 그들은 그의 말에 귀를 기울인다.

말 린 : …바로 그때 해삼이 멍게한테 가서 이렇게 말했어. 넌 견적이 안 나오니까 보톡스 하지 마!

아버지들은 마치 그 농담이 지금까지 들은 것 중에 가장 재미있는 것처럼 웃는다. 니모와 스쿼트(바다거북)는 레이 선생님 위에 올라탄다.

레이 선생님 : 안녕, 니모. 이 자는 누구니?
니 모 : 교환 학생이에요.
스쿼트 : 동호주 해류에서 왔어요.
레이 선생님 : 장하다!
니모, 스쿼트 : 그럼요!

아버지들은 여전히 말린의 농담을 듣고 재미있어하고 있다.

봅 : (껄껄 웃으며) 하지만 진지한 이야긴데, 마티… (매우 맑은 정신으로) 지금까지 했다고 말한 거 진짜 그렇게 대단했어?
브루스 : 어, 실례!

불길한 그림자가 그들 위에 서서히 나타난다. 브루스, 앵커, 첨이 나타난다.

- **hang on**
  꾸준히 매달리다, 일을 끈기 있게 하다
  to hold something tightly; used to ask somebody to wait for a short time or to stop what they are doing; to wait for something to happen
- **reel**
  동요하기 시작하다, 진동하는 것같이 보이다, 비틀거리다
  to move in a very unsteady way, for example because you are drunk or have been hit
- **sober**
  맑은 정신의, 술 취하지 않는
  not drunk (= not affected by alcohol); (of people and their behavior) serious and sensible

My own son beats me!
beat는 '(상대를) 패배시키다, 이기다, 손들게 하다, 쩔쩔매게 하다, 속이다, 사취하다' 등의 뜻이다. That beats me.(거기에는 못 당하겠다) It beats me.(전혀 모르겠다, 금시초문이다) Our team beat the other team again.(우리 팀이 상대팀을 또 이겼다)

Zoom In

My own son beats me!

아들한테 지다니!

BRUCE : Hello.

Phil inks himself.

BRUCE : Don't be alarmed.

ANCHOR : We just wanted to make sure that our newest member got home safely.

The sharks part to reveal Dory. She swims down to Marlin.

DORY : Thanks, guys.

BRUCE : Well, we'll see you next week.

CHUM : Keep up with the program, Dory.

ANCHOR : Remember, fish are friends...

DORY : Not food! Bye!

MR. RAY : (lifts off) Hold on, here we go! Next stop... knowledge!

MARLIN : Bye, son! Have fun!

NEMO : Bye, Dad! (to Mr. Ray) Oh! Mr. Ray, wait. I forgot something.

Mr. Ray pauses. Nemo races back to his dad. Slams into him, hugging him hard.

NEMO : Love you, Dad.

MARLIN : I love you, too, son.

NEMO : Uh, dad? You can let go now.

MARLIN : Sorry. Now go have an adventure.

Nemo rejoins Mr. Ray. The kids yell goodbye. Marlin and Dory wave back.

브루스 : 안녕하세요.

필이 먹물로 자신을 안 보이게 한다.

브루스 : 아그들아! 놀라지 마.
앵 커 : 새 친구를 안전하게 집에다 데려다 주러 온 거야.

상어들은 헤어지며 도리를 보여준다. 그녀는 말린에게 헤엄쳐 내려온다.

도 리 : 고마워!
브루스 : 다음 주에 봐.
첨 : 새 프로그램에도 와, 도리.
앵 커 : 잊지 마, 물고긴 친구야.
도 리 : 먹거리가 아냐. 안녕!
레이 선생님 : (날아오른다) 꽉 잡아. 간다! 다음 정류장은 '지식'!
말 린 : 안녕, 아들아! 재미있게 지내.
니 모 : 안녕, 아빠! (레이 선생님에게) 아! 선생님, 잠깐만요, 잊은 게 있어요.

레이 선생님은 멈춘다. 니모는 자기 아빠에게 달려온다. 그에게 뛰어들어 그를 힘차게 껴안는다.

니 모 : 사랑해, 아빠!
말 린 : 아빠도 널 사랑한다.
니 모 : 아빠? 이젠 그만 보내줘.
말 린 : 미안해. 맘껏 모험을 즐겨.

니모는 레이 선생님에게 다시 합세한다. 아이들은 인사말을 소리친다. 말린과 도리는 손을 흔들며 답한다.

- **ink**
  잉크(먹물)로 더럽히다
  to squirt out the black protective secretion of a cephalopod

- **part**
  헤어지다, 갈라지다
  to separate

- **rejoin**
  재회하다, 복귀하다, 재결합하다
  to join somebody/something again after leaving them

- **yell**
  소리치다, 외치다, 소리를 지르다
  to shout loudly, for example because you are angry, excited, frightened or in pain

Have fun!
Have fun.은 Have a good time. Enjoy yourself.와 같은 표현으로 '즐거운 시간을 보내라, 재미 있게 지내라' 등의 뜻이다. Fun이 명사이며 앞에 관사를 쓰지 않는 것에 주의한다.
He definitely knows how to have fun.(그는 확실히 잘 노는 방법을 안다)

Zoom In

Have fun!

재미 있게 지내!

SQUIRT : Good-bye! See ya later, dudes!

DORY : Bye, Elmo!

MARLIN : Nemo.

DORY : Nemo! Bye, Nemo!

NEMO : See you after school, Dory! Bye, Dad!

Marlin watches his son slowly disappear into the empty blue void. Content.

MARLIN : Bye, son.

END CREDITS. About halfway through the credit roll we cut to...

INT. TANK. MORNING

DENTIST : Barbara!

RECETIONIST : Uh-huh?

DENTIST : (holds the Aqua Scum) I don't understand it. Here this thing has a lifetime guarantee... and it breaks! I had to clean the tank myself. Take all the fish out... put 'em in bags, and...

He gestures over to the tank. The counter top is empty with only a trail of water leading to the open window.

DENTIST : Where'd the fish go?

We hear car horns from outside.

EXT. HARBOR. EDGE OF THE ROAD

More honking. The tank fish all float in individual bags on the water's surface by the sea wall –all except for Peach.

스쿼트 : 안녕! 아찌! 아줌마!
도 리 : 안녕, 이모!
말 린 : 니모라니까!
도 리 : 니모! 안녕, 니모!
니 모 : 학교 끝나고 봐, 도리! 안녕, 아빠!

말린은 자기 아들이 텅 빈 푸른 허공으로 천천히 사라지는 것을 지켜본다. 만족스럽다.

말 린 : 안녕, 내 아들아!

끝 자막. 자막이 반 정도 흐르는데…

내부. 수족관. 아침

치과 의사 : 바바라!
접수원 : 네?
치과 의사 : (어큐어스컴을 잡고 있다) 어떻게 이럴 수가? 이 정화기는 평생 보증 제품인데 고장 났잖아요! 다 비닐 백에다 꺼내놓고 대청소해야겠어요. 그리고…

그가 수족관에서 움직인다. 카운터 위는 열린 창문으로 이어지는 물 흔적만이 있을 뿐 비어 있다.

치과 의사 : 고기 다 어디 갔지?

밖으로부터 자동차 경적 소리가 들린다.

외부. 항구. 도로 언저리
경적 소리가 울린다. 수족관의 물고기들은 모두 바다 벽 옆 물 위에 각자의 비닐 백 속에 담긴 채 떠 있다. 피치만은 예외다.

- **content**
  만족하여, 안심하여
  happy and satisfied with what you have
- **guarantee**
  보증하다, 보장하다
  to give a written promise to replace or repair a product free of charge if it goes wrong
- **trail**
  끌고 간 자국, 지나간 자국, 흔적
- **horn**
  (자동차 등의) 경적
  a device in a vehicle for making a loud sound as a warning or signal
- **honking**
  경적을 울리는

All except for Peach.
except for는 '~을 제하고는, ~이 없다면, ~을 제외하고'의 뜻이다. 뒤에 절이 쓰여 except that ~로도 쓰이며 except가 접속사로도 사용된다.
Except for science class, school didn't interest Bill at all.(과학시간을 제외하고 빌은 학교에 전혀 흥미가 없었다)

Zoom In

All except for Peach.
피치만 빼놓고 모두.

GILL : Come on, Peach!

DEB : Hurry!

GILL : You can do it!

BLOAT : Just a little farther! That's it.

PEACH : That's the shortest red light I've ever seen!

BLOAT : Come on, Peach!

PEACH : Ooooh---aaahhh!

Peach drops off the sea wall into the harbor. The gang cheers! Beat.

BLOAT : Now what?

길 : 서둘러, 피치!
뎁 : 빨리!
길 : 할 수 있어!
거 글 : 점프해, 조금만 더 멀리!
피 치 : 저렇게 짧은 신호등 처음 봐!
블로트 : 어서, 피치!
피 치 : 우 ---아!

피치는 바다 벽을 뛰어 항구 속으로 떨어진다. 무리는 환호한다! 잠시.

브로트 : 이제부터는 어쩌지?

- **red light**
(신호등의) 빨간 신호등, 적신호로 정지시키다
a signal telling the driver of a vehicle to stop

- **drop**
(일부러) 떨어지다, (잘못해서) 떨어지다
to fall or allow something to fall by accident

Key Expressions

296 Where are we, anyway? 어쨌든 여긴 어딥니까?

보통 우리 말로 '여기가 어딥니까?'라고 물을 때 직역해서 Where is here? 라고 하면 안 된다. 혼자 있을 때에는 Where am I?가 되고 여럿이면 Where are we?로 표현한다. 길을 물을 때에도 I'm a stranger here myself. Where am I?(저 여기 처음인데요. 여기가 어디죠?)라고 묻는다. 과거시제가 되어 Where was I? Where were we?가 되면 '어디까지 이야기했더라?'의 뜻으로 대화가 중단되었거나 본론에서 벗어났을 때 쓰는 표현이다.

308 Nemo's eyes flutter open. 니모의 눈이 실룩거리며 떠진다.

flutter는 '(눈꺼풀 등이) 실룩거리다'의 뜻이며 flutter open은 '눈꺼풀을 실룩거리며 열린다'의 뜻이다. 이처럼 open이 앞에 쓰인 동사의 결과를 나타내는 보어로 잘 쓰이는데 이런 표현들이 다양하다. 예를 들어, fling open은 '왈칵 열리다', push open은 '밀어 열리다(열다)', flip open은 '홱 열리다', swing open은 '휙 열리다', pull open은 '당겨서 열다' 등이 있다.

308 Oh, thank goodness. 아, 고마워라.

goodness는 '선량, 착함, 덕, 친절' 등의 뜻이지만 감탄사로 쓰여 God의 대용어가 된다. 그래서 My goodness! Goodness me!하면 놀람이나 분노의 소리가 되어 '뭣, 저런, 어머나!'의 뜻이 된다. 예문은 Thank God.이므로 '아, 고맙습니다, 감사합니다, 아, 살았다! 고마워라!' 등의 뜻이며 기쁠 때 사용하는 표현이다. Thank heavens!도 같은 표현이다. 놀랐을 때엔 Oh my God! Oh my goodness! 등을 쓴다.

310 Hey, guess what? 이봐, 저 말이야.

Guess what?은 글자 그대로는 '뭔지 짐작해 봐'의 뜻이지만 그런 뜻은 별로 없고 대화를 시작할 때 주의를 끌면서 잘 하는 표현으로 '이봐, 저 말야, 어떻게 생각해? 말해줄게 있어, 말하겠는데 말이야, 무슨 일인지 들어 봐, 알겠니? 뭐라고 생각해?'등 상황에 따라 여러 의미가 될 수 있다. 대답으로 What?(뭔데?)라고 말할 수도 있다. Have a guess. Guess who. Guess how. Guess why. 형태로도 쓰이지만 이것들은 직역의 뜻에 가깝다.

312 The fathers laugh as if it's the funniest joke ever told.

아버지들은 마치 그것이 지금까지 들은 것 중 가장 재미 있는 것처럼 웃는다.

이 경우에는 당연히 현재사실이나 과거사실의 반대되는 내용이 아니라 사실적인 내용이 온다. 또 비교급이나 최상급 다음에 단순히 ever과거분사가 와서 강조를 하는 경우가 많다. 이때 ever는 강조하는 표현으로 '지금까지, 이제까지'의 뜻이 된다. 예문은 The fathers laugh as if it's the funniest joke that has ever been told.의 뜻이다.

312 Uh, pardon me. 어, 실례합니다.

I beg your pardon. Beg your pardon.이나 Pardon me.는 본의 아닌 실수나 실례 등을 사과할 때 '죄송합니다'의 뜻으로 쓰이는 것이 상례이다. 또 모르는 사람에게 말을 걸 때, 또는 상대방과 다른 의견을 말할 때 '실례지만'의 뜻으로 쓰인다. 이 경우에는 끝을 내려서 발음한다. 반면에 상대편의 말을 알아듣지 못해 되물으면서 끝을 올려 발음하게 되면 '죄송하지만 뭐라고 말씀하셨나요?'의 뜻이 된다.

MOVIE TALK

이성과 감성을 꿈틀대게 하는 걸작 가족 영화

이번에도 영화는
관객들을 색다른 모험의 도로 여행에
데리고 간다.

팝콘을 먹으면서 자녀와 함께 인간 사회의 경험을 즐기는 어른들도, 외아들 니모를 지나치게 사랑하는 아버지를 나무랄 수 없다. 사랑하는 아내와 수백 개의 알을 잃고 장애아로 홀로 남은 니모를 키우는 홀아비… “대양은 위험하다.”라는 그의 첫 교훈은 간단하지만 심오할 수밖에 없다.

물론 아들도 아빠의 신경과민의 연약함이 사랑에서 비롯된 것이라는 걸 이해한다. 그럼에도 또래의 다른 아이들처럼 학교에도 다니고 스스로 바다를 탐험하고자 한다. 메시지는 분명하고 간단하다. 부모들은 자녀에 대한 사랑하는 마음에서 제한을 두지만, 아이들은 절대 한정되지 않고, 배우고 자라는 무한한 능력에 의해서 제한을 받을 뿐이다.

영화는 말린과 바다거북 크러쉬의 아버지 모습을 비교함으로써 자식들을 세상의 위험에서 보호하려는 욕망과, 그들이 그 사회에서 기능할 수 있도록 기르는 책임 사이의 긴장을 부담 없이 설명한다. 니

모를 키우는 말린의 방식과 스쿼트를 키우는 크러쉬의 방법은 정반대다. 즉 과잉보호 대 자유방임이다.

결국, 아이들이 두려워하더라도 역경을 헤쳐나가는 방법을 가르쳐야만 한다. 그런데 니모는 자신의 부족한 역량에도 험한 세상을 만나 역경을 딛고 새롭게 성장하여 자신감을 느끼고, 원래의 공간으로 돌아온다. 이는 디즈니사의 영웅 서사의 기본 전개를 모험 서사로 전환한 형태라고 할 수 있다. 현실적응력이 떨어지는 인물들이 세상 속에서 우여곡절을 겪는 이러한 설정은 픽사의 이야깃거리 전략이다.

가출(모험을 떠남)하고 여행(시련)을 거쳐 시련 극복과 결과물을 획득(성공)하는 공식은 여기서도 예외가 아니다. 더 호기심을 자극하는 것은 말린이 처한 딜레마의 무한성이다. 위험하고 예측 불가능한 세계에서 아이를 키우는 부모들은 아무리 두렵고 불안하더라도 자식들이 이 세상을 항해하도록 필요한 장비를 갖춰줘야만 한다. 하지만 그들이 세상에 접하는 것을 금지하는 데는 그 어떤 선택도 없다. 오직 사랑이란 무기밖에는. 그런데 사랑은 모든 것을 정복한다. 이것은 새롭지 않으면서도 이 작품에서 아름답고 효과적으로 전달되고 있는 것이다.

It’s OK. Daddy’s here.